"十二五"国家重点图书出版规划项目
当代经济与管理跨学科新著丛书

市场调查与预测

主 编 葛红光 王双 曹素云

哈尔滨工业大学出版社

内 容 简 介

本书系统、全面地介绍了市场调查与市场预测的基本理论与方法。市场调查是开展市场预测活动的基础与前提,市场预测必须根据市场调查的资料与数据进行。全书共分十一章,前八章介绍了市场调查的过程、理论与方法。包括第一章市场调查概述,第二章市场调查行业、机构及人员,第三章设计市场调查策划任务书,第四章抽样调查设计技术,第五章市场调查问卷设计技术,第六章市场调查的方法,第七章市场调查资料的处理与分析,第八章市场调查报告。后三章介绍市场预测的理论和定性、定量预测方法,包括第九章市场预测概述,第十章定性预测方法,第十一章定量预测方法。

本书适用于高等学校经济管理类本科生教学,也可供企事业单位管理人员参考。

图书在版编目(CIP)数据

市场调查与预测/葛红光,王双,曹素云主编. —哈尔滨:哈尔滨工业大学出版社,2016.6
ISBN 978-7-5603-6081-2

Ⅰ.①市… Ⅱ.①葛…②王…③曹… Ⅲ.①市场调查 ②市场预测 Ⅳ.①F713.5

中国版本图书馆 CIP 数据核字(2016)第 131237 号

策划编辑	杨秀华
责任编辑	张凤涛　李　鹏
封面设计	刘长友
出版发行	哈尔滨工业大学出版社
社　　址	哈尔滨市南岗区复华四道街10号　邮编150006
传　　真	0451-86414749
网　　址	http://hitpress.hit.edu.cn
印　　刷	哈尔滨工业大学印刷厂
开　　本	787mm×1092mm　1/16　印张16.75　字数412千字
版　　次	2016年7月第1版　2016年7月第1次印刷
书　　号	ISBN 978-7-5603-6081-2
定　　价	38.00元

(如因印装质量问题影响阅读,我社负责调换)

前　言

"市场调查与预测"是高等学校经济管理类专业的一门必修课，更是市场营销专业的一门专业课。我国的经济管理体制已经从计划经济转向市场经济，作为各级社会组织及生产企业，研究市场、分析市场，进行正确决策，必须掌握大量的市场信息，对市场的发展前景进行分析判断及预测。市场调查与预测已经成为各级管理人员必备的专业知识与技能。

本书作者从事市场营销理论研究十多年，从事市场调查与预测课程教学十多年，在教学过程中积累了大量的资料与经验，形成了独特的教学思路及研究方法。

高等学校正在进行教学方法的改革，市场调查与预测正是教学方法改革中的一门课程。由于市场调查与预测课程具有实践性强的特点，本书在编写过程中引入了大量的案例，让学习者能在案例中去体会各章节理论的真正内涵。另外，市场调查与预测是一个完整的过程，我们在教学过程中强调任务导向，结合各章节的理论内容给学习者安排学习任务和实践内容，使学习者深刻掌握市场调查与预测的方法。本书中除了每章安排了案例分析和思考与练习外，还安排了三次实训练习，分别是设计策划任务书、制定市场调查问卷和撰写市场调查报告，这三部分内容可作为实践考核的依据。

本书共分十一章，前八章为市场调查方面的内容，后三章为市场预测方面的内容。学时少的院校及专业可考虑只介绍前八章市场调查的内容。综合院校及把市场调查与预测设置为专业课方向的市场营销专业可考虑按照某一个研究项目完成全部教学内容。本书第一章、第三章、第四章、第八章和第十章由哈尔滨理工大学管理学院葛红光编写，第二章、第五章和第六章由黑龙江省边防总队后勤部王双编写，第七章、第九章和第十一章由黑河学院曹素云编写，书稿在编写过程中得到了哈尔滨理工大学管理学院赵国伟同学的协助。希望本书的出版能够为在校大学生学习"市场调查与预测"课程提供指导，也希望能够为各级管理者开展市场调研，研究市场动态，进行正确决策提供帮助。

诚挚地希望本书能够成为各级领导干部及广大在校大学生的良师益友！

编　者

2016 年 5 月

目　　录

第一章　市场调查概述 ... 1
- 第一节　市场调查的产生与发展 ... 1
- 第二节　市场调查的含义、特征和作用 ... 2
- 第三节　市场调查的内容 ... 4
- 第四节　市场调查的类型 ... 8
- 第五节　市场调查的原则和程序 ... 13

第二章　市场调查行业、机构及人员 ... 16
- 第一节　市场调查行业的发展及结构 ... 16
- 第二节　市场调查机构的类型 ... 18
- 第三节　市场调查专业机构的选择 ... 20
- 第四节　市场调查人员的选择、培训与管理 ... 24

第三章　设计市场调查策划任务书 ... 32
- 第一节　市场调查的过程分析 ... 32
- 第二节　市场调查设计工作 ... 38
- 第三节　市场调查策划书 ... 45

第四章　抽样调查设计技术 ... 54
- 第一节　抽样调查的一般问题 ... 54
- 第二节　随机抽样调查技术 ... 57
- 第三节　非随机抽样调查技术 ... 60
- 第四节　抽样误差与样本量 ... 63
- 第五节　有关抽样设计的几个问题 ... 65

第五章　市场调查问卷设计技术 ... 70
- 第一节　问卷及问卷设计概述 ... 70
- 第二节　问卷的设计技术 ... 76
- 第三节　态度测量问卷设计 ... 96

第六章　市场调查的方法 ... 113
- 第一节　文献资料调查法 ... 113
- 第二节　访问调查法 ... 118
- 第三节　观察调查法 ... 124
- 第四节　实验调查法 ... 128
- 第五节　网络调查法 ... 132

第七章　市场调查资料的处理与分析 ········· 138
　　第一节　市场调查资料处理的含义、内容和步骤 ········· 138
　　第二节　市场调查资料的审核工作 ········· 140
　　第三节　市场调查资料的编码、分组与汇总 ········· 141
　　第四节　市场调查资料分析 ········· 146

第八章　市场调查报告 ········· 158
　　第一节　市场调查报告概述 ········· 161
　　第二节　市场调查报告的撰写 ········· 165
　　第三节　市场调查报告的沟通、使用和评价 ········· 171

第九章　市场预测概述 ········· 178
　　第一节　市场预测的一般问题 ········· 179
　　第二节　市场预测的一般原理 ········· 187
　　第三节　市场预测的步骤 ········· 189
　　第四节　市场预测方法的选择 ········· 195

第十章　定性预测方法 ········· 199
　　第一节　专家评估预测法 ········· 200
　　第二节　头脑风暴预测方法 ········· 201
　　第三节　德尔菲预测方法 ········· 204
　　第五节　主观概率法 ········· 209
　　第六节　消费水平预测法 ········· 210

第十一章　定量预测方法 ········· 217
　　第一节　时间序列的模式分析 ········· 217
　　第二节　算术平均数法与几何平均数法 ········· 220
　　第三节　移动平均数法 ········· 225
　　第四节　指数平滑预测方法 ········· 233
　　第五节　季节分析预测法 ········· 237
　　第六节　马尔可夫预测法 ········· 245

参考文献 ········· 259

第一章　市场调查概述

市场调查是市场营销的重要职能之一,是企业进行市场预测及科学决策的基础。变化是市场永恒的主题。如今面对复杂多变的市场和激烈的竞争,企业要想生存和发展壮大,就必须充分"透视"市场,对市场这个"生命体"进行充分的调查和科学有效的预测,并在此基础上进行正确的决策。

第一节　市场调查的产生与发展

一、市场调查的产生

市场调查是随着近代商品生产和商品交换的发展而出现的。经济的发展是市场调查产生和发展的基础和动力。在小商品经济社会中,由于生产规模很小,市场范围也很狭窄,此时市场的变化对商品的生产和销售影响并不大,供求关系也处于比较简单的阶段,这时的市场调查处在一个单一的、较低的发展水平上,并没有形成具体的市场调查的概念。18世纪出现的工业革命使西方的经济得到了极大的发展,市场规模也随之扩大。在市场经济条件下,生产与消费必须相互配合,产品必须符合顾客的要求,同时,市场的变化也对企业的生产产生了较大的影响。商家只有了解到消费者的需求、爱好、购买能力、购买行为习惯等,才能生产出适销对路的产品。同时,企业对市场行情变化的调查也日益重视。

19世纪末20世纪初,资本主义进入垄断阶段,商品经济进一步发展,市场迅速扩大,市场对企业的影响以及竞争的激烈,使得企业迫切需要了解市场的变化和竞争对手的活动情况。20世纪初,国外一些大企业纷纷成立市场调查机构,对市场进行系统的研究,市场调查的观念和理论也随之出现。1911年,美国当时最大的科蒂斯出版公司率先成立了市场调查部门,并编写了《销售机会》一书,这是第一本有关市场研究的专著。到20世纪20年代,其他一些公司也先后设立了类似的市场调查机构。20世纪30年代是市场调查发展的重要时期,美国市场营销学会宣告成立,并出版了《市场调研技术》等书,为市场调查这门学科的形成和发展奠定了重要的基础。第二次世界大战后,市场调查得到了迅速发展,其广泛开展以及经验的积累,需要对市场调查进行深入系统的研究。20世纪50年代,市场调查这一学科真正作为一门方法论科学而产生了。

二、市场调查的发展

市场调查是在美国产生和发展起来的。当第一本有关市场研究的专著《销售机会》出版时,美国的一些大学也建立了商业调查研究所,开始着手市场调查理论与方法的研究。自1923年美国人尼尔逊开始创建专业的市场调查公司后,市场调查工作就成为营销活动不可分割的有机体。1929年经济危机的爆发,使企业开始重视市场调查活动,进一步推动了市场调查的快速发展。20世纪30年代,美国市场营销学会的成立成为市场调查发展的里程碑。之后,随着心理学家的加入、统计方法的进步和突破,市场调查的方法得以丰富,其调查结果更加科学可信,应用范围也扩大到了市场营销的各个领域。与此同时,美国先后出版了不少关于市场调查的专著,使得市场调查理论得到了较快发展。理论与实践的进一步结合,推动了企业生产和经营的快速发展。

20世纪50年代以后,随着电子计算机的问世以及在市场调查中的广泛应用,一方面使市场调查进入了一个快速发展的时期,消费者行为研究成为定性和定量研究的重要组成部分;另一方面,通过电子计算机进行大量的抽样调查和统计软件的开发使市场调查业成为一个具有广泛发展前景的新兴产业,并使市场调查形成了一个以计算机为中心的信息网络系统,逐步成为信息产业的重要组成部分,发挥越来越重要的作用。20世纪90年代,市场调查行业进入不断完善的时期,尤其是随着经济全球化的发展和市场界限的无国界化,市场调查更呈现出全球化趋势,市场调查机构的业务范围也不断扩大。

展望未来,在世界范围内,市场调查主要有以下四个发展趋势:

(1)市场调查的地位日益提高。随着经济的发展及竞争的日益激烈,企业利用市场调查为预测、决策服务的频率将大大提高,在市场调查上的投入也将大大增加,其在企业营销过程中的地位和作用也将更加突出。

(2)市场调查体系将愈加完善,机构趋向多元化。未来的市场调查机构,包括政府、企业、新闻媒体、专业调查咨询公司等在内的调查机构,将充分发挥各自获取信息的优势。与此同时,市场信息社会化程度、企业和公众对市场信息的依赖程度也将大大增加。

(3)市场调查方法将更加先进。为使市场调查更加精确,在调查方法上将更加趋于多种调查方法的结合应用。此外,各种先进技术将更广泛地应用于市场调查中,并推动市场调查方法更加成熟和完善。

(4)行为科学将在市场调查中被广泛地采用。在未来的市场调查中,对消费者心理和行为的研究将更加受到重视,因此,行为科学方法将在市场调查中得到进一步应用。

三、市场调查在国内的兴起和发展

市场调查在我国的发展比较缓慢,其主要原因是长期以来我国一直忽视市场信息的价值,造成市场调查范围狭小,调查方法单一,市场信息作为产业形式发展起步很晚,整个社会对市场信息的商品属性及其价值的认识程度不高,既有的一些专门的调查机构也并不是为市场服务。

从20世纪80年代中后期开始,我国出现了商业性的市场调查机构。随着对传统的、高度集中的计划经济体制的改革以及市场发育的成熟,我国市场调查业取得了一定的发展。但总的来说,我国调查业的发展仍然缓慢,主要原因在于:全国的市场调查机构很多,但真正成规模且实际运转良好的却是极少数;本土的市场调查机构诚信水平偏低,调查的供给方与需求方缺乏有效的信息沟通,调查常与实际脱节。虽然我国调查业的市场潜力极大,但目前仍处于艰难的启动阶段,国内的市场调查仍需培育和开发。

第二节 市场调查的含义、特征和作用

一、市场调查的含义

市场调查的含义一般有广义和狭义之分。

广义的市场调查是指通过有目的地对一系列资料、情报、信息的收集、判断、筛选、解释、传递、分类和分析来了解现有的和潜在的市场，并以此为依据做出经营决策，从而达到进入市场、占有市场并取得预期效果的目的。

狭义的市场调查是指以科学的方法和手段收集消费者对商品的购买情况，包括对商品的购买习惯、消费动机等购买活动的调查。

广义的市场调查扩大了调查的范围，并拓展到多方面的调查和研究工作。由于实际中现代市场的组织复杂且活动频繁，调查贯穿了生产、消费及流通等多个领域，因此本书以广义的市场调查作为研究范畴。

二、市场调查的特征

1. 全过程性

市场调查是对市场状况进行研究分析的整体活动。它不是单纯地对市场信息资料进行收集，而是包括了准备、策划、资料收集、整理与分析、撰写调查报告等在内的一个完整过程。

2. 社会性

市场调查的对象是市场环境和营销活动，是面向社会的。随着社会生产力的不断发展和企业外部环境的不断变化，市场营销范围不断拓展，由此使得市场调查研究的内容和应用范围也随之扩大，涉及社会经济生活的各个领域。

3. 目的性

市场调查的目的，就是要了解市场、把握市场变动趋势，从而为企业或有关部门进行预测、决策提供科学的依据。

4. 不确定性

市场调查所收集的资料都具有表面性，只有通过系统的分析，才能获得内在有价值的东西。由于市场是一个受众多因素综合影响和作用的场所，市场调查不可能掌握全部的信息，也不可能很准确地收集到各种信息。所以，任何的市场调查都具有不确定性，而其作为预测和决策的基础，应在进行调查时注意尽量减少信息收集整理中的错误和误差。

5. 科学性

市场调查之所以受到企业的重视，成为预测与决策的基础，很重要的一点是因为其采用了科学的手段和方法，而不是主观臆测。它是在一定的科学原理指导下形成，并在一定的原则和程序下进行，且受专业人士指导，保证了其全过程的科学性。

6. 时效性

市场调查总是在一定的时间范围内进行，它所反映的只是特定时间内的信息和情况，在一定的时期内调查结果是有效的。由于市场的不断变化，一段时间后总会出现新的情况和问题，以前的调查结果就会滞后于形势的发展，不能对企业产生应有的效用，若此时企业仍沿用过去的结论，就只会使企业延误时机，甚至陷入困境。

三、市场调查的作用

市场调查的作用主要表现在以下几个方面：

（1）及时了解市场，掌握市场信息。充实和完善市场信息系统，为企业编制生产和经营计划、制定科学的经营决策提供依据。做任何一个决策，都必须要有事先的准备和调查。

对于一个企业来说,要占领市场,必须先了解市场,把握市场,获得大量的市场信息。只有这样,才能科学地进行决策,制定经营和发展目标,而实现这一切的手段便是市场调查。

市场调查与经营计划和最终决策之间的关系可用图 1.1 表示。

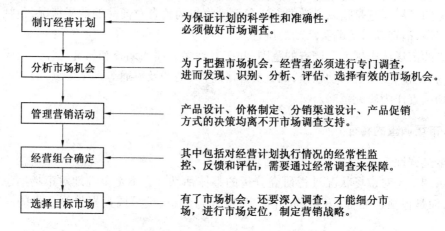

图 1.1 市场调查与经营计划和最终决策之间的关系

(2)通过市场调查,可以更好地了解消费者,以便提供更好的产品和服务,从而更好地适应市场。企业的经营对象是广大消费者,拥有广大消费者是企业获利的关键。市场调查给消费者提供了一个表达自己意见的机会,他们能够把对产品或服务的意见、想法及时反馈给生产企业或供应商,企业由此加以改进,生产出消费者满意的产品。同时,消费者也能获得更好的服务。可见,市场调查具有双向性,不仅有利于商家,更有利于消费者。

(3)促使企业改善经营管理、提高经济效益,进而占领市场。市场变化莫测,企业经营风险性很高。由于消费者需求的多样性,市场的国际化以及不断加速的变化步伐,使得市场不确定性增加,凭直觉和经验做出的分析缺乏可行性。要使企业提高经济效益,必须进行市场研究,使企业的经营活动符合消费者的需求,使产品适销对路,以扩大市场占有率和销售中的赢利。同时,对企业经营状况及市场环境进行调查,能够为企业生产经营起到监测和预警的作用,促进企业进一步提高经济效益。

(4)有利于企业开拓市场,开发新产品。企业要发展,仅仅立足于现有的市场是不够的,通过市场调查,去了解各个国家和地区的消费情况是进入这些国家和地区的前提条件。通过了解不同地区消费者的特点,可开发出适合特定地区消费人群的新产品,开拓一片新市场。这样,企业将不会局限于一个区域,经营规模将不断扩大,获利也就越来越多。

总之,搞好市场调查就是要使企业了解市场、适应市场、占领市场、开拓市场,使其在激烈的市场竞争中立于不败之地。

第三节 市场调查的内容

市场调查的内容十分广泛,涵盖营销管理活动所涉及的全部领域,企业可根据确定的市场调查目标进行取舍。

一、市场基本环境调查

企业的生存和发展离不开市场所处的环境。环境是客观的,是不以人的意志为转移的,企业只有在对所处环境进行深入调查和详细分析的基础上,才能有效避开各种威胁,制定出适合企业发展的方针策略。为此,企业应当对以下方面进行调查和深入分析。

(一)自然环境的调查

自然环境是先天的决定因素,决定了企业的生存方式。自然环境包括自然资源、地理环境和气候环境等。

1. 自然资源调查

自然资源是企业能够利用的基本资源,必须考虑到其储存、开发以及更新情况,尤其是短期内不可更新的资源,一旦缺乏,企业便会陷入困境。

2. 地理环境调查

地理状况会影响到企业的生产资料来源,产品的销售、运输和储存方式,消费结构和消费习惯。了解各地的差异,才能采取适应的营销策略。

3. 气候环境调查

气候会影响消费者的衣着、饮食、住房等,从而制约着很多产品的生产和经营。例如,在北方畅销的羽绒服,在南方却滞销,最主要的一个原因就是气候的影响。

(二)政治和法律环境调查

国家的政策、方针、路线、法规条例,国内外政治形势、政府的经济政策及政治体制改革等,都会影响和制约商品的销售情况。例如,我国加入世界贸易组织后,企业从国内市场扩展到国际市场,就必须弄清楚世界贸易相关原则,否则,将会给企业带来不利的影响。

(三)经济环境调查

经济环境对市场活动有着直接的影响。企业对经济环境的调查主要包括两个方面:一是经济发展水平,这主要影响市场容量和市场需求结构。例如,经济发展水平增长快,经济形势好,就业人口增加,消费需求就会相应增加,消费结构将发生改变。二是消费水平,消费对生产具有反作用,消费水平决定市场容量。因此,经济环境调查是市场调查不可忽视的一个重要因素。

(四)社会文化环境调查

文化环境调查主要包括知识水平、宗教信仰、风俗习惯、价值观、审美观等的调查。文化直接影响人们的生活方式和消费习惯,不同的国家和地区,有着各自不同的文化特色。营销活动只有适应当地的文化和传统习惯,其产品才能得到当地消费者的认可。在构成文化的诸多要素中,知识水平影响消费者的需求构成和对产品的判断力,知识水平高的市场,高科技的产品会有很好的销路。另外,宗教信仰和风俗习惯也对消费结构有着重要的影响。

(五)科技环境调查

科学技术是生产力。当代科技的飞速发展使得科技的影响力渗透到了经济和社会生活的各个领域,它既能给企业创造成功的机会,也能给企业带来技术上的威胁。因此,企业应进行科技环境的调查,包括新技术、新能源、新产品相关技术的国内外发展水平、产品技术质量检验指标和标准等。

二、市场需求调查

（一）消费需求量调查

消费需求量直接决定市场规模的大小，其主要与一个国家或地区的人口数量以及收入状况有关。一般来说，商品的需求量与人口数量以及收入成正比。同时，人口地理分布状况、民族构成、年龄构成、性别差异、职业构成、受教育程度、消费者支付能力等都直接与消费需求量有关。如不同民族对饮食、服装等商品的需求不同；老年人对滋补品、保健品有较多的需求，而年轻人对服装、护肤品的需求则远远超过老年人。

（二）消费结构调查

消费结构是指消费者将货币收入用于不同产品支出的比例，它决定了消费者的消费投向。对消费结构的调查主要是对当地恩格尔系数的掌握。恩格尔系数是指食品支出占总支出的比例。

（三）消费者购买动机和行为调查

购买动机是指为满足一定需要而引起人们购买行为的愿望和意念。消费者购买动机复杂多变，影响因素众多，可归纳为主观和客观两方面的原因。主观方面来自消费者本身，如本能动机、心理动机、感情动机、理性动机和光顾动机等。客观方面主要来自外界影响，如营销、广告等。购买行为调查是了解消费者具体的购买情况，即在何时、何地、购买何种产品等。

【案例1.1】

乐百氏在上海

乐百氏最初进入上海市场时，销售情况并不理想。当时，乐百氏的全国销售平均年增长率在80%以上，而上海市场增长率不到30%。为此，乐百氏集团请上海杰信公司为其做了前期调查和企业咨询。杰信公司经过调查，发现上海的整体消费市场是很成熟的，其儿童消费市场也很成熟，同时，乐百氏的主要消费群体是1~9岁的孩子，而这一群体的整体数量又在急剧下降。于是，杰信公司提出向10岁以上的孩子发动情感攻势。他们策划了一系列旨在引起这一群体关注的活动，如"东华少儿绘画大赛""与明星游泰国""赞助艺术家大会"等活动，并针对年轻父母们打出了"只有乐百氏才最适合您的孩子"的广告语。此外，还在具体营销行为上，采用实质让利促销，提高超市、大卖场的走货量等手段。这一系列的措施，使得乐百氏在上海的销售由当年的5 300万元上升到次年的7 200万元。

案例思考：
1. 乐百氏在上海成功的销售案例中，涉及了哪些市场调查内容？
2. 在所涉及的市场调查中，关键的内容有哪些？

三、市场供给调查

市场供给调查主要是帮助企业了解货源状况，包括供应来源、供应能力和供应范围的调查等。

（一）商品供应来源调查

市场商品的供应有着不同的来源，从大的范围划分，可以将商品的来源分为国内工农业生产部门提供的商品、进口商品、国家储备和挖掘潜在的物资及初期结余的供应量。对商品不同的供应来源进行调查,就可以了解本期市场全部商品供应量的变化特点和趋势,并能进一步了解影响各种来源供应量的因素。

(二)商品供应能力调查

商品供应能力调查所包括的内容如表1.1所示。

表1.1 商品供应能力调查的内容

调查内容分类	具体调查内容
商品供应能力	现有商品生产或商品流转的规模、速度、结构状况以及能否满足消费需求
设备供应能力	现有的经营设施、设备软件及技术水平是否适应商品生产和流通的发展,是否得到了充分的利用
资金供应能力	资金来源、构成、分配和使用情况以及是否盈利、经营的安全性和稳定性
员工的工作能力	现有职工数量、构成、思想文化素质、业务水平,为今后企业发展储备的人才状况,是否适应生产与经营业务发展的需求

(三)商品供应范围调查

任何商品的供应范围都是有限的,商品供应范围的变化直接影响到企业营销目标的变化。在一定时期内,商品的供应范围是稳定的,但也会随着市场环境和消费者偏好的变化而变化。同时,供应范围的大小与企业的竞争能力,即商品的质量、价格和企业信用等直接相关。通过加强商品的营销,如广告宣传、人员推销等,可以扩大商品的供应范围。

四、市场营销调查

(一)商品自身性能和特征的调查

商品性能包括质量、价格、外形、包装、服务及广告等。质量是顾客最关心的因素,以质取胜的战略一般都行得通。价格影响着需求,企业必须合理地定价,才能有效地盈利,制定过高或过低的价格都是失策的。商品包装不仅涉及美观,更关系到商品的质量能否得到保证。

(二)竞争对手调查

企业要想占领市场,必须先搞清楚竞争对手的状况。竞争对手状况调查是对与本企业生产经营存在竞争关系的各类企业以及现有竞争程度、范围和方式等情况的调查。随时了解竞争对手的情况,是企业获胜的必要手段之一。了解竞争对手,应主要从以下几个方面入手:

(1)谁是主要竞争对手以及竞争对手的生产规模和资金状况;
(2)竞争对手的销售渠道、市场占有率等现有竞争程度、范围和方式;
(3)竞争对手商品的质量、服务、价格、营销的优势与劣势;
(4)潜在的竞争对手状况。

除了上述的调查内容之外,还有一些专门性的调查,如企业上市之前的调查等。企业只有通过调查研究,才能扬长避短,为最终占领市场打下基础。

第四节 市场调查的类型

在市场经济运行过程中,不论是国民经济宏观管理,还是企业微观管理,都离不开市场调查。市场调查有各种各样的方式,每种调查方式都有其独特的功能和局限性,不同的管理由于其市场调查目的与要求的不同,所涉及的市场范围、信息、时间等也就不同,从而形成多样市场调查。而要搞好市场调查,就需要根据调查的目的、任务、被调查对象的特点选择合适的调查方式。

市场调查的类型可以从不同的角度来划分。一般来说,市场调查主要有以下几种划分方法。

一、按调查对象范围的不同来划分

(一) 全面调查

全面调查又称为普查,是指对符合调查要求的全体对象进行逐一的、无遗漏的专门调查,如人口普查。全面调查的目的是为了了解市场一些重要的基本情况,以便对市场状况做出全面、准确的描述,从而为企业制订出切实可行并且可靠的计划提供重要的信息。

全面调查有两种方式:一种是由上级制定普查表,由下级依据具体情况如实填报,层层上报。例如,对某种商品的库存量进行全面调查,就是各基层单位依据日常业务记录的库存数字,填报到上级统一制定的普查表中。另一种方式是组织专门的市场普查机构,派出调查人员,对调查对象进行直接登记。例如,某企业要了解本企业在同行业中所占的优、劣势,就可以组织一个专门的调查机构,由专门的调查人员对同行业的所有单位进行包括产品的产量、质量、规格、型号、价格以及市场占有率等的调查。

全面调查涉及范围广,得出的数据较全面准确,有充分的依据,但组织工作量大,时间长,所耗人力、财力、物力较多。在实际调查中往往不可取,因此采用更多的是非全面调查。

(二) 非全面调查

非全面调查是从符合条件的调查对象中选择一部分来进行调查,选出的这一部分应该具有充分的代表性。非全面调查又可分为典型调查、重点调查和抽样调查三种类型。

1. 典型调查

典型调查是指调查者为了某一特定的目的从调查对象中选择具有典型意义或有代表性的样本所进行的一种专门性的非全面调查。它是在对调查对象做全面分析、比较的基础上进行的比较系统、深入的调查。典型调查的目的不仅仅是停留在对典型样本的认识上,而且是通过典型样本来认识整体,用具有代表性的少数类推多数,通过对典型样本的调查来认识同类市场现象的总体规律及其本质。

典型调查的特点是调查范围小,调查对象少,在人力、物力、财力和时间等方面都比较节省,对市场情况的变化较灵敏,因此,可以对调查对象进行细致透彻的了解,获取调查对象的详尽资料。但这种调查方式难以避免在选择典型样本时的主观随意性,并且缺乏一定的连续性和持续性。使用这种方法的关键是要选好典型,即调查对象应具有充分的代表性。这种代表性的具体标准,应根据每次调查的目的和调查对象的特点来确定,不能一概而论。

典型市场调查方式又可分为两种:一是对调查总体中有典型意义的少数样本进行调查,也就是"解剖麻雀"式调查;而另一类是按一定的标准将调查总体划分为若干类别,再从各类别中选取部分具有代表性的样本进行调查,这就是"划类典型"调查。

2. 重点调查

重点调查方式是指在调查总体中,针对选取的部分重点样本进行非全面市场调查,以此推断总体,获得对总体的认识和了解。重点样本是指在调查总体中处于十分重要地位的样本,或者在调查总体和总量中占绝大比重的样本。由于这些重点样本数量不多,而且在调查总体中又极具代表性,因而采用重点调查方式能够以较少的人力、物力、财力和时间,较准确地掌握调查对象的基本状况。重点调查适用于只要求掌握调查总体的基本情况,调查标志比较单一,在数量上集中于少数样本的调查任务。

重点调查的关键在于选择重点样本。重点样本的选择,直接关系到调查的结果能否正确地反映调查对象总体的基本情况。

重点调查与典型调查的区别与联系如表 1.2 所示。

表 1.2 重点调查与典型调查的区别与联系

	重点调查	典型调查
区别	选择总体中的重点样本	选择总体中具有代表性的样本
联系	都属于非全面市场调查、非抽样市场调查 都是通过对总体中的部分样本进行调查来实现调查目的的	

3. 抽样调查

抽样调查是指从研究对象总体中随机地抽取部分样本进行调查,由取得的样本资料去推断总体特征,了解总体基本情况。其特点是工作量小、调查费用低、时间短、具有代表性。抽样调查可分为随机抽样和非随机抽样两种。

【案例1.2】

福建省漳平市对卷烟销售网点的普查

福建省漳平市烟草管理自1994年成立全省第一个专职管理机构——网建科之后,分别于1995年7月、1997年7月和2000年7月进行了三次全市范围内的零售户基础资料普查,每次普查工作均分三个阶段完成。

1. 基础资料的收集

收集所有零售终端的资料,建立零售户档案,画出地略图。零售户档案包括店铺名、负责人名、地址、电话、性质(固定还是流动)等。

2. 基础资料的整理

根据零售户档案及地略图,绘制卷烟销售网点总图,并按网点管辖区域、线路整理客户档案,在总图上标明零售户所在地及零售户编号。

3. 零售户简单分级及确定管理目标

根据普查资料及公司经营情况,确定不同时期专卖管理重点以及网络服务目标。漳平市烟草管理局在市场开发的初级阶段是以食杂、日杂等地下批发商作为专卖管理重点,以一般卷烟零售户作为网络服务的重点;后期改为以客户关系管理为中心,为广大零售户提供系列化、专业化、个性化的服务为重点。

通过零售户普查,漳平市烟草管理局对零售终端及批发商通路各环节的卷烟销售方式有了清晰的认知。在此基础上对目标市场区域划分,对通路中所有销售网点做到定人、定域、定点、定线、定期、定时的细致化服务和针对性管理,以达到对市场卷烟销售状况、竞争状况的全面把控,树立销售网络在整个销售过程中的竞争优势。

案例思考:

1. 此案例中,福建漳平市烟草管理局运用了何种调查方式对卷烟销售网点进行调查?
2. 调查结果对漳平市的卷烟销售管理有何效果?

二、按调查内容的不同来划分

（一）消费品市场调查

消费品市场调查的研究对象是消费品市场,其目的是为了了解消费者的购买情况以及产品的消费情况,以最大限度地满足消费者需求,获得较大的利润。它主要包括:消费者数量调查、消费者结构调查、消费者购买能力调查、消费者支出结构调查、消费者行为调查以及消费者满意度调查等。消费品市场的商品购买者主要是个人和家庭,对其服务的质量高低,对商品的消费量有着较大的影响。

（二）生产者市场调查

生产者市场是指为了满足加工制造等生产活动的需要而形成的市场,也称为生产资料市场。生产者市场主要是为商家和企业提供原材料、初级产品和中间产品。生产者市场的调查主要包括:宏观环境调查、生产者市场构成调查、客户情况调查、组织购买行为调查、市场占有率和竞争力调查等。对生产者市场进行调查,可以了解企业的生产资料来源是否稳定,有无可变性及替代品,为企业长期计划的制订提供保证。

（三）服务市场调查

服务市场调查主要是对第三产业的行业发展、市场竞争、服务项目及质量方面的调查。它主要包括服务内容、项目、形式、覆盖面、时间、手段、措施及效果等。

三、按调查范围的不同来划分

市场调查应依据企业的不同现实情况而选择最适合、最经济的调查范围。

（一）国内市场调查

国内市场调查的分类如表1.3所示。

表1.3 国内市场调查分类

分类	含义	目的
全国性国内市场调查	在全国范围内展开的市场调查	了解不同地区不同消费者之间的差异
区域性国内市场调查	在全国范围内的某一区域展开的市场调查	了解本地区的市场状况
城市市场调查	在全国范围内的某个或某几个城市进行的市场调查	了解城市消费者的需求特点和消费状况,以便进一步满足市场需求,提高市民的生活质量
农村市场调查	在国内广大的农村展开的市场调查	通过调查,更好地满足农村市场的需求,提高农民的生活水平

(二)国际市场调查

国际市场调查是指调查范围除国内市场外,还包括国外市场。其范围根据需要可以是某个或某几个国家或全球市场,是范围最广的一种调查。随着我国经济全球化,要打入国际市场,要与国际上的众多企业竞争,就必须了解国外的市场特征和消费特点,只有这样,才能在世界经济一体化的潮流中顺势而为。

四、按调查间隔时间的不同来划分

对于企业来说,市场调查是一项需要长期开展的活动,但并不是连续不断的。它可以按调查间隔时间的不同做如下划分。

(一)一次性市场调查

一次性市场调查是为了研究某一特殊问题或临时出现的问题而进行的市场调查。它主要是针对短时期内变动不大的不需要做连续性调查的研究对象,目的在于探测市场现有的相关情况,为新企业进入市场或开拓新的市场提供依据。一次性市场调查后,在短期内往往不需要进行第二次的相关调查。如某连锁店需要再开一个新的分店,就需要进行一次性市场调查,了解市场范围、需求、竞争情况等。

(二)定期性市场调查

定期性市场调查是每隔一定时间所进行的调查,且时间间隔大致相等,如每个月末、季末、年末等。定期调查往往是一些大型企业为分析其业绩或为探测长远计划是否可行而进行的。这种调查往往由公司专门的市场调查机构负责,以使调查结果更高效、准确。

(三)经常性市场调查

经常性市场调查是指对某一调查对象长时间、不间断地调查。它比定期性市场调查更能及时了解情况,收集具有时间序列化的资料。其目的在于获得关于事物全部发展变化过程及其结果的资料,如企业内部经营情况的统计调查、同行业价格调查、市场行情调查等。

五、按调查方法的不同来划分

按市场调查方法的不同可以将市场调查分为文案调查法、实地调查法和网络调查法。实地调查法包括观察法、实验法、访问法等。

各种调查方法的含义及特点如表1.4所示。

六、按调查功能的不同来划分

(一)探测性市场调查

探测性市场调查是指企业对所要调查的问题不太清楚,无法确定需要调查哪些具体内容时的小规模试探性调查,是一种非正式的调查。其主要目的是缩小问题范围,界定调查问题的性质并找出问题的症结。如某企业的销售业绩突然大幅度下降,却不明白是产品质量问题、价格问题或是因为出现了新的竞争者等而进行的调查。

表 1.4　调查方法的含义及特点

调查方法		含义	特点
文案调查法		对现有的资料,包括历史的和现实的动态资料进行收集、整理,从而得出结论的一种调查方法,所收集的是已经加工过的第二手资料	简单、快捷、节省调查经费;难以把握收集资料的准确程度
实地调查法	观察法	调查人员通过直接观察和记录调查对象的言行来搜集资料和信息	简便、灵活性高;难以量化统计,受时间和经费等的限制,对调查人员要求较高
	实验法	通过小规模实验来了解企业产品对社会需求的适应情况,以测定各种经营手段所取得效果的调查方法	实用,具有主动性和可控性;费时、成本高、保密性差
	访问法	调查人员将要调查的事项以当面或书面等不同的形式,采用访谈询问的方式向被调查者了解情况	具有直接性、灵活性、可靠性,高回收率
网络调查法		通过在互联网上针对调查问题进行收集资料和调查的方法;可获得第一手资料,也可获得经过加工的第二手资料	客观、高效、简单、快捷、成本低;调查对象受限制、回收率低

(二)描述性市场调查

描述性市场调查是比较深入、具体地反映调查对象全貌的调查,它需要回答出"是什么",因此,调查前需要拟订调查方案,详细地记录调查数据,统计分析得出调查结论。比如对销售渠道的调查,对竞争对手的调查等均属于描述性市场调查。

美国《青少年博览》杂志为了了解其读者的特点,特针对 12～15 岁少女使用香水、口红等情况进行了一次描述性调查。调查数据显示:12～15 岁少女中有 86.4% 的人使用香水,有 84.9% 的人使用口红。而在使用香水的女孩中,有 27% 的人使用自己喜爱的品牌,有 17% 的人使用共同的品牌,有 6% 的人使用别人推荐的品牌。调查结果表明,美国 12～15 岁的大多数少女使用化妆品,且开始使用化妆品的年龄较小,对品牌忠实程度高。这种类型的调查就是一种描述性调查。

(三)因果性市场调查

因果性市场调查是指为了了解市场出现的有关现象之间的因果关系而进行的调查。它所要回答的问题是"为什么",即为什么会有这种关系。如有关销售量与价格、广告之间的关系就需要进行因果性市场调查。通过因果性市场调查,可以弄清楚这些因素之间的关系和变化规律。

(四)预测性市场调查

预测性市场调查是收集、研究事物过去和现在的各种市场情报,对未来可能出现的变动趋势进行的调查,是一种推断性的调查。它所回答的问题是"未来市场前景如何?"它是在描述性市场调查和因果性市场调查的基础上,对市场的未来形势做出的推断和预测。预测性市场调查的实质是市场调查结果在预测中的应用。

第五节 市场调查的原则和程序

一、市场调查的原则

(一)准确性原则

市场调查所获得的资料是企业进行分析决策的依据,因此,调查资料必须能真实、准确地反映客观实际。只有在准确的市场调查资料的基础上,尊重客观事实,进行实事求是的分析,才能做出科学的预测和决策。这要求调查人员在进行调查时,应实事求是,尊重客观事实。若调查人员弄虚作假或进行主观臆断,就会使收集的资料失去其客观性,也就失去了调查的意义。这一原则是市场调查最首要和基本的原则。

(二)时效性原则

由市场调查的特征可知,市场调查是具有时效性的。因此,在资料收集中,要充分利用有限的时间,尽可能在较短时间内收集到尽可能完备的信息资料,不得拖延。否则,不但会增加调查费用,导致获得的资料过期,而且还可能引导企业做出错误的决策。

(三)系统性原则

在社会大生产条件下的企业生产和经营活动受到内部以及外部多方面因素的影响,因此,必须依据调查目的,全面系统地收集相关资料,从多方面真实地描述和反映调查对象发展变化的各种内外因素以及调查对象本身的变化规律和特征。

(四)科学性原则

市场调查的科学性主要表现在:科学地选择调查方式;科学地拟订问卷;科学地运用一些社会学和心理学方面的知识与被调查者进行交流,获得准确而全面的调查资料;运用科学的方法和手段对收集的资料和信息进行分析和处理。

(五)经济性原则

毋庸置疑,经济性原则是市场调查必须考虑的一个因素。采用不同的调查方法所花费的调查经费不同。同样,在相同的支出下,不同的调查方案也会产生不同的调查效果。这就需要企业视具体情况,选择既能达到调查目的,又经济实用的调查方法。

二、市场调查的程序

一般而言,市场调查可分为调查的准备阶段、调查的实施阶段以及调查的结束阶段。每个阶段又可分为几个主要的步骤,具体如图1.2所示。

(一)调查的准备阶段

市场调查的准备阶段是调查工作的开始,准备工作是否充分周到,对后面实际调查工作的开展影响很大。市场调查的准备阶段可分为以下几个步骤。

1.明确调查目的和内容

调查目的是整个调查活动的指导思想,调查的一切活动都围绕着目的而展开。确定调查目的之后,就要确定调查所包括的内容和范围。调查内容必须满足以下要求:

(1)调查切实可行,即能够运用具体的调查方法进行调查。

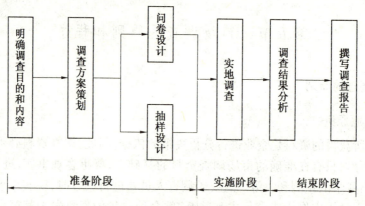

图 1.2 市场调查的一般程序

(2)可以在短期内完成。由于调查具有时效性,若调查的时间过长,调查的结果也就失去了意义。

(3)能够获得客观的资料,并能解决所提出的问题。

2. 调查方案策划

调查方案是对某项调查本身的具体设计,主要包括调查的目的要求、调查的具体对象、调查的内容、调查表格、调查的具体范围、调查资料收集整理的方法等内容,它是指导调查工作具体实施的依据。制订调查方案,其中最主要的是调查方式和方法的选择,用得最多的是非全面调查中的抽样调查方式。

3. 问卷设计和抽样设计

多数情况下,问卷设计和抽样设计在顺序上可以交换,但在某些特定的情况下,有严格的先后顺序。一般说来,抽样设计放在前一步较好,因为问卷设计中的问题都是针对事先确定的那部分抽样对象而设定的。但如果抽样设计要考虑到问卷设计的内容,那么问卷设计就应放在前面。

(二)调查的实施阶段

调查的实施阶段是着手收集信息资料的过程。这一阶段是按调查方案策划的内容进行的,是整个调查活动的核心内容。在调查的实施过程中,应该遵循调查活动的原则并保证调查资料的真实、准确、科学、有效。

(三)调查的结束阶段

调查的结束阶段包括资料的整理与分析阶段。在调查资料收集完后,需要对这些资料进行校核,并进行分类整理,如有错误或遗漏,应及时更正或补充调查,以获得准确完备的信息。然后,将资料进行统计汇总、分析处理,以调查报告的形式反映给上级部门。

【本章小结】

作为一门学科,市场调查是在 20 世纪才开始建立和完善起来的。随着商品经济的高速发展,企业要想在激烈的市场竞争中获胜,必须把市场调查作为企业进入市场的前提。市场调查作为收集、分析市场信息的有效工具,具有独特的含义、特点及操作步骤。同时要明确市场调查的地位、作用与企业经营的关系。在应用过程中还必须遵照科学有效的程序,才能使市场调查真正在现代企业中发挥更加有效的作用。

通过本章的学习,应使学生掌握市场调查的含义、特征及类型,明确市场调查内容与程序,掌握市场调查的基本原则与现代企业经营的关系;了解市场调查的功能、地位对现代企业发展的重要性。

【案例分析】

南风集团市场开发

20世纪80年代末期,洗衣粉市场烽烟四起。美国宝洁、联合利华、德国汉高、日本花王四大外资品牌,挟其雄厚的资金实力、领先的技术优势和强势的品牌资源一路攻城略地,直至1995年占领了全国市场近50%的份额。同时,以熊猫洗衣粉为首的大批有一定知名度的国内洗衣粉厂家也被合资,国产品牌洗衣粉危机四伏。

创牌于1992年的奇强是由山西运城盐化局控股的南风集团的主打产品之一。1993年,南风集团进军洗衣粉市场。当时,其年生产能力仅为2万吨,面对跨国公司的重压,南风的市场究竟在哪里?

为此,南风集团进行了市场调查。调查发现,跨国公司所占市场份额虽然大,但目标市场主要在城市,而在农村市场并不占什么优势。为了避免与跨国公司正面冲突,南风定位在农村。南风集团针对如何开拓农村市场再次进行了市场调查。通过调查发现:农民洗衣服的频率没有城市人高,且衣服多重垢;大多数农民讲究实惠,希望每包洗衣量多些,价格低点,去污力强些。根据这些调查结果,南风集团开发了针对农民专用的洗衣粉,打开了农村市场,奠定了南风集团在农村市场的基础。

占领了农村市场之后,南风集团的奇强洗衣粉准备进军城市。当时的城市市场,消费水平正被卷入低价潮流,农村市场的稳固和价格的巨大优势让奇强拥有了与外资叫板的底气。同样,在进入城市市场之前,南风集团对城市进行了详细的市场调查,发现城市居民生活节奏快,洗衣服浸泡时间短,而且偏爱增白、加香的洗衣粉。针对这些特点,南风集团开发出了针对城市居民消费特点的洗衣粉,一举打开了城市市场,使其市场占有率从2%迅速蹿升至30%,赢得了城市居民的认可。

2014年,奇强迎来了它的巅峰时代,年销售量38万吨,以15万吨的差距将第二名的德国汉高远远抛在身后,并迫使宝洁、联合利华不得不调整其在中国洗衣粉市场的营销策略。

案例思考:
1. 南风集团的奇强洗衣粉在农村市场取得成功的原因是什么?
2. 南风集团是如何一步步占领市场并走上发展道路的?

【思考与练习】

1. 什么是市场调查?
2. 市场调查的特征和原则有哪些?
3. 市场调查在企业中的作用有哪些?
4. 市场调查的分类方法有哪些?各类型的市场调查有什么特点?
5. 进行市场调查的一般程序有哪些?各步骤的主要工作是什么?
6. 简述市场调查的产生与发展过程。

第二章　市场调查行业、机构及人员

【案例导读】

益普索(中国)市场研究咨询有限公司

益普索(中国)于2000年正式进入中国,目前是国内三大市场研究咨询公司之一,在北京、上海、广州和成都均设有分公司,目前拥有专业人员400余名,专注于营销研究、广告研究和客户满意度研究三大领域的市场研究服务。华联信市场研究有限公司成立于1996年12月,2000年1月加入益普索集团建立的合资公司,合资前是国内发展最快的本土内公司之一。风凯兴公司成立于1997年1月,2002年底加入益普索集团,合并前是本土最大的个案研究公司之一。广东大通市场研究有限公司成立于1995年,致力于市场研究业务,具备强大的数据采集和处理能力,2005年加入益普索集团,合并前为中国十大个案调查公司之一。

案例思考:
1. 专业市场研究机构的主要职能是什么?
2. 请结合该案例的调查公司,说明专业市场调查机构的主要业务是什么?

本章旨在让读者认识市场调查行业的发展历程;了解市场调查机构的分类及其职能;理解企业设置市场调查机构的影响因素;掌握选择市场调查专业机构的渠道和方法;懂得市场调查人员应具备的素养及对他们进行有效管理的方法。

第一节　市场调查行业的发展及结构

企业在市场营销过程中需要各种各样的情报、信息。市场动向的把握、正确的经营决策都需要准确的市场信息。搞好市场调查,对于企业科学地制定战略决策,确定经营目标,改善企业经营,提高管理水平,创造经济效益,促进企业发展,都是十分重要的。

一、市场调查行业的发展

在经济快速发展的今天,全球化在市场调查、广告调查和民意调查服务上的费用每年超过90亿美元。在过去的20年中,市场调查行业已经变得高度集中。全球用在调查服务上的花费大约有39%集中于10家最大的市场调查组织。大约51%的调研由25家最大的全球组织进行,其余的由1 000家以上的小型调查企业进行。美国每年在市场调查上的花费达到46亿美元。美国的行业集中程度十分明显,10家最大的公司占了美国在营销、广告、民意调查上的花费总额的59%。20家最大的公司占了72%,前30家占了79%。

改革开放以来,我国市场调查行业蓬勃发展,调查机构层出不穷。1988年,进入中国不久的宝洁为了满足自己的需要,支持广州社会科学院的软科学所开办了中国第一家市场调查公司——广州市场研究公司。1990年,华南市场研究公司诞生,1992年底零点在北京开始营业。据估计,目前我国以市场调查研究为主业的机构约3 000家,形成一定规模的约

400家。

中国市场调查行业在起步阶段,要特别提到像宝洁、奥美这类用户的特别贡献。从2003年开始,先后有大约40家国际市场调查机构在中国注册或者建立合资研究公司,今天大部分中国本土的早期市场调查品牌也已经与国际品牌合资。目前排名在中国市场调查行业前10位的公司主要是国际公司。它们的到来在很大程度上显示它们跨国客户重视消费者与用户需要的自然延伸,同时也为中国市场调查行业的发展提供示范与管理资源。

二、市场调查行业的结构

市场调查行业的结构显示了以问卷调查为基础的调查预测过程中的四个层次。处于层次一和层次二的企业是营销调查数据的最终消费者,即信息使用者。他们需要的信息取决于消费者个人和那些制定商业购买决策的人,即应答者。处于层次三的企业是调查设计者和提供者。处于层次四的企业是数据收集者。

第一层是信息的最终使用者——企业内部市场调查部门。管理决策部门内部或企业内部市场调查部是第一层组织,同时也是其他部门机构提供数据的最终使用者。许多企业公司,尤其是大公司,都有自己内部的市场调查部,如美国P&G公司、福特汽车公司等。一般而言,市场调查部门的规模都不大,美国研究显示,服务类公司中的市场调查部只有15%超过10个人,如美国联邦速递公司(Federal Express)、Delta航空公司等;制造业中的该比例则为23%。市场调查部门使用市场调查数据来支持其决策,数据主要用于以下几个方面:判断目标消费者群对于市场营销因素组合的改变有何不同的反应;评估目前的市场营销策略;预测外部环境的变化及其产品或服务的影响。

第二层是信息使用者——广告公司。广告公司居于产业结构的第二层,它们一方面为企业提供服务,另一方面又常常是市场调查数据的最终使用者。其主要任务当然是进行广告活动,但为了担当这个角色,它们往往需要市场调查的数据。例如,DDB广告公司就在全球进行每年度的生活形态调查,可以为其客户提供广告概念服务。它们还可以从客户服务公司、辛迪加调查公司或是调查实施公司获取数据。

第三层是调查设计及提供者。调查设计及提供者是市场调查行业的中坚力量。它们提供调查服务,设计调查研究方案,分析结果,向客户提供报告。同时,它们也向下一层的调查公司购买数据。例如,客户中心的市场调查公司、辛迪加调查公司和其中的大型市场调查公司。

辛迪加是Syndicate的译音,原来的意思是报业的联合组织,有新闻可以在各报同时发表。所谓辛迪加服务,就是定期地收售各种各样的数据和信息,一般都整理成数据集,以刊物的形式提供给订户,当然也提供软盘等。提供辛迪加服务的调查公司一般是大规模的调查公司,其特点是这些公司有大量固定的客户作为公司所提供数据的订户。例如,尼尔森(Nielsen)媒介调查公司,就向订户提供有关全美电视收视率方面的数据,美国的电台、电视台、广告公司及许多企业几乎都是尼尔森数据的固定订户。

第四层是数据收集者——现场服务公司。它们是为专业的市场调查公司、广告代理商和企业收集数据的。层次四中的采访者是实际数据的收集者。他们都是兼职的,以随叫随到的方式工作并同时为不同的现场服务公司提供服务。对应答者或潜在购买者的意见、意图、行为等进行了解是市场调查的基本目的。例如,购买者感觉如何、想些什么以及打算做什么等,都是市场调查行业所关注的问题。

第二节 市场调查机构的类型

一、市场调查专业机构的类型

市场调查专业机构是一种服务型的组织机构,是专业从事市场调查业务的独立的组织或机构。市场调查专业机构可以认为是企业以外受托的市场调查的主体。

市场调查服务是提供市场营销决策所需的信息。按其性质不同,国内的调查专业机构可分为以下几类:专业市场调查公司、顾问咨询公司、广告公司、政府统计机构和大专院校研究机构。

(一)专业市场调查公司

这一类公司规模大小不等,服务的专业化程度不同,服务质量也高低不一。在我国,此类调查公司主要有综合性市场调查公司、标准化服务公司和专门的市场调查公司。随着行业的不断发展,专业市场调查公司的分工越来越细,定位越来越准确,专业优势也越来越强。

综合性市场调查公司实力较强,定期收集各种市场信息,提供市场调查相关的各方面服务,拥有较大的实力和较全面的数据积累。企业或个人需要时,只需缴纳一定费用,就可获得所需资料。综合性市场调查公司同时还为企业提供定期的调研服务,具有涉及面广、综合性强等特点。

标准化服务公司使用标准的方法调查不同的对象,按照成型的模式标准提供调查数据和相关的分析报告,但其灵活性较小。一些综合性服务机构也提供标准化服务,如央视的电视收视调查。

专门的市场调查公司主要是一些小型公司,在某个行业进行市场调查,如房地产调查公司、医疗器械调查公司。也有一些公司只在调查的某一环节或方面提供服务,如专门提供问卷调查的公司、专门进行定性调查的公司、只进行数据处理和问卷分析的公司等。

(二)顾问咨询公司

顾问咨询公司一般由资深的专家、学者和有丰富实践经验的人员组成,为企业和一些部门的生产、经营进行诊断,提供指导性的建议,即充当顾问。这类公司在进行咨询服务时,为了保证咨询服务的质量,也要进行市场调查。进行市场调查并不仅仅是为了将调查结果提交给客户,而是以调查的结果为依据,结合专家的实际经验和专门知识,提出对咨询目标的看法和建议,提供相关的咨询服务,包括管理咨询、战略咨询及营销咨询等。咨询顾问公司的市场调查任务可以自己承担,也可以委托市场调查公司来承担。

(三)广告公司

广告公司以广告为主要经营业务,有的也兼营一部分市场调查业务。不少稍具规模的广告公司都设有市场调查机构。由于这类部门经常承担制作广告与广告效果的调查,所以经验较丰富,一些企业就委托他们进行市场调查,或进行广告制作,或用于指导经营,解决经营中出现的问题,如中国国际广告公司就设有市场调查咨询部。

(四)政府统计机构

在我国,最大的调查预测机构是国家统计部门(如国家统计局)及地方各级统计机构和各级职能部门(如财政、计划、银行、工商、税务部门的统计机构等),他们定期调查研究全国性和全省(市)性的市场动态,预测市场趋势,为各行各业提供市场信息。如商务部有商情信息中心,民政部有社会调查中心。随着政府机构功能的标准化,信息服务的功能越来越重要,政府部门下设的调查机构的地位将更加显著。

(五)大专院校研究机构

在大专院校、经济研究单位设立市场研究机构,运用科研人员的理论,有针对性地进行专题调查和预测,如中国人民大学、复旦大学、上海财经大学、上海交通大学等均有市场研究机构。每个学校根据自己的特点,选择不同的方法和重点开展市场调查工作,补充和充实社会市场调查和预测组织的不足。大学及其科研机构的教师及学生凭借丰富的专业知识和低成本的调查费用,赢得了众多的中小型调查项目。

二、企业内部的市场调查机构

企业内部的市场调查机构在市场调查活动中占有十分重要的地位。他们在企业中专门承担市场调查的任务,从事市场调查的活动,他们也有可能根据需要兼任其他一些经营管理业务。在市场经济活动不发达的情况下,企业内部的市场调查机构承担着主要的市场调查任务。即使在市场调查的行业和专业机构相当发达的情况下,企业内部的市场调查机构仍具有不可替代的作用。

(一)企业内部市场调查机构的分类

按发展逻辑、发达程度和表现形态,企业内部的市场调查机构大体可以归纳为以下三类:

1. 兼职市场调查人员

企业中未设置专门的组织机构或人员专职担任市场调查任务,而是由某些人员兼任和从事一些市场调查工作。常见的兼职市场调查人员包括经营决策人员、计划人员、供销人员、统计分析人员及财会人员等,这种状态可以看作企业内部市场调查机构的初级形态。

2. 兼职市场调查机构

在企业中明确有某个或某几个职能机构或业务机构肩负和承担市场调查的全部或部分职能。常见的兼职机构可能是计划科、统计科、经营部、市场部等,这种状态可以看作是企业内部市场调查机构的中级形态。

3. 专职市场调查机构

企业内部既配备专职的市场调查人员,又设有专业的市场调查机构。它可以被认为是企业内部市场调查机构的高级形态。应该说明的是,在企业内部设置专业的市场调查机构,并不排斥其他有关部门承担一定的市场调查工作。事实上,专业机构主要负责企业中市场调查工作的组织、总体规划和协调,以及承担某些主要的职能工作和调查任务,其他一些部门应该结合本部门的职能工作或业务活动,兼顾一部分市场调查工作,如市场信息的收集、记录以及初步的整理、分析等。

国内外绝大多数大型企业都设有内部调查预测机构,开展经常性的调查活动。如美国的宝洁公司、可口可乐公司以及我国台湾的统一和顶新集团都有一支市场调查队伍,并有一套规范的工作程序;我国的今日集团、金轮集团和海尔集团等也相继设立了市场调查机构。

(二)企业内部配置市场调查机构的影响因素

配置企业内部市场调查机构属于企业组织设计的范围。为保证配置的可行性,必须综合考虑各种影响和制约因素。

1. 企业规模

企业规模影响和决定着企业经营活动的数量和范围,也影响制约着市场调查的需求。一般而言,大型企业的产品种类多、市场范围大、力量雄厚,有可能建立专业的市场调查机构。

2. 经营业务性质和范围

经营业务性质是影响和决定市场调查需求的重要因素。如果企业经营的业务受国家控制比较严或者市场范围小,则市场调查需求相应较小,就没有必要设置专门的机构,所需人员也应该少些。

3. 企业的经营条件

企业的资金、人员、技术等条件是影响和制约企业内部市场调查机构配置的重要因素,应给予充分注意。

4. 市场状况

作为外部条件,企业经营商品的供求、竞争等状况也影响企业对市场调查的需求,也应给予充分注意。

第三节 市场调查专业机构的选择

一、企业选择调查专业机构的必要性

尽管许多大型企业都设立了自己的市场调查部门,但这并不意味着该企业的所有市场调查活动全部由企业自己的调查部门来承担。事实上,当自身的力量无法开展调查活动时,就需要委托专业的市场调查机构来承担企业自己无法开展的调查工作。特别是对于那些欲打入国际市场的企业,都必须寻找一些当地的市场调查机构对国外市场的供应、需求、竞争和流通渠道等进行深入的调查,以利于确定市场策略。而多数企业特别是中小企业,因没有条件或没有必要配备自己的调查预测机构,它们的社会调查活动一般委托专业的市场调查机构进行。

选择市场调查专业机构来实施调查具有以下优点:

1. 无地理和语言上的障碍

专业市场调查机构专门从事调查与预测工作,具备各方面的人才,不受调查项目地理和语言上的限制,因而便于获得所需的资料。

2. 节约成本

委托专业的市场调查机构需要支付一定的费用。但是,同样的调查项目,如果由企业内部人员自行调查,则需要更多的时间和开支才能达到同样的效果。专业调查机构丰富的经验、更高的效率、充实的资料和专业的设备都是节约成本的依据。

3. 客观性和准确性

相对于企业内部的市场调查部门或人员而言，专业调查机构在感情上和事业上与调查项目本身或市场没有什么牵连，更能从客观的角度进行调查。专业调查机构专门的训练、专业的知识和专业的设备更能减少各项调查的误差，使结论更为准确。

二、企业选择市场调查专业机构的途径

当企业的市场调查活动需要由专业机构承担时，需要对市场调查公司进行选择，因此，要获取可供选择的各种市场调查公司的足够信息，进行比较后从中进行选择。获得足够的市场调查公司的信息不是一件特别容易的事情，需要企业自己通过各种手段去收集。收集市场调查专业机构的信息可以通过下列途径：

(1) 同业协会、出版物和其他销售研究部门；
(2) 全国性的工商管理机构和工商业咨询协会以及它们的出版物、企业名录等；
(3) 各驻外使馆的商务处，这是寻找境外调查代理机构的常用渠道；
(4) 诸如国际贸易促进会之类的国际性机构和组织；
(5) 广告代理公司；
(6) 市场所在地的进口商、批发商和经销商等。

当然，一些经常做市场调查的企业很了解哪些市场调查公司比较符合它们的要求，它们甚至有固定的市场调查代理公司。

三、企业选择市场调查专业机构的程序

(一) 初步选择

不同的市场调查专业机构有不同的特长和优势领域。企业在明确了市场信息需求后，必须对目标代理机构进行多方位的了解和评估。一般情况下，企业会向每个目标代理机构发出征询，略述调查项目，并请求每个代理机构提供便于企业进行选择的内容，企业再对这些内容进行评估。在评估市场调查公司时，一般要考虑的因素有以下几个方面：

1. 市场调查公司的声誉

这是一个比较软性的标准，任何一个公司的声誉都不是一下子就能评估出来的，企业在选择市场调查公司时，能对声誉做出自己的评判，尽管各自的信息来源不同。例如，有些客户认为，在传媒上发布频率高的公司是声誉比较好的公司。声誉好的调查公司一般应能做到：第一，能按时间要求完成调查项目；第二，高质量完成调查项目；第三，维持职业道德标准。

2. 公司规模

公司规模是一个比较大的标准，它可以细分为人员多少、办公室面积和档次、专业设施、分支机构多少等。一个市场调查公司的规模能部分地反映它能做什么，能做到什么样。

中国的市场调查公司的人员一般分为专职和兼职两种。公司的研究人员、技术人员等一般是专职人员，而访问员、复核员、编码员、行业专家等一般是兼职人员；实地督导有些是专职的，有些则是兼职的。这些可以量化的指标是判断公司实力的一种比较硬性的标准。

办公室的面积和档次也可以反映一家公司的规模。另外，办公室的整洁程度、门牌也能反映一个市场调查公司的管理水平和部门设置情况。不同的市场调查公司要求的专业设施有所不同。例如，一个擅长做电话调查的市场调查公司应该有专门的电话调查设备，

如隔开的电话间等;一个经常做定性研究的公司应该有为举行焦点小组访谈而准备的单面镜房间。

3. 人员素质

人员素质体现为对企业市场营销的本质有深刻理解,精通统计学知识和定量分析方法,对统计学知识和定量分析有较深的了解,能够熟练使用因特网和电脑,有心理学和消费者行为学方面的知识,有良好的书面和口头沟通技能,有创造性思维的能力。

4. 经验

经验一方面是指一个市场调查公司成立时间的长短,另一方面也应包括该公司主要人员的从业经验。市场调查公司成立的时间越长,对该行业的发展状况就越了解,对业内种种管理与运作模式的优缺点就看得越清楚。成立时间越长的公司,其管理制度越趋于成熟,各种规范越完善。主要人员的从业经验也很重要。在市场调查行业的经验越多,就越能准确地定义客户的问题,对各种调查方法的优缺点也越了解,对实地执行中易出现的问题能够及时把握。

除从业经验外,主要人员在某行业市场调查的经验也能直接影响一个市场调查项目的质量。行业经验使得研究人员对某行业的背景资料、存在问题等非常了解,对于该行业产品特性、客户构成、分销渠道、促销手段等也有深刻认识。这种了解和认识不仅有助于研究人员设计调查方案,而且在数据分析时也能够从自身知识出发解释数据,给出切实可行的建议。

5. 报价

市场调查公司的报价自然是客户在做选择时的一项重要考虑因素。每个公司有自己的报价体系和方法。各个调查公司的报价只有在调查方法、质量、地域等都相同时才具有可比性。

以上几个方面是企业在选择市场调查公司时初步考虑的因素。除这几个主要方面外,其他还有一些因素会影响企业的选择,如文本的制作水平、项目完成所需时间等。

(二) 比较选择

通过对市场调查机构进行评估,可以把所要选择的目标代理机构缩减到最有希望的两三个。接着安排分别会晤,在会晤中可以比较深入地讨论委托人的调查需求和代理机构探索这些需求的方法。初步会晤后,要求各家代理机构提出书面的调查策划书,进一步了解各家代理机构的项目适应性。调查策划书的内容需包括:

(1)工作人员的配备、专业水平、时间、工作经验和能力;
(2)拟定问卷的构思和问卷的样本;
(3)实地采访中专职访问员和管理人员的配备情况;
(4)调查员和临时调查员的配备情况;
(5)选择访问员的标准与培训的机会;
(6)对问卷有效性的监督、管理措施;
(7)制作图表的设备与技巧;
(8)项目完成所需时间的估计;
(9)项目的费用预算情况。

当收到几家市场调查公司所提交的"调查策划书"后,就可以集中对比,从中选出一家最适合的市场调查公司,并与之再进行会晤商议,签订市场调查委托合同。

(三)签订代理合约

为了确保市场调查活动的顺利进行,必须签订代理合约来明确双方应承担的义务、责任和享有的权利。代理合约一般应包括以下内容:

1. 调查范围与调查方式

调查范围用于规范调查的界限,以此要求调查公司围绕调查目标进行策划和设计。调查方式由调查与预测专业机构根据调查的主题和对象进行确定,并写在合约中。如果还有其他类似规定(如安排人员走访的次数和方式,委托人应向代理公司提供有关调查工作需要的材料,委托人如对代理公司的工作表示满意应在规定时间内以书面形式向对方表示认可等),若有必要并经双方协商同意,也可在合约上注明。

2. 预算

合约中要写明调查项目的总经费数额。要注明每个调查项目的开支情况,如劳务费、礼品费、管理费及利润等。如果预计有意外情况发生而需要增加预算开支,则增加的幅度不能超过原定预算金额的10%,还需注明超过预算时追加款项的处理办法,以示明确。

3. 付款条件

合约中要明确付款条件和付款方式。市场调查公司要求的付款条件通常是:签约时先按双方确认的付款金额预付50%,其余部分在调查项目全部工作结束后付清。如有其他费用开支,需要另做结算偿付安排的话,具体各项费用的结算与偿付的办法、用什么货币进行结算与偿付、全部费用累计总值的最高限额是多少等均应在合约中细加规定。

4. 人员配备

合约中应写明调查公司指派的全体调查人员的名单及各自应负的职责,作为有关调查项目的委托人,应坚持有权与全体项目人员经常保持直接的个人关系和接触。若代理公司将其中的部分项目分包给其他调查公司,如聘请当地新闻通信社的记者代办全部有关人员走访的工作等,则需将人员的配备情况列明,而且由此产生的一切费用需由代理公司承担。实际上,这些费用均已包括在合同规定的预算限额之内,因此无需另作偿付。

5. 期限

完成全部调查工作的期限以及各个阶段工作进程的期限,应在合同中分别加以明文规定。务求整个调查项目的工作能按计划如期圆满结束,同时要写明未能按时完成调查任务的处理办法。

6. 调查结果

合约中要明确对市场调查结果的要求,如是否要有中期报告和最终报告等。有些市场调查公司在所提交的终结性报告中,只是单纯报告调查的结果;另一些市场调查公司不但报告调查结果,而且还要从中引出结论,提出有关如何组织产品销售行动的建议或其他可行性的建议。如果委托人对此有特定要求,经过双方协商同意后,可在合同中相应加列条款,以示明确。

四、企业与市场调查专业机构的合作

选定了某家市场调查公司或当地商业咨询服务机构之后,委托人就必须切实地与之协同工作。委托人和市场调查代理公司的关系是"对等交换"的关系,应该相互信赖和配合。

委托人要自始至终为调查公司提供所需的帮助,以便于调查公司充分了解和掌握企业的实际情况和要解决的问题,确定调查主体、范围、方式和技巧。特别是有些专业性的问题,调查对象的选择还要借助于企业的关系网。作为市场调查公司,要及时将调查中发现的问题(如企业目标与市场实际情况矛盾之处等)通报给企业。双方要定期或不定期地交换意见,以便企业掌握市场调查的进展情况,并在彼此沟通后,及时修改、调整和充实调查工作。

第四节 市场调查人员的选择、培训与管理

市场调查是一项高度智力性的工作,又是一项繁杂、辛苦的工作,都由具体的人来承担。因此,市场调查人员本身的素质和条件将直接决定市场调查活动的成败优劣。市场调查人员应具备一定的素质和条件,并能时常得到专业化的培训。

一、市场调查人员应具备的素质条件

市场调查人员为现代经济管理人员,应具备一般经济管理人员的基本素养,包括政治思想、文化知识、经营管理、道德品格、性格、风度和体质等方面的素质。由于工作的特殊性,市场调查人员的下列素质和条件尤为重要:

1. 有强烈的事业心和责任感

市场调查是一项重要而又艰巨的工作,带有明显的服务性。调查人员要接触社会经济的各个方面,工作量大、繁杂琐碎,独立工作的可能性较大,这就要求调查人员具有强烈的事业心和责任感。

2. 有高度的敏感性

由于市场调查人员会接触到各类的人物和错综复杂的事物,所以要求他们能够根据不同的情况,灵活处置。由于市场信息大都具有很强的时效性,转瞬即逝,因此必须及时处理。我国正处在经济高速发展和改革时期,市场变化迅速,为此,更要求市场调查人员思维活跃、敏锐,能及时、准确地感应客观环境的变化,善于认识和接受新事物。

3. 有广博的知识、广泛的兴趣

市场调查工作的特性,要求调查人员的知识面要宽、兴趣要广。他们应是专家中的杂家、专才中的通才。作为专业性的市场调查人员,不但需要具有相关的专业知识,如市场知识、消费行为知识、市场调查知识等,而且要具有较宽的知识面。只有如此,才有利于市场调查人员拓宽其事业和增强其综合分析问题的能力,有利于同社会发生广泛的接触。如房地产市场调查人员至少要精通有关的法规政策、开发经营、行政管理、城市规划、市场竞争、建筑施工和综合开发战略等方面的知识。

4. 有较高的综合分析能力

市场调查的根本目的在于认识市场,了解各种经济现象及其本质。由于市场的复杂性,要求市场调查人员必须实行全面的综合分析。市场调查人员的工作绝不是简单地提供调查资料,因为把大量的市场信息推给决策者,并不会减少决策的难度。市场调查人员所做的适当评议,透过现象探讨本质的综合分析,就有关现象所分析的利弊和长远趋势,将帮助决策者对市场需求和市场动态做出正确判断。这些工作水平的高低是与调查者的分析能力分不开的。

5. 有良好的工作态度和严谨的工作作风

市场调查人员必须踏实、认真、肯干;必须实事求是、从严要求;不弄虚作假、不马马虎

虎;要严谨细致、一丝不苟。这是保证市场信息真实、可靠、精确、全面的必要条件。

6. 为人诚恳

与人交往是市场调查人员的基本活动。市场调查人员要给人一种亲切、自然和信任的感觉;要善于与人交往,有良好的交际能力和语言表达能力。

7. 掌握现代信息科学知识

市场调查人员要懂得现代信息科学的有关知识,掌握一定的信息处理技术和方法。

要使市场调查人员成为合格人才,一是在选用人员时要严格把关;二是对现有人员进行有针对性的严格培训,并把培训后不合格者调离;三是调查人员应加强学习,自觉提高自身素养。

【案例2.1】

市场调查人员的礼仪知识

1. 自我介绍礼仪

正确地利用自我介绍,不仅能扩大自己的朋友圈,而且有利于自我宣传、消除误会和减少麻烦。展示自我介绍的语言艺术需注意的问题如下:

(1)镇定清晰而充满自信地报出自己的姓名,并善于使用肢体语言,表达自己的友善和愿望;

(2)自我介绍时应先向对方点头致意,得到回应后方可向对方介绍自己的姓名、身份、单位等;

(3)自我评价要掌握好分寸、实事求是;

(4)自我介绍的时间以半分钟为宜,特殊情况也不能超过3分钟。

2. 握手礼仪

握手是交际的一部分。握手的力量、姿势和时间的长短能够表达出对对方的不同态度,给人留下不同印象。

(1)正确的握手时机。遇见认识的人或道别时与对方握手,能够准确传递友好的信息。当某人进入办公室或离开时与对方握手;当两人经介绍互相认识时握手;当某人得到晋升或失意时握手表示祝贺或安慰。

(2)握手的姿势。握手时,距对方约一步远,上身稍前倾,两腿立正,伸出右手,大拇指朝上,虎口张开。手分开时,双眼正视对方,面带笑容。

(3)握手的力量。握力达1千克左右,不能太轻。

(4)握手的时间。3~5秒为宜,应尽量简短。

(5)握手的顺序。长辈与晚辈之间,长辈伸手后晚辈才能伸手相握;上下级之间,上级伸手后下级才能接握;男女之间,女方伸手后男方才能伸手相握;主宾之间,客人抵达时主人先伸手与客人相握,客人告辞时,客人先伸手与主人相握。

(6)人数较多时,可只跟相近的几个人握手,向其他人点头示意,或微微鞠躬即可。

3. 交换名片礼仪

(1)名片的规格。通用的名片规格为长9厘米,宽5.5厘米。

(2)名片的颜色与图案。宜选庄重朴素的白色、米色、淡蓝色、淡黄色或淡灰色,且一张名片一色为好,不要用黑色、红色或绿色以失去庄重的感觉。不提倡在名片上印人像、漫画、花卉或宠物等图案。文字要使用汉语简体字。

（3）递送名片。注意以下几点：第一，观察意愿。名片必须在交往双方均有结识对方并打算建立联系的意愿的前提下发送。第二，把握时机。发送名片一般应选择初识之际或分别之时，不宜过早或过迟。第三，讲究顺序。首先由位低者向位高者发送名片，再由后者回复前者。但在多人之间，发送名片的最佳方法是由近而远，按顺时针或逆时针方向依次发送。上司在时不要先递交名片，等上司递上名片后才能递上自己的名片。第四，先打招呼。递上名片前，应先向对方打个招呼，如"可否交换一下名片"等；递名片时，要说声"请多指教""请多关照"之类的寒暄语。

（4）递送名片的姿势。要表现得郑重其事，起身主动走向对方，面带微笑、上体前倾15°左右，以双手或右手持握名片，举至胸前，并用拇指夹住名片，其余四指托住名片的反面递出。文字方向是接受者易读易看的正向。

（5）接收名片。做好以下几点：第一，态度谦和。接收他人名片时，必须起身接收，面带微笑，用双手接，不能用左手接。同时应当即刻回给对方一张自己的名片，没有名片、用完或忘带名片，应向对方解释并致歉意。第二，认真阅读。接收名片时，要认真看一遍，至少用一分钟时间将其从头到尾默读一遍，或轻读出声以示尊重。第三，精心存放。接收他人名片后，应将其谨慎置于名片夹、公文包、办公桌或上衣口袋内，且与本人名片区别放置。

需要补充说明的是，针对不同的资料收集方法，比如调查究竟是采用询问法、观察法还是实验法，访问员的培训要求也有所区分，所以在培训的时候应该结合不同的调查方法及自身的特点来进行。

二、市场调查人员的职责

不同的市场调查机构，其组织机构的形式或结构可能不同，其人员的构成也大同小异。

（一）管理人员及其职责

他们的职位是公司的总经理、副总经理、市场调研副总裁等，是企业最高管理层的成员。他们的职责是组织、控制整个市场调查工作；协调下属各部门之间的工作；制定公司的管理规则、人员的职责等。管理人员通常对市场调查业务的各个方面都十分熟悉，有从事市场调查、社会调查的经验，此外还要具有较强的组织管理能力。

（二）研究人员及其职责

研究人员包括高级研究人员和一般研究人员。高级研究人员的职位通常是项目经理、客户经理或调研总监。研究人员的职责是拟定调查方案和数据处理方案，进行抽样设计、问卷设计、数据分析以及撰写调查报告，此外还负责向客户汇报调查结果、提供咨询服务。他们通常是经济学、营销学、社会学、心理学、统计学和管理科学等领域训练有素的专家、学者等博学之士。

（三）督导人员及其职责

督导是访问员的管理者，负责访问员的招聘、培训以及对访问员的工作进行指导、监督和检查。

（四）访问员或调查员及其职责

访问员通常包括专职访问员和兼职访问员。访问员的工作就是采集资料，对指定的受调查者进行调查访问，以获得原始数据资料。专职的访问员是指公司聘用的全日制工作人员，他们的职责除进行调查访问之外，还要协助督导员对新招聘的访问员进行培训，执行一一般访问员难以胜任的调查访问,对某些抽到的受访者进行复访或回访。兼职访问员是公司临时聘用的访问员,他们在公司需要实施调查时执行调查访问。目前国内的兼职访问员大多是在校的大学生。招聘大学生做兼职访问员比较方便,大学生素质较高,容易培训,但是不便于管理,而且访问的质量深受大学生责任心的影响。调查公司一般招聘一两个专职的访问员即可,但兼职访问员有时需要几十个甚至几百个,因为兼职访问员工作不稳定。

(五)电脑录入员及其职责

电脑录入员的主要职责是对收集到的问卷资料进行编码,并将数据资料输入电脑,以便研究人员做统计分析处理。此外,他们通常也要负责一般资料性文件的电脑编辑、打印工作。电脑录入员一般要比较熟悉各种计算机软件的使用,键盘操作速度比较快。一个调查公司通常需要一个以上的电脑录入员。

(六)资料员及其职责

资料员负责各种一般性商业资料的搜集、分类、整理和归档,以便研究人员查询。资料一般来自各种媒体,包括报纸、杂志、商业通报、邮函或出版物等。一个公司一般要有一个或一个以上的资料员。资料员通常要具备档案管理方面的经验。

三、市场调查人员的培训

对市场调查人员应该进行全员培训。在整个调查活动中承担各种职能的人员很多,他们承担着不同的职能和任务,从事的工作区别很大。但是,不管承担何种职能,都必须进行相应的培训。当然,对于研究人员的培训可能是一种系统的、长期的过程,培训的难度也相当大。

(一)培训的途径

培训主要有两条基本途径:一种是业余培训,另外一种是专业培训。业余培训是调查访问员自己利用业余时间去充电式学习,这是提高专业调查访问员素质的有效途径,也是调动调查访问人员树立终身学习意识、培养学习积极性的重要方法,它具有投资少、见效快的特点。专业培训则是一种比较正式的系统训练方法,它要求调查人员集中精力和时间进行系统学习。一般可以采取两种方式:一是参加各种类型的专业的调查人员培训班;另一种是继续深造,根据调查人员的工作特点和本部门的需要,送他们到各类经济管理院校相应专业,系统学习一些专业基础知识、调查业务知识、现代调查工具的使用知识等。这种方法能使调查人员有较扎实的基础,但投资成本比较大,学习周期长。

(二)培训的方法

培训的方法主要有以下几种,培训时可根据培训目的和受训人员情况选择一种或者几种来综合加以应用。

1. 课堂集中讲授方法

这是目前培训中普遍采用的主要方法,优点是针对性强、讲求实效。和其他大部分培训相同,这种方法也是基本采取课堂授课的方式对调查人员进行培训,授课老师一般是让市场调查的主要策划人来担任。培训重点是结合之前所设计的市场调查策划书,对调查课题的意义、目的、要求、内容、方法及调查工作的具体安排等进行讲解。在必要的情况下,还可讲授一些调查基本知识,介绍一些背景材料等。当然,在资源充足的情况下,还可聘请一些经验比较丰富的市场调查专家来交流经验。

2. 模拟调查训练法

模拟调查训练法即人为地制造一种调查环境，由培训者和受训者或受训者之间相互分别装扮成调查者和被调查者，进行模拟调查。模拟调查应该说是调查人员的"实验田"，经过课堂集中讲授之后，调查人员对调查的内容和要求有了两个基本的认识和了解，同时掌握了一些基本的调查方法，唯一缺乏的就是没有市场调查的实践，所以我们应该为调查人员提供机会去实践和验证课堂上的知识，练习某一具体的调查过程。模拟时，要将在实际调查中可能遇到的各种问题和困难表现出来，让受训者做出判断、解答和应对处理，以增加受训者的经验。采用这种方法应事先做好充分准备，模拟时才能真实地反映调查过程中可能出现的情况。

3. 召开会议法

一般可以有两种形式的会议：一是开研讨会，会上就需要调查的主题进行研究，从拟定调查题目到调查的设计、资料的搜集和整理以及分析调查的组织等各项内容逐一研究讨论，共同修正确定；二是开经验交流会，在会上，大家可以相互沟通交流，互相介绍各自的调查经验、先进的调查方法和手段以及成功的调查案例等，以集思广益、博采众长、共同提高。

4. 以老带新实践法

这是一种传统的培训方法，它是由有一定理论和实践经验的人员，对新接触调查工作的人员进行亲自指导，使新手能尽快熟悉调查业务，在实践中发现各种问题、培养应变能力和处理解决问题的能力，从而尽快成长而得到实习锻炼和提高。这种方法能否取得成效，取决于教者是否无保留地传授，学者是否虚心求教。当然，常言道："师傅领进门，修行看个人"，受训者想要真正掌握调查要领，更多的还是需要自己去努力。

市场调查人员的培训中涉及最多的是对访问员的训练。访问员承担收集原始资料的职能，执行能力的强弱对整个调查的成败有很大影响。对调查访问员的培训目的是：增强必要的调查知识；培养访问应变的能力。对访问员的培训也应区分不同类型和不同项目。电话访问员工作简单，培训会较短；面谈访问特别像小组座谈访问这类方式，对访问员的要求较高，培训过程和内容较复杂。

（三）培训的类别

访问员的培训主要有书面训练和口头训练两种。

1. 书面训练

书面训练要求调查人员牢记调查项目的重要性、目的、任务，并通过训练手册，熟悉各项业务要求。书面训练的内容主要包括：

（1）熟悉调查项目的内容与目的；

（2）熟悉并掌握按样本计划选择的被调查对象，选择恰当时机、地点和访问对象的方法；

（3）获得访问对象合作的有关访问技巧；

（4）关于调查询问的技术；

（5）关于如何鉴定调查形式、检查调查问卷的提示说明，以及如何处理访问中发生的特殊情况的说明。

2. 口头训练

口头训练的目的是消除访问员的恐惧与顾虑，使访问员熟练地运用口头访问的技巧。为此，要对访问员经常进行训练，而且必须安排多次访问的预练，以鉴定训练是否达到效

果。通过训练,访问员应该做到:

(1)访问态度和蔼、友好、彬彬有礼;

(2)提出的问题能抓住重点,简单明了,并给予被访者充分的回答余地;

(3)善于选择访问时机;

(4)有较强的判断力,善于明辨是非,善于诱导;

(5)善于完整、清楚地记录,忠实地反映被访者的本意。

如果公司没有对访问员进行过关于职业道德方面的教育,那么在常规的技术培训中,还应增加这方面的内容。主要包括:访问员在实施过程中的重要作用;应具备的诚实、客观、认真、负责的品德;访问员所应遵循的为受访者保密、为客户保密的职责等。

此外,试访与陪访是确保访问员培训效果必不可少的一环。具体做法是:在课堂培训结束后,先拿出少量问卷,将调查任务分派给每个访问员,让他们按正式要求试访几份。与此同时,培训专家则以旁观者的身份,对每一个访问员的入户进行一次陪访,实地观察访问员在实际工作中是否存在问题。在试访和陪访结束后,培训专家应对访问员进行一次集中总结,及时纠正试访中存在的问题,并及时淘汰部分难以胜任工作的访问员。这样,整个培训工作的效果就能得到基本保障。

【案例2.2】

星巴克注重员工的培训

只用了短短几年时间,星巴克在中国就成了一个时尚的代名词。它所标志的已经不只是一杯咖啡,而是一个品牌和一种文化。1971年4月,位于美国西雅图的星巴克创始店开业。1987年3月,星巴克的主人鲍德温和波克决定卖掉星巴克咖啡公司在西雅图的店面及烘焙厂,霍华·舒兹则决定买下星巴克,同自己创立于1985年的每日咖啡公司合并改造为"星巴克企业"。现在,星巴克已经在北美、欧洲和南太平洋等地开出了6 000多家店,近几年的增长速度每年超过500家,平均每周超过上亿人在店内消费。目前,星巴克是唯一一个把店面开遍四大洲的世界性咖啡品牌。作为一个市场跟进者,进入的又是一个充满竞争的完全成熟的市场,星巴克靠什么从一间小咖啡屋发展成为国际最著名的咖啡连锁店品牌。

"以顾客为本,认真对待每一位顾客,一次只烹调顾客那一杯咖啡。"这句取材于意大利老咖啡馆工艺精神的企业理念,道出了星巴克快速崛起的秘诀。星巴克认为他们的产品不单是咖啡,而且还是咖啡店的体验。星巴克一个主要的竞争战略就是在咖啡店中同客户进行交流,特别重视同客户之间的沟通。每一个服务员都要接受一系列培训,如基本销售技巧、咖啡基本知识、咖啡的制作技巧等。要求每一位服务员都能够预感客户的需求。星巴克坚持每一位员工都拥有最专业的知识与服务热忱。"我们的员工犹如咖啡迷一般,可以对顾客详细解说每一种咖啡产品的特性。只有透过一对一的方式,才能赢得信任与口碑。这是既经济又实惠的做法,也是星巴克的独到之处!"

四、市场调查人员的监督管理

市场调查活动的全过程都是参与性的,调查项目完成质量的高低与市场调查人员存在着密切联系,因此,必须对市场调查人员实施有效的管理。在调查企业所有的人员构成中,访问员是信息的直接收集者,是整个任务质量保证的首要环节。为了保证调查能够优质高效的完成,对访问员的监督管理显得尤为重要。

(一)建立一套行之有效的激励机制

设立不同的访问员级别,并根据级别的不同对同一工作给予差额报酬。对于晋级的标准,则是以服务业每次工作的表现作为评分的依据,当积分达到某一标准时便自动晋升一级。这样,即使每个访问员完成的工作数量一样,其报酬也会因为其级别的不同而不同。这样一来,就能大大增强访问员的长期行为意识与自律意识,并达到留住优秀访问员的效果。

(二)强化市场调查质量监督和外在约束机制

首先,同每个访问员签订聘用合同,以合同条款约束访问员。

其次,强化质量监督手段与技术,加强对访问员的外在约束,这是督导员的主要职责。督导的监督可以是公开的,也可以是隐蔽的。既对调查实施的过程进行监督,又对调查的结果进行检查验收。

(三)注意增进管理者和访问员之间的情感交流

定期举办一些诸如由管理者与访问员共同参加的调查见闻交流会、调查技巧研讨会等活动,一方面可增强访问员之间的友谊与交流,另一方面也可以融洽管理者与被管理者之间的相互关系。

【本章小结】

市场调查机构和人员是市场调查的主体,一般表现为企业外部的专业市场调查机构和企业内部的市场调查机构。专业调查机构主要有专业市场调查公司、咨询顾问公司、广告公司、政府统计机构和大专院校研究机构。它们都属于服务机构,承担市场调查项目、提供信息、咨询服务等职能。企业内部市场调查机构主要有兼职市场调查人员、兼职市场调查机构、专职市场调查机构等类型。企业内部配置市场调查机构要考虑到企业的规模、经营业务性质和范围、经济条件和市场状况等因素。企业选择专业调研机构提供服务有许多优势,选择的渠道也很多,选择时一般要遵循初步选择、比较选择、签订代理合约等程序。一旦确定代理机构,就必须与其展开全面有效的合作。

对于调查机构来说,市场调查人员本身的素质和条件是关系该企业和调查项目成败的重要因素。市场调查人员应具备一定的素质和条件,并且专业化的培训十分必要。另外,调查机构必须对市场调查人员实施有效的监督和管理。

【案例分析】

调查分析师走俏职场

您可能有走在街上被调查员拦住做问卷的经历。随着调查机构增多,一个以往不被人熟知的职业正悄然走进人们的生活。近期,北京地区首批调查分析师诞生了,共有83人分别取得国家统计局认证的中、高级调查分析师的资格。国家统计局有关负责人透露,国家统计局正在起草一个文件,规定今后调查机构必须设立几名正式的调查分析师,以此来规范该行业。

目前社会上从事市场调查和分析的人员大多是从其他行业转行而来的,素质良莠不齐,从招聘情况来看,大量市场调查员职位出现空缺。2016年4月,调查分析师作为新职业正式向社会公布。针对调查业的不规范,国家统计局与北京工业信息中心开始正式培训北京地区的调查员。

有统计数据显示,目前世界500强企业中,90%都建立了信息调查分析部门。其中微软约17%、可口可乐约5%的利润源可以归功于市场调查分析。中国商业技师协会认为,国外的市场调查和分析有特别的专业分工,调查策划、调查实施、数据分析是细化的,相关从业人员年收入能突破10万元。统计部门有关负责人告诉记者,调查分析师在未来几年内缺口高达100万人。

案例思考:

谈谈你对调查分析师行业前景的看法。

【思考与练习】

1. 市场调查专业机构的类型有几种?
2. 选择市场调查专业机构的步骤有哪些?
3. 市场调查人员应具备的素质有哪些?
4. 市场调查机构在中国有哪些特点?举例说明。
5. 企业选择专业调查机构需考虑的主要因素有哪些?
6. 企业应该如何与专业调查机构合作?
7. 如何对市场调查人员进行培训?
8. 市场调查人员的职责有哪些?
9. 如何对市场调查人员进行监督管理?

第三章 设计市场调查策划任务书

【案例导读】

航空电话的探索

美国航空公司注意探索为航空旅行者提供他们需要的新服务。一位经理提出在高空为乘客提供电话通信的想法。其他的经理们认为这是激动人心的,并同意对此做进一步研究。于是,提出这一建议的营销经理自愿为此做初步调研。他同一个大电信公司接触,以研究波音747飞机从东海岸到西海岸的飞行途中,电话服务在技术上是否可行。据电信公司讲,这种系统每次航行成本大约是1 000美元。因此,如果每次电话收费25美元,则在每航次中至少有40人通话才能保本。于是这位经理与本公司的营销调研经理联系,请他研究旅客对这种新服务将做出何种反应。

案例思考:

你认为美国航空公司是否应该提供航空电话通信服务?

市场调查是一项较为复杂而又细致的工作。因此在准备调查前,应进行严密的设计和安排,以确保调查效果。我们要以调查主题为依据,对调查过程合理设置,缩小问题范围,节约调查成本。本章主要从宏观角度介绍市场调查的过程,重点介绍调查程序、设计内容和调查策划书的撰写。

第一节 市场调查的过程分析

市场调查很多时候都是针对企业生产、经营过程中所要解决的问题而进行的活动。因此,市场调查的目的性一般都非常强,都是有计划地收集市场信息的调查研究活动。虽然它的工作涉及面广,是一项较为复杂、细致的工作,而且不同的调查公司也有不同的经营策略,但调查的基本步骤都是相似的,一般分为五个阶段:准备阶段、设计阶段、实施阶段、总结阶段和跟踪阶段。

一、市场调查的准备阶段

(一)调查问题或机会的界定

调查过程首先是要认识营销问题或机会。由于每个营销的机会都要转变为一个需要调查的问题,因此在营销调查的过程中,问题和机会并没有什么区别。营销调查问题的正确界定决定着市场调查的方向和合理性,良好的开始是成功的一半。

不同的企业在市场中所处的境况都不一样,同一个企业在不同阶段中所遇到的营销问题也都不同。针对企业实际情况界定营销问题是市场调查所要解决的首要课题。当问题出现时,往往涉及的面比较广,如提高公司竞争地位、改善公司形象等。这种问题的界定过于宽泛,一般不适于作为调查主题,需要进一步提炼。这时,可以通过搜集分析相关的二手资料或者采用探索性调查来缩小问题的范围,进而确定真正的问题。例如,某公司近几个月来销售量持续下降,但公司弄不清楚是什么原因。是经济衰退的影响?广告支出不足?消费者偏好发生改变?服务质量下降?等等。因为问题比较笼统,此时就需要通过分析背景资料来界定问题,或以假设的方式提出问题。

(二)调查目标的确定

问题或机会识别过程的最终结果就形成了调查目标。在对调查目标的背景资料进行分析之后,为了保证调查结果的实用性和正确性,必须确定具体的调查目标。一般来讲,客户提出一项市场调查要求时,总是有某种目的的。有的客户想要了解清楚某种现象的原因,以便采取相应的对策;有的客户准备采取某种行动,但缺乏事实依据,不敢贸然行动,试图通过市场调查来判断行动的效果;还有的客户已经采取了某种行动,但不清楚效果如何,希望通过调查加以了解等。作为市场调查人员应当了解这些客户的调查意图,否则将会是一种无效的调查。

确定市场调查目标实际上是要弄清楚以下几个问题:

(1)客户为什么要进行市场调查?

(2)客户想要了解的内容是什么?

(3)客户了解了调查结果后有什么作用?

(4)市场调查的重点是什么?

研究目标的锁定原则是指对于每个市场调查项目要明确一个或两个要解决的营销问题作为调查目标,且调查目标不能过多。市场调查从项目设计、现场执行到研究报告都应始终围绕着这些目标来进行。

例如,企业想搞清楚"是谁在购买对手的畅销机型,为什么?"此时,调查工作就应该围绕该问题进行项目设计:对手的哪些机型最畅销?会持续多长时间?哪些消费者购买了这些机型?他们在购买这些机型时考虑了哪些因素?销售人员对这些畅销机型如何评价?如果调查活动能准确、清楚地回答上述问题,就能够帮助企业设计出针对对手畅销机型问题的行销企划方案,包括如何研发本企业的新产品,如何进行市场推广,如何监测产品上市后的效果等。

二、市场调查的设计阶段

在初步界定调查问题后,还应将调查问题适当细化,以确定从什么地方,以什么方式从调查对象中获取最有效信息。不同的调查设计可以获得不同的有效信息,应根据企业自身的需要来确定。在现代市场调查中,一个调查问题往往需要运用多种方法或技术才能顺利解决。因此,调查设计也越来越复杂,并富有技巧性、创新性。

在界定了调查问题,确定了调查目标后,就要着手拟订调查方案。拟订调查方案的过程就是所谓的市场调查策划,主要涉及确定市场调查项目、选择市场调查的类型、抽样设计、估算市场调查费用、拟订市场调查活动进度表。下面就分别加以讨论。

(一)确定市场调查项目

明确了市场调查目标,下一步要考虑的是为达到目标需要调查哪些方面的内容,即确定市场调查项目。因此,确定市场调查项目是调查目标的具体化,应围绕调查目标来设置。对于市场调查策划来说,确定市场调查项目是相当重要的一个环节。首先,调查项目的确定,规定了文件设计或访问提纲的范围;其次,调查目标能否达到,在策划阶段只能通过调查人员所规定的调查项目来判断。调查项目是否全面、适当,在很大程度上将影响调查方案能否被客户所接受和认可。

一项市场调查可能包括许多方面的调查项目,但项目过多,会增加调查的工作量和统计量。因此,在列出调查项目之后,要根据项目的重要性,各个项目与调查目的是否适合,调查经费的多少及调查人员力量等情况来确定调查项目。

(二)选择市场调查的类型

市场调查按其性质、目的及其在调查过程中的位置进行划分主要有三种类型:探索性调查、描述性调查、因果性调查。

1. 探索性调查

探索性调查是一种非正式的或试探性的调查。在调查初期,由于调查问题及其范围不是很清楚,不能确定调查主题。此时,探索性调查主要是发现问题、寻找机会或缩小问题的范围。在以下任何一个目的下,可以考虑应用探索性调查来实现:明确地表达问题并做出假设;用来澄清概念;使调查人员对问题更加熟悉等。

2. 描述性调查

描述性调查是指描述一些事物,通常指描述市场功能或特征。多数的市场调查都属于描述性调查,如了解市场规模、竞争对手的情况、市场占有率等。目的就是收集、整理这些资料,并如实地描述、报告和反映。描述性调查通常要明确与调查有关的六个问题,分别为谁、什么事情、什么时间、什么地点、什么原因、什么方法,即"5W1H"。

描述性调查可以满足一系列的调查目标。例如,描述某类群体的特点;决定不同消费者群体之间在需要、态度、行为、意见等方面的差异;识别行业的市场份额和市场潜力等。许多商场经常使用描述性调查以确定他们的顾客在收入、性别、年龄、教育水平等方面的特征,并以此作为解决营销问题的信息。

3. 因果性调查

因果性调查的目的在于确定关联现象或变量之间的因果关系,了解原因与结果之间的数量关系。在因果性调查过程中,实验法是一种主要的方法。

例如,某汽车销售厂想要调查销售人员的态度和表现对汽车销售的影响。它设计了一个因果调查:在某地区连锁店中选出两组不同的汽车销售厂商进行比较。在其中一个厂商中安排了经过培训的销售人员,而另一个厂商的销售人员没有经过培训。半年以后,通过两个厂商销售量的比较,就大体能判断出销售人员对汽车销售的影响。

4. 探索性调查、描述性调查和因果性调查三者之间的关系

探索性调查、描述性调查和因果性调查是调查设计的主要类别,但要注意不要将它们之间的区别绝对化。一项具体的市场调查可能会涉及几种调查设计以实现多种目标。究竟选择哪几种调查类型取决于调查问题的特征,以下是选择调查设计的一般原则。

(1)如对调查问题的情况了解甚少,较好的做法是从探索性调查开始。

(2)在大多数情况下,探索性调查之后会出现描述性调查或因果性调查;但有时,探索性调查也可能会被安排在描述性调查和因果性调查的后面。例如,在描述性调查和因果性调查的结果使管理人员很难解释的情况下,探索性调查就可以为理解这些调查提供更多的信息。

(3)并不是所有的调查设计都要从探索性调查开始,这取决于调查问题界定的确切程度及调查人员对找到问题的确定程度。例如,一项想要了解消费者满意程度的调查就没有

必要涉及探索性调查阶段。

三种市场调查类型的比较如表3.1所示。

表3.1　三种市场调查类型的比较

市场调查目标	可选的市场调查类型
获取背景资料,定义术语,阐明问题和假设,确定调查重点	探索性调查
及时描述、测定某一方面的营销信息	描述性调查
确定因果关系,进行"如果……那么……"的陈述	因果性调查

(三)抽样设计

在抽样设计阶段,需要解决的具体问题主要包括:调查区域、调查对象、抽样方案设计等。

在实际调查当中,确定调查区域、调查对象以及抽样方案设计都不能孤立地进行,这些同调查目标有着密切的关系。例如,如果调查结果的可信度要求一般,那么所选的调查区域、调查对象的居住地点可适当集中一些,以利于在满足调查要求的前提下节约调查经费。样本数目的确定也与调查目标、调查费用有着直接关系。样本数目的多少直接影响调查结果的可信度。如果要提高调查结果的可信度,就必须增大样本数目,调查费用也将增加。反过来,当调查结果要求的可信度一般时,不适当地增大样本数目也会得不偿失。因此,要合理确定样本数目,综合考虑问题。

【案例3.1】

某品牌食用油调查场所的选择

市场营销调研都不可能对研究总体进行全面调查,因此,无论采用何种资料收集方法,都要依据研究主题首先确定研究总体,然后决定样本的性质、容量及抽样方法。同时,抽样调查场所的选择也是一个不可忽视的问题。调查场所的选择在很大程度上决定调查结果是否具有代表性,更会影响到营销决策的准确性,必须慎重考虑。一般来说,市场调查场所的选定是与企业产品销售市场策略紧密相连的。

通过对行业状况的细致分析,考虑到某品牌食用油现在还只是相关行业市场中较小的一个细分市场,大部分消费者仅将其作为"主要食用油以外的补充品",销售区域只集中在大中型城市,消费群也局限于收入和文化水平都较高的群体。根据以往大量的自然销售分析得知,某品牌相当比例的销售额发生在零售渠道。因此,选择了一些重要的、有代表性的大卖场、超市展开市场调查。

大卖场主要选择了家乐福、新世界购物中心和北辰购物中心等,这里集中了大量的中高端消费者,是这一阶层消费者的典型代表。同时,由于营业面积和营业方式的缘故,这几家卖场还是团购相对集中的地方。选择这里作为部分调查场所,不仅可以收集到一些终端消费者的信息,还可以间接地了解到部分团队购买的情况。百盛、太平洋、华联这些超市不是地处高档办公写字楼区就是靠近使馆或商业核心区,集中了大部分高端消费者,因此也被选为调查的场所。

案例思考:

在某品牌食用油调查场所案例中,被选为调查场所的依据是什么?

(四) 市场调查费用

开展市场调查,虽然能给企业带来管理性效益,但每次市场调查活动也都需要有一定费用的支出。因此,在市场调查方案的设计过程中,应编制市场调查费用预算,合理估计调查的各项开支,包括劳务费、问卷设计费、差旅费、邮寄费、电话费、被调查者礼品及礼金、杂费和税金等。编制费用预算时应注意这样一些原则:在保证实现市场调查目标的前提下,力求市场调查费用支出最少;或在坚持调研费用有限的条件下,力求取得最好的市场调查效果。

(五) 拟定市场调查活动进度表

市场调查活动进度表是调查活动进行的时间依据,也是提高工作效率、控制调查成本的手段。通常,调查活动进度表要将调查过程分为几个阶段,并说明各阶段应完成的任务、时间的限定及人员的安排等问题。在实际调查中,由于调研所要达到的目标不同,计划的内容、繁简程度也不同,时间安排也就有长短之分。同时,调查活动进度表也不是一成不变的,它可以根据调查过程中出现的某些问题来进行修改,以保证调研活动的顺利完成。

三、市场调查的实施阶段

在市场调查方案完成后,接下来就是方案的实施,这是市场调查的核心环节,这一阶段的主要工作是按照调查计划和调查活动进度表的规定分别进行,一般包括资料的收集和处理、资料的分析和解释、书写和提交市场调查报告三个步骤。

(一) 资料的收集和处理

通常情况下包括原始资料的收集和处理与二手资料的收集和处理等工作。

(1) 原始资料的收集是用调查方案中所选择的方法,如邮寄问卷、电话访问、个人访谈、观察法和实验法等来获取的,方法很多,也很灵活;二手资料的收集完成后,一般要写一个文献综述,其收集的渠道随着电子信息技术的发展也更加广阔。资料的收集阶段通常是调查过程中最耗时、耗力和花费最大的部分。这个阶段应加强控制,对其进度、费用及资料收集的质量要进行有效的监督和管理。

(2) 通过市场调查所获得的资料大多数是分散的、零乱的,难免出现虚假、差错、短缺及冗余等现象,再加上调查人员的偏见和疏漏,就难以达到资料要准确地反映调查问题的特征和本质的要求,为此必须对资料进行适当的处理,使之真实、准确、完整、统一。资料的处理过程包括审核、整理、汇总、制表及制图等。

(二) 资料的分析和解释

事实本身是没有用处的,只有经过比较和分析之后才会有用。分析是以某种有意义的形式或次序把收集的资料重新展现出来;解释是在资料进行分析后找出信息之间或与其他已知信息的联系,主要目的是要从所收集的资料中获得结论。例如,在某城市调查了1 000户家庭,得知有250户家庭拥有电脑,在调查报告中这个数字没有多大意义,而经过比较和分析之后,得出电脑的家庭拥有率为25%,则可以使调查人员了解到电脑的潜在市场有多大。

进行资料的分析和解释时使用的方法有很多,如时间序列法、聚类分析法、统计图表法及各种统计检验方法等。

(三) 书写和提交市场调查报告

市场调查成果通常要以编写调查报告的方式提交给项目委托人或决策者。市场调查报告应当简明扼要,用资料、数据说明问题,要在规定的时间内完成。此外,有时也可以进行口头报告。

四、市场调查的总结阶段

首先对资料的汇总、整理和统计进行分析。文字资料和实地采访所获得的资料要进行汇总和统计分析,这种汇总既可以是一次性的汇总,也可以是在调查中逐次汇集和统计。对大量的问卷式调查,还必须采用计算机进行统计分析,这一工作涉及问卷的编码、数据录入、甄错等过程。

市场调查得到的结论要以调查报告的形式加以总结,并提供给企业,供其进行决策参考。调查报告既是市场调查的成果,也是一个市场调查公司研究水平的体现,所以写作时必须十分慎重。

五、市场调查的跟踪阶段

调查报告的呈交说明调查工作就此告一段落。但是,为了更好地履行调查工作的职责,还应进行跟踪调查,跟踪调查需要了解的情况如下。

1. 跟踪调查前一段工作的成效

调查单位的调查有时难以与企业的意图完全一致,有时由于调查中出现误差也会造成与企业所要求的标准偏离。因此,跟踪调查需要根据调查报告中所提建议是否符合实际,所提数据是否准确、合理,调查报告分析结果对企业的适用性如何等,来考察调查工作的成效。

2. 调查结果的采纳情况

跟踪调查还需要了解调查结果是否被委托人完全采纳。如果没有采纳,原因是什么,调查报告未被采纳或被搁置是调查单位的责任,还是委托单位的问题。调查结果被采纳的情况下,在实践过程中仍有可能未按照调查报告所提的建议去做,这样就会影响实施的结果,需要进行纠正,以便企业经营的顺利进行。

六、市场调查过程的管理

成功的市场调查管理就是要满足决策者或用户的需求,为决策提供科学依据。为此,调查过程的管理要达到三个重要目标:确保数据质量、控制成本、遵守时间计划。

1. 确保数据质量

市场调查是一项科学性极强的工作,作为市场调查人员要确保整个调查过程都必须遵守科学的规律,通过努力减少误差来确保数据的高质量。首先,要在抽样设计、资料收集方法及统计方法的运用上加以注意;其次,还应该对提交给用户的书面调查报告的文本、数字和图标等资料仔细核查,减少工作误差。如果在这些方面出现失误,就很可能导致用户做出错误的决定,这在市场调查历史上也不乏其例。

1936 年,美国《文学文摘》杂志对总统选举的结果进行了一项调查,调查对象是从电话簿和汽车登记簿的名单中抽取的。试想一下,美国正处于经济萧条时期,许多人没有汽车甚至没有电话,因此,尽管回答者多达 200 万人,但由于抽样不当,数据样本缺乏代表性,致使调查预测的失败者富兰克林·罗斯福成了美国总统。

此外,市场调查人员还应特别注意,避免人为地修改数据。在有些时候,调查结果与用户的预想不一致,甚至可能对用户不利。在这种情况下,只要整个调查过程是科学的,结果就是可靠的,千万不可为了迎合用户而擅自修改数据或数据结果。

2. 控制成本

前面提到过,开展市场调查要支出一定的费用,在调查设计中需要考虑的一个重要制约因素就是调查成本。受调查费用的制约,有些企业或市场调查部门不得不选择一些形式单一、方法简单的方案;而有些企业则视市场调查可有可无,这显然对企业的发展不利。调查成本受到很多因素的影响,较高水平的调查方案需要较高的费用。因此,市场调查部门在市场调查过程之初就应提供给用户一些选择,如较高成本的预算、允许小样本、设计简短的访问计划或是以上几项的组合。

在美国,一般单项小规模的调查要花费 5 000 美元,大规模调查则要超过 10 万美元。在我国,一项调查一般都要在 5 000 元人民币以上。

3. 遵守时间计划

市场调查是一项时效性很强的工作,调查管理的第三个目标就是要确保项目按预定的时间计划进行。不同的项目对调查时间的要求不一样,有的可宽松一些,有的则要求在尽量短的时间内完成。首先,项目经理必须了解项目是否会如期完成。如果存在问题,需判断出是否可以加快项目进程。例如,额外增加对访问员的培训或是在此项目中投入更多的访问员是否可以加速调查的某个环节。其次,当某项目似乎要延期时,调查人员必须与用户沟通,通知用户。这样调查人员可以与用户一起探讨是否可以延长时间或者用户愿意做些什么改变来节省调查时间。例如,用户可能愿意通过减少调查的问题数,或缩短访谈时间等方法来减少样本规模,从而使调查项目如期完成。

第二节 市场调查设计工作

市场调查是以科学的方法收集、研究、分析有关活动的资料,以便帮助企业管理者和相关部门解决有关市场管理或决策问题的研究。它是针对企业生产、经营中所要解决的问题而进行的活动,因此调查活动必须具备很强的目的性。在调查目标确定以后,必须对整个调查活动进行全面设计和策划,按照一定的程序进行。从准备到方案的制订,直至最后的实施和完成,每一阶段都有特定的工作内容,以保证调查工作有秩序地进行,减少盲目性,从而最大限度地节约调查费用和时间。只有市场调研方案策划周密,市场调查的各个环节才能有条不紊地进行,调查工作才能保质保量地完成。

一、市场调查设计的意义

市场调查设计是全部调查活动的开始,为了在调查过程中统一思想、统一认识、统一内容、统一方法、统一步调并圆满完成调查任务,就必须制订出一个科学、严密、可行的工作计划和组织措施,使所有参加调查工作的人员都步调一致、有章可循。因此,市场调查设计是顺利完成市场调查工作的首要环节,其意义主要表现在以下三个方面。

1. 从认识上讲,调查设计是定性认识和定量认识的连接点

市场调查方案设计是从定性认识过渡到定量认识的开始阶段。虽然市场调查工作所

收集的许多资料都是定量资料,但应该看到,任何调查工作都是先从对调查对象的定性认识开始的,没有定性认识就不知道应该调查什么和怎样调查,也不知道要解决什么问题和如何解决。例如,要研究一个企业的生产经营状况,就必须先对该企业生产经营活动过程的性质、特点等做详细了解,设计出相应的调查指标及收集、整理资料的方法,然后再去实施市场调查。

2. 从工作上讲,调查设计起着统筹兼顾、统一协调的作用

现代市场调查可以说是一项复杂的系统工程,对于大规模的市场调查来讲更是如此。在调查中会遇到很多复杂的问题,其中一些属于调查本身的问题,也有不少并非是调查本身的问题,而是属于与调查相关的问题。例如,抽样调查中样本量的确定,按照抽样调查理论,可以根据允许误差和可靠程度的大小计算出相应的必要抽样数目,但这个抽样数目是否可行,还要受到调查经费、调查时间等多方面条件的限制。在实际应用中,采用普查方法能够取得较为全面、准确的资料,但普查工作时间长、工作量大,需要动用的人力、物力十分庞大,这些都需要各方面的通力合作。像人口普查、第三产业普查等全国性的调查,通常要由国家有关部门牵头组织,并非是个别调查机构的力量所能胜任的。因此,只有通过调查设计,设置好市场调查工作的流程才能分清主次,根据需要和可能采用相应的调查方法,使调查工作有序进行。

3. 从实践要求上讲,调查设计能够适应现代市场调查发展的需要

现代市场调查已从单纯地收集资料活动变成把被调查对象作为一个整体来反映的调查活动。与此相适应,市场调查过程相应地被视为市场调查设计、资料收集、资料整理和资料分析的一个完整的工作流程,调查方案设计正是这一系统工程的第一步。

二、市场调查设计的特点、原则及内容

(一)市场调查设计的特点

1. 可操作性

这是决定该市场调查方案实践价值的关键环节,也是任何一个实用性方案的基本要求,否则市场调查设计就会失败,市场调查就失去了它存在的价值。

2. 全面性

调查设计本身带有一种全局性和规划性的特点,它必须像指挥棒一样统领全局,直至调查目的的实现,因此全面性是它的一个显著特征。

3. 规划性

市场调查设计本身正是为对整个调查统筹规划而出台的,是对整个调查工作各个环节的统一考虑和安排,未雨绸缪,谋划未来。

4. 最优性

调查方案的最后定稿是经过多方反复协调磋商、多次修改和完善而确定的,这样可以保证调查方案的效果最好而费用较少。作为商业调查机构,有时客户还会要求同时拿出两个以上的方案供其最后选择定案。

(二)市场调查设计的原则

1. 科学性原则

设计调查必须遵循科学性原则,这是毋庸置疑的。但在市场调查中,违背科学性的案

例也有不少。例如,如何使用调查资料与采集这些资料的方法密切相关。如果希望用调查资料对总体的有关参数进行估计,就要采用概率抽样设计,并有概率抽样实施的具体措施,否则设计就是不科学、不完善的。又如,确定样本量是方案设计的一项重要内容,样本量的确定方式有多种,有些情况下需要计算,有些情况下可以根据经验或常规人为确定。如果调查结果要说明总体参数的置信区间,样本量的确定就必须有理论依据,即根据方案设计中具体的抽样方式及对估计的精度要求,采用正确的样本量计算方式。还有,在因果关系的研究中,为了验证事先的假设,有些调查需要采用实验法收集资料。社会经济现象中的调查与实验室里的实验毕竟有很大差异,因为它不可能像实验室中那样能够把其他影响因素完全控制住。但是,如果采取实验法,就必须有因素控制设计的具体实施措施,选择的控制因素是合理的,符合假设中的理论框架,这样才能说明调查结果的有效性。

2. 可行性原则

设计方案必须依据实际情况,不仅要科学,而且要具有可行性。只有操作性强的调查方案才能真正成为调查工作的行动纲领。例如,进行概率抽样要具备抽样框,没有合适的抽样框,就难以实施真正的概率抽样。又如,对调查中的敏感性问题,受访者的拒访率通常是比较高的,如果这些敏感性问题不是特别必要,在设计中就可以删去,以便为调查创造一个宽松的环境。如果这些问题十分必要,不能删除,就要从可行性的角度想一些措施,降低问题的敏感度,使调查不会因此受到影响。如何控制其他影响因素?有没有操作性强的实施措施?如果设计的要求在实施中难以达到,调查的最终目标就无法实现。因此,调查方案各项内容的设计都必须从事实出发,具有可行性。尤其对一些复杂群体和复杂内容的调查,可行性是评价调查方案优劣的重要标准。

3. 有效性原则

方案设计不仅要科学、可行,而且要有效。对于有效性,不同的人可以给出不同的定义。这里的有效性是指,在一定的经费约束下,调查结果的精度可以满足研究目的的需要。实质上,这是一个费用和精度的关系问题。人们都知道,在费用相同条件下精度越高或在精度相同条件下费用越少的调查设计才是最好的设计,但实际中的问题可能要更复杂一些。可以说,设计是在费用与精度之间寻求某种平衡,而有效性则是进行这种平衡的依据。所以,在方案设计中追求科学、可行的同时,还要考虑到调查的效率。能够很好地兼顾这些方面的调查方案就是较好的调查方案。

(三)市场调查设计的内容

市场调查设计是对市场调查的总体规划,它涉及调查活动的各个环节,规划不好,调查工作就很难顺利完成。调查方案是否科学、可行,关系到整个调查活动的成败。当我们确定好课题之后,如何进行调查的实际运作,就必须通过设计调查方案加以执行和落实。市场调查方案设计的内容包括:确定调查目的;确定调查对象和调查单位;确定调查内容;设计调查工具;确定调查人员;确定调查时间、地点和调查期限;确定调查方法和抽样方法;确定调查项目的定价与预算;确定调查资料的整理和分析方法;确定提交调查报告的方式及制订调查的组织计划等11项内容。

1. 确定调查目的

确定调查的目的,即明确我们为什么要调查?在调查中要解决哪些问题?通过调查要取得什么样的资料?取得这些资料有什么用途?例如,某企业在经营过程中出现商品销售量下降的情形,此时确定的调查目的可能是"发现引起企业销售量下降的原因"。这些原因可能是:商品结构不合理;服务质量下降;消费者购买能力下降;企业资金不足,周转缓慢;企业促销不利;竞争者产品大幅度降价等。这些问题涉及面广,比较笼统,需要找出主要原因。调查目的决定调查的内容和方式,在方案设计中,首先要明确调查的目的,才能进行调查方案设计的其他内容。衡量一个调查是否科学的标准,主要就是看方案的设计是否体现调查目的的要求,是否符合客观实际。

【案例3.2】

调查中如何确定调查主题

某电脑企业的营销主管组织调查人员进行市场调查,这时必须首先把握住调查问题的范围。如果营销主管告诉调查人员"去了解你所能够发现的客户需要的一切",结果肯定会使调查人员感到无所适从,虽然他们也能调查出客户对企业的一些要求,但通过这种调查,往往得到的是更多的无用信息。为了保证调查结果的正确性和实用性,必须先将调查主题确定下来。例如,经过讨论,营销人员最后将问题定在"企业送货上门是否能引起客户的兴趣?"最后,营销主管认为这项调查的主题应该是:

A. 客户需要企业送货上门的主要原因是什么?
B. 哪些客户最有可能需要提供送货上门服务?
C. 这一服务能使企业的客户增加多少?
D. 这一举措能为企业的形象产生多少有长期意义的影响?
E. 与其他工作相比,送货上门服务的重要性如何?

案例思考:
您认为,营销主管的决定是否合理?

2. 确定调查对象和调查单位

调查对象是根据市场调查目的选定的市场参与者,是依据调查的任务和目的,确定本次调查的范围及需要调查的那些对象的总体,也就是解决向谁调查的问题。它是由某些性质相同的调查单位所组成的。

调查单位是指被收集资料的每个单位,也就是调查对象中所要调查的具体单位,即我们在调查中要进行调查研究的一个个具体的承担者,是解决由谁来提供资料的问题。调查单位主要有两类:一类是客观存在的实体,如个人、家庭、企业、机关、学校等;另一类是已经发生的行为、事件和现象等。在全面调查中,调查对象的每个单位都是调查单位。在非全面调查中,调查单位是调查对象中被收集资料的部分单位。例如,为了了解某市各大超市的经营情况及存在的问题,需要对全市的超市进行全面调查,那么该市的所有超市就是调查对象,每一个超市就是调查单位。

3. 确定调查内容

确定调查内容就是确定调查项目。调查项目是指取得资料的项目,它是表明调查对象特征的各项标志,也就是明确向被调查者了解什么问题。例如,调查对象是消费者,可供选择的调查项目有姓名、住址、收入、职业和文化程度等内容。调查项目可以有多种选择,选择的原则取决于调查目的和调查目标。也就是说,应该依据调查目的和调查目标选择调查项目。调查项目是为了取得资料而设计的,是调查内容的具体化。在确定调查项目时,除了要考虑调查目的和调查对象的特点,还要注意以下问题。

(1)确定调查项目应当既是调查任务所需,又是能够取得答案的。凡是调查目的需要且又可以取得的调查项目,都要列入调查项目中,否则不要列入,以免项目过多。

(2) 调查项目的表达必须明确,要使答案具有确定的表达形式,否则被调查者会产生不同理解而给出不同的答案,造成汇总的困难。

(3) 调查项目之间尽可能相互关联,使取得的资料相互对照,以便了解现象发生变化的原因、条件和后果,从而检查答案的准确性。

(4) 调查项目的含义要明确、肯定,必要时还可以附以调查项目的解释。

4. 设计调查工具

调查项目确定后就要进行调查工具的设计。如果采用访问法进行调查,就应事先对调查问卷进行设计。问卷设计中的关键是提什么问题以及提问的方式。如果采用观察法或实验法,则需要设计记录观察结果的记录表和登记表,还要考虑进行观察、实验时用何种仪器和设备等。在设计上述各种调查工具时,应考虑到被访问者或参加观察的实验者的文化水平及专业技术等方面的因素。

在调查中,我们要经常使用调查表。调查表一般由表头、表体和表脚三部分组成。表头包括调查表的名称、调查单位的名称、性质和隶属关系等。表体包括调查项目、栏号和计算单位等,它是调查表的主要部分。表脚包括调查者或填报人的签名和调查日期等,其目的是为了明确责任,一旦发现问题,便于查寻。调查表拟定后,为便于正确填表和统一规格,还要附填表说明,内容包括调查中各个项目的解释、有关的计算方法及填表时应注意的事项等。填表说明应力求准确、简明扼要、通俗易懂。

5. 确定调查人员

确定调查人员主要是确定参加调查人员的条件和人数,包括调查人员的必要培训。由于调查对象来自于各种各样的群体和个人,文化水平和思想认识差异较大,因此要求调查人员必须具备一定的思想水准、较强的沟通能力和丰富的业务知识,能正确理解调查提纲、表格和问卷内容,能比较准确地记载调查对象反映出来的实际情况和内容。为了保证调查任务的顺利完成,调查人员必须具备一定的素质:踏实的工作态度、良好的职业道德、较好的人际沟通能力和比较敏锐的观察力。

6. 确定调查时间、地点和调查期限

调查设计除了前面所列举的内容外,还要考虑调查时间。调查时间是指调查在什么时间进行,需要多少时间完成。不同的调查课题和不同的调查方法有不同的最佳调查时间。例如,对于入户调查,最好的调查时间是晚上或周末休息日,这时家中有人的概率大,成功率高;若采用观察法掌握超市的人群流量,为了使样本具有较好的代表性,应选择不同时间段。因为在一天当中不同的时间范围内,人群流量存在较大差异。在一周当中,工作和休息日人群流量也有很大的不同,只有对观察的时间段进行精心设计,才能科学、合理地推断结果。另外,调查的方法和规模不同,调查工作的周期也不同。例如,邮寄调查的周期较长,而电话调查的周期较短。

调查地点与调查单位通常是一致的,但也有不一致的情况,两者不一致时,必须规定调查地点。例如,人口普查规定调查登记常住人口,即人口的常住地点。若登记时不在常住地点,或不在本地常住的流动人口,则需要明确规定处理办法,以免调查资料出现遗漏和重复。

调查期限是规定调查工作的开始时间和结束时间,包括从调查方案设计到提交调查报告的整个工作时间,也包括各个阶段的起始时间,其目的是使调查工作及时开展、按时完成。为了提高信息资料的时效性,在可能的情况下,调查期限应适当缩短。通常,一个中等规模调查课题的研究工作需要花费30~60个工作日,一些大规模社会调查有时会持续6个月甚至一年的时间。

7. 确定调查方法和抽样方法

在调查方案中,还要规定采用什么样的方法取得调查资料。调查的方法多种多样,如入户调查、电话调查、邮寄调查等。市场调查的常用方法有探索性调查、描述性调查、因果关系调查以及上述方法的有机组合。在调查时,采用何种方法不是固定和统一的。一般来说,调查方法应该适应调查对象和调查任务,但同一个对象可以采用不同的调查方法,同一调查方法也可以使用不同的调查对象。

确定抽样方法主要涉及样本数的多少、取样的比例分配及取样的范围等。抽样方法有随机抽样和非随机抽样。在随机抽样中有简单随机抽样、系统抽样、分层抽样、分群抽样等方法可以选择;在非随机抽样中有判断抽样、方便抽样、配额抽样、滚雪球抽样等常用方法可供选择。选择不同的调查和抽样方法,调查结果会有所不同,有时还会产生很大差别。

8. 确定调查项目的定价与预算

确定调查项目的定价与预算是调查设计的重要内容。调查的开支费用会因调研课题的不同而不同。在制定预算时,应当制作较为详细的细分工作项目费用计划。通常在调查前期,计划准备阶段的费用安排大概应占到总预算的20%左右,具体实施调查阶段的费用安排可占到40%左右,而后期分析报告阶段的费用安排也将占总费用的40%。因此,我们必须全面考虑不同阶段的费用支出情况,避免节外生枝。

9. 确定调查资料的整理和分析方法

实地调查方法得到的原始资料大多是零散的、不系统的,只能涉及事物的表象,无法深入事物的本质和规律性,也难免出现虚假、差错、短缺等现象,甚至加上调查人员的偏见,难以反映调查问题的本质与特征。这就要求对原始资料进行加工汇总,使之系统化、条理化。这一阶段的工作包括整理初级资料、证实样本的有效性、编表和资料分析。

(1)整理初级资料。

资料收集完成后要进行整理。首先要审查初级资料,将不合逻辑、可疑或明显不正确的部分剔除掉,补充不完整的资料,统一数量单位,适当分类,加以编辑,以供编表使用。其具体做法如下:

①检查调查资料的真实性和准确程度。真实性检查,既可以根据以往的实践经验对调查资料进行判断,也可以根据调查资料的内在逻辑关系进行判断。例如,收入和支出之间,如果调查资料显示支出大大超过了收入,显然不符合收支间的逻辑关系。还可以通过各种数字运算来进行检查。例如,检查各分组数字之和是否等于总数,各部分的百分比相加之和是否为100%。

②检查收集到的资料是否齐全,有无重复或遗漏。

③检查记录的一致性和口径的统一性。经过检查,对含混不清的资料或记录不准确的地方,应及时要求调查人员辨认,必要时反复核查更正。对于不合格的调查资料应剔除不计,以保证资料的完整性和准确性。如果不合格资料占的比例过多,则需要重新进行调查,予以补充。

(2)证实样本的有效性。

企业主管经常怀疑样本的真实性,如何证实样本的真实性和可靠性可以采用以下方法：

①利用随机抽样法，此法可估计样本本身的统计误差。

②采取配额式抽样，先决定样本是否够大，即样本的稳定性如何，然后与其他来源资料相对照，以查看样本的代表性。

③比较样本与普查资料。这一方法比较常用。例如，核查消费者样本，可比较样本与普查资料两者在性别、年龄、经济阶层等种种特征方面是否有重大差异。如为工业研究，可以比较样本与普查资料在厂商的规模、类型、地点等各方面的差异。如以中间商为样本，则可比较样本与普查资料中有关商店、经销商品和商店类型的分配情况。

(3) 编表。

为了对资料进行分析与对比，必须将整理过的资料根据调查目的和重要程度进行统计分类，制成表格或图形，使资料简洁明了。一般来说，资料较少时可人工列表，资料较多时可利用计算机列表。

(4) 资料分析。

资料分析的方法主要有统计分析和理论分析两种。

①统计分析。它包括两个方面的内容：描述统计和推论统计。前者主要依据样本资料计算样本的统计值，找出这些数据的分布特征，计算出一些有代表性的统计数字，它是描述调查观察的结果，包括频数、集中趋势、离散程度、相关分析和回归分析等；后者是在描述统计的基础上，利用数据所传递的信息，通过样本去对全体的特征加以推断，即是以样本的统计值去推断总体的参数值，包括区间估计、假设检验等内容。

②理论分析。它是数据分析阶段的重要环节，其任务是在对资料整理汇总统计分析的基础上进行思维加工，从感性认识上升到理性认识。这个程序是各种科学认识方法的结合，即从抽象上升到具体方法。分析综合方法包括：归纳法、演绎法、类推法、公理法、系统法及其他方法的综合。

10. 确定提交调查报告的方式

调查报告是调查项目的重要部分，是呈交给客户的最终产品，研究者必须有足够的时间和精力，认真准备好书面报告和口头汇报。提交调查报告的方式主要包括调查报告的形式和份数、报告书的基本内容等。关于调查报告的详细内容将在有关章节讲述。

11. 制订调查的组织计划

调查的组织计划主要是调查实施过程中的具体工作计划，如调查的组织领导、调查机构的设置、各工作环节的人员配备与工作目标、调查的质量控制措施、调查员的挑选与培训等。对于规模较大的调查机构，调查的组织计划要处理好几种关系，包括：方案设计者、数据采集者、资料汇总处理者及资料开发利用与分析者的相互关系；调查中的人、财、物各因素的相互关系及调查过程中各个环节、各程序、各部门之间的相互关系。这些关系处理好，任务的安排就能做到科学、合理、平衡和有效。

需要强调的是，以上分别介绍的内容并非是相互独立的，而是密切联系的，某一个内容上的变化往往会影响到其他内容的执行。因此，整个调查过程要求通盘考虑，在制订调查方案时应对以后的步骤有所预见。综上所述，在调查过程的若干环节上，调查人员面临着调查设计上的选择。

第三节 市场调查策划书

一、市场调查策划的基本概念

(一)市场调查策划的定义

市场调查策划就是在市场调查运行之前,根据调查研究的目的,有的放矢地对调查工作的各个方面和全部过程进行全面考虑和计划,制订相应的实施方案和合理的工作程序。它包括确定调查课题、调查内容、调查时间,选择恰当的调查方式、方法和进行经费预算等。

(二)市场调查策划的作用

(1)从定性认识到定量认识的转换是市场调查策划的基本作用。
(2)市场调查策划还起着全面的、统一协调的作用。

二、市场调查策划书的内容

(一)说明调研的目的和意义

先要说明调查什么,目的何在？即通过本次调查要解决什么问题？解决到什么程度？是要了解一般情况,还是进一步深入了解某一单位某一地区的情况,进而探究现象之间的因果关系？调查研究究竟要起到什么作用,是供领导决策时参考,还是要影响社会的舆论？然后是阐明研究课题,说明这一研究要解决哪些问题？这些问题是如何形成的？是从哪些角度出发提出来的等。

(二)确定调查范围和调查对象

说明在什么时间、在哪些地区进行调查;分析单位是什么,个人还是组织或群体;调查对象范围有多大,是普查还是抽样调查等。

(三)确定调查研究的类型和调查的方式

首先说明调查研究是描述性、因果性还是探索性研究课题,是综合研究还是专题研究。采用何种调查方式,是指根据调查研究课题的需要及客观条件,确定采用普查、典型调查或是抽样调查的方式,还是以采取一种方式为主、辅之以其他调查方法的方式。

(四)确定调查内容和研究方法

调查内容主要是指根据研究课题提出的问题,并通过对概念的分解和界定,从而确定出调查的对象有哪些方面,以及要收集哪些方面的资料。在确定了调查内容以后,还要进一步设计调查提纲、表格和问卷等工具。

研究方法包括收集材料和整理分析材料的方法,同一调查课题可以采取不同的方法,在一项调查中往往是以采取一种方法为主,辅之以其他的方法。例如,在收集材料时,可以同时采用问卷法、访问法、观察法,也可以主要采用问卷法,辅之以访问法和观察法。这些方法都各有优点和缺点,综合使用一般比单独使用要好。在进行方法的选择中,应该对即将进行的调查做一些估计,充分估计各种情况,才能选择合适的方法。

(五)调查研究经费的筹措

开展任何一项调查,都需要一定的经费,如调查人员的差旅费、课题资料费、调查人员的劳务费和资料处理费用等。

（六）调查人员的组织和培训

任何调查研究都要依靠人去完成,要根据调查研究的目的和任务来确定调查人员的选择,接受专门的培训。

三、市场调查策划书的撰写

（一）撰写的作用

首先,用来提供给雇主或调查委托方审议检查之用,也可以作为双方执行协议的一部分;其次,用作市场调查人员的工作指导。

（二）市场调查策划书的格式

市场调查策划书的主要内容一般包括以下几部分。

(1)前言部分。简明扼要地介绍整个调查课题出台的背景原因。

(2)市场调查课题的目的和意义。较前言稍微详细点,应指出项目的背景、想研究的问题和可能的几种备用决策,指明该项目的调查结果能给企业带来的决策价值、经济效益和社会效益,以及在理论上的重大价值。

(3)市场调查课题的内容和范围界定。指明课题调查的主要内容,规定所必需的信息资料,列出主要的调查问题和相关的理论假说,明确界定此次调查的对象和范围。

(4)市场调查研究的方法。指明所采用研究方法的主要特征,抽样方案的步骤和主要内容,所取样本的大小和所要达到的精度指标,最终数据采集的方法和调查方式,调查问卷设计方面的考虑和问卷的形式,数据处理和分析的方法等。

(5)课题的研究进度和有关经费开支预算。

(6)附件部分。列出课题负责人及主要参加者的名单,并扼要介绍一下成员的专长和分工情况,指明抽样方案的技术说明和细节说明,调查问卷设计中有关的技术参数,数据处理方法和软件等。

（三）市场调查策划书的可行性分析与评价

1.调查方案可行性分析的方法

(1)经验判断法。它是指通过组织一些有丰富市场调查经验或者相关领域的专家等,对初步设计的市场调查策划方案凭借经验进行评估,以确定该方案是否具备科学性和可行性。

(2)逻辑分析法。它是指从正常的逻辑层面对调查策划方案进行把关,考察其是否符合逻辑和常理。

(3)试点调查法。它是小范围地选择部分调查单位进行试验性调查,对调查方案进行实地检验,以确定市场调查策划方案的可行性。

2.调查方案模拟实施

模拟调查结果的分析非常重要,是下一步正式大规模调查工作成败的关键。

3.调查方案设计的总体评价

市场调查方案设计的总体评价涉及以下三个方面:方案设计是否体现调查目的;调查方案是否具有可操作性;方案是否科学和完整。

【案例3.3】

某学校学生网购习惯的市场调查策划书

一、前言

网购,即网上购物,就是通过互联网检索商品信息,并通过电子订购单发出购物请求,然后填上私人支票账号或信用卡的号码,厂商通过邮购的方式发货,或是通过快递公司送货上门。目前,网上购物已经成为一种不可阻挡的趋势,网购的习惯在各个年龄阶段都正在逐渐形成。

为配合本网店扩大在某学校的市场占有率,评估某学校的大学生网购群体的营销环境,制定相应的营销策略,预先在某学校进行网购习惯的市场调查很必要。

二、调查目的

要求详细了解某学校网购市场的各方面情况,为本网店在某学校的扩展制订科学合理的营销方案提供依据,特撰写此市场调查策划书。

(1)全面摸清网购在某学校学生中的接受度、渗透率、美誉度和忠诚度。

(2)全面了解淘宝商户及其主要竞争者在某学校的销售状况。

(3)全面了解某学校主要竞争者的销售状况、价格、广告、促销等营销策略。

(4)了解某学校学生对网购消费的观点和习惯。

(5)了解某学校在校学生的人口统计资料,预测网购市场容量及潜力。

三、调查内容

市场调查的内容要根据市场调查的目的来确定。市场调查分为内、外调查两个部分,此次我们针对大学生网购习惯的调查主要运用外部调查,其主要内容有以下几点。

1. 行业市场环境调查

主要的调查内容有:某学校网购市场的容量及其发展潜力;某学校网购各种产品的经销状况;学校环境(如交通、教学等)对网购的影响。

2. 消费者调查

主要调查内容有:消费者在网购时的购买形态。购买过什么类型的物品,什么品牌的,选购标准,购买方式等。研究消费心理,如必需品、偏爱、经济、便利、时尚等。研究消费者对网购的了解程度,包括功能、方式、特点、网店等。研究消费者对网购的意识及忠诚度。研究消费者平均每月的开支及消费比例的统计,了解消费者理想的网购的描述。

四、调查对象及方法

因为网购方式正在逐渐普遍,所以全体在校学生都是调查对象。但因为各种条件的差异,所以全校学生月生活支出还是存在较大差距的,这也可能导致消费购买习惯的差异性,因此他们在网购时的选购标准就不同。为了准确、快速、有效地得出调查结果,此次调查小组决定采用随机抽样和等距离抽样的方法:先将全校三个校区的宿舍结合在一起,然后进行分配,最后在每个校区运用随机抽样的方法进行宿舍选取。宿舍选定后就运用等距离抽样的方法,将整个宿舍进行划分,选取调查对象。

五、调查人员的安排和培训

1. 人员安排

根据我们的调查方案,在某学校进行本次调查需要的人员有三种:调查督导、调查员和复核员。具体说明如下:督导一名(进行访谈、收发和检查问卷);调查人员四名(小组四人全部进行调查工作);复核员一名或两名(由小组两个男生进行复核工作)。

2. 培训

培训必须以时效为导向,本次调查人员的培训决定采用集中讲授和集思广益的方式,针对本次调查让小组每个人谈一下自己的想法和调查技巧及经验,且要进行思想道德方面的教育,让小组的每一个人都明白市场调查的重要意义,从而提高小组每个人的事业心和责任感,端正态度,激发调查工作的积极性。

六、调查程序及日程安排

市场调查大致可以分为准备、实施和结果处理三个阶段。

准备阶段:一般分为界定调查问题、设计调查提纲和调查问卷三个部分。

实施阶段:根据调查要求,采用多种形式,由小组的调查人员广泛地收集与调查活动相关的信息。

结果处理阶段:将收集的信息进行汇总、归纳、整理和分析,并将调查结果以书面的形式——调查报告表述出来。

七、调查费用预算

问卷调查费:120元。

伙食交通费:80元。

总计:200元。

八、数据处理与分析方法

数据的处理主要是运用电脑软件进行分析,如 SPSS 软件,然后运用 E-views 对数据进行线性的分析和处理,最后进行小组总结。

九、资料来源

主要是外部来源,如行业资料、出版物、电视广播、调查报告和专家的演讲等。

十、附录

参与人员;

项目负责人;

调查方案、问卷的设计;

调查方案、问卷的修改;

调查人员;

调查数据分析;

调查报告撰写;

论证人员。

【实训练习一】

【实训项目名称】

市场调查策划方案(策划书)的设计

【实训目的】

通过实训,培养学生市场调查方案的策划能力、沟通和文字的表达能力,增强学生的团队合作精神。

【实训要求】

通过实训,要求学生明确市场调查方案设计的意义;掌握市场调查方案设计的基本内容和方法;能够结合实际,设计一个周密的市场调查方案。

【实训任务】

大学生是一个独特消费群体,知识水平相对较高,愿意尝试也容易接受新鲜的事物和理念。虽然大学生当前的消费能力相对较低,但人数庞大,消费领域相对集中。更重要的是,现在的大学生在不久的将来就是社会的重要消费群体,谁抓住了他们,谁就抓住了未来的市场。因此,国内外众多厂商纷纷把目光投向了大学校园。例如,飞利浦公司放弃中国足协杯,转而赞助大学生足球联赛就是一个很好的例子。现在,我们拟对某城市大学校园内的商业推广活动进行调查,以深入了解大学生这个特殊消费群体,挖掘其中蕴含的商机,为商家提供决策依据。

请你为某商家(自选或虚拟)设计一份校园推广活动调查策划书。

【实训知识准备】

(1)市场调查策划及策划方案的含义及意义;

(2)市场调查策划方案的主要内容。

【实训步骤】

(1)由指导教师介绍实训任务、目的和要求,对"市场调查设计"的实践应用价值予以说明和强化,调动学生实训操作的积极性;

(2)由指导教师总结市场调查策划方案的基本内容;

(3)组建实训团队,每组4~6人,确定小组负责人,小组研讨设计思路及框架;

(4)学生查阅市场调查策划书范例,进一步明确设计思路;

(5)学生实际策划,教师随时指导;

(6)提交团队设计成果,并口头汇报。

【实训考核】

小组自评;小组互评;教师总结评分,并给定综合成绩。

【本章小结】

市场调查工作涉及面广,是一项较为复杂、细致的工作。调查的基本步骤一般分为五个阶段:准备阶段、设计阶段、实施阶段、总结阶段与跟踪阶段。市场调查设计是决定该市场调查方案实践价值的关键环节,也是一个实用性方案的基本要求。市场调查设计关系着整体调查工作的全局。调查设计本身带有全局性和规划性特点,市场调查设计本身正是为整个调查统筹规划而出台的,是对整个调查工作各个环节的统一考虑和安排,未雨绸缪,谋划未来。市场调查策划书的内容如下:(1)说明调查研究的目的、意义和研究主题。(2)确定调查范围和调查对象,主要包括调查的时间、地点和调查的具体单位。(3)确定调查程序和调查原则。(4)确定调查内容和研究方法。(5)确定调查经费的筹措。

【案例分析】

××大学单放机市场调查策划书

一、前言

单放机——又称随身听,是一种集娱乐性和学习性于一体的小型电器,因其方便实用而在大学校园内广为流行。目前各高校都大力强调学习英语的重要性,××大学已经把学生能否过英语四级和学位证挂钩,为了练好听力,××大学学生几乎人人都需要单放机,市场容量巨大。

为配合某单放机产品扩大在××大学的市场占有率,评估××大学单放机营销环境,制定相应的营销策略,预先进行××大学单放机市场调查大有必要。

本次市场调查将围绕以市场环境、消费者、竞争者为中心来进行。

二、调查目的

要求详细了解××大学单放机市场各方面的情况,为该产品在××大学的扩展制定科学合理的营销方案提供依据,特撰写此市场调研计划书。

(1)全面摸清企业品牌在消费者中的知名度、渗透率、美誉度和忠诚度;

(2)全面了解本品牌及主要竞争品牌在××大学的销售现状;

(3)全面了解目前××大学主要竞争品牌的价格、广告、促销等营销策略;

(4)了解××大学消费者对单放机电器消费的观点、习惯;

(5)了解××大学在校学生的人口统计资料,预测单放机市场容量及潜力。

三、调查内容

市场调查的内容要根据市场调查的目的来确定。市场调查分为内、外调查两个部分,此次单放机市场调查主要运用外部调查,其主要内容有:

(一)行业市场环境调查

主要的调查内容有:

(1)××大学单放机市场的容量及发展潜力;

(2)××大学该行业的营销特点及行业竞争状况;

(3)学校教学、生活环境对该行业发展的影响;

(4)当前××大学单放机种类、品牌及销售状况;

(5)××大学该行业各产品的经销网络状态。

(二)消费者调查

主要的调查内容有:

(1)消费者对单放机的购买形态(购买过什么品牌、购买地点、选购标准等)与消费心理(必需品、偏爱、经济、便利、时尚等);

(2)消费者对单放机各品牌的了解程度(包括功能、特点、价格、包装等);

(3)消费者对品牌的意识、对本品牌及竞争品牌的观念及品牌忠诚度;

(4)消费者平均月开支及消费比例的统计;

(5)消费者理想的单放机描述。

(三)竞争者调查

主要的调查内容有:

(1)主要竞争者的产品与品牌优、劣势;

(2)主要竞争者的营销方式与营销策略;

(3)主要竞争者市场概况;

(4)本产品主要竞争者的经销网络状态。

四、调查对象及抽样

因为单放机在高校的普遍性,全体在校学生都是调查对象,但因为家庭经济背景的差异,全校学生月生活支出还是存在较大的差距,导致消费购买习惯的差异性,因此他(她)们在选择单放机的品牌、档次、价格上都会有所不同。为了准确、快速地得出调查结果,此次调查决定采用分层随机抽样法:先按其住宿条件的不同分为两层(住宿条件基本上能反映各学生的家庭经济条件)——公寓学生与普通宿舍学生,然后再进行随机抽样。此外,分布在校内外的各经销商、专卖店也是本次调查的对象,因其规模、档次的差异性,决定采用判断抽样法。

具体情况如下:

消费者(学生):300 名,其中住公寓的学生占 50%。

经销商:10 家,其中校外 5 家。

大型综合商场:1 家。

中型综合商场:2 家。

校内:5 家。

综合商场:3 家。

专卖店:2 家。

消费者样本要求:

(1)家庭成员中没有人在单放机生产单位或经销单位工作;

(2)家庭成员中没有人在市场调查公司或广告公司工作;

(3)消费者没有在最近半年中接受过类似产品的市场调查测试;

(4)消费者所学专业不能为市场营销、调查或广告类。

五、调查员的规定、培训

(一)规定

(1)仪表端正、大方;

(2)举止谈吐得体,态度亲切、热情;

(3)具有认真负责、积极的工作精神及职业热情;

(4)访员要具有把握谈话气氛的能力;

(5)访员要经过专门的市场调查培训,专业素质好。

(二)培训

培训必须以实效为导向,本次调查人员的培训决定采用举办培训班、集中讲授的方法,针对本次活动聘请有丰富经验的调查人员面授调查技巧、经验。并对他们进行思想道德方面的教育,使之充分认识到市场调查的重要意义,培养他们强烈的事业心和责任感,端正其工作态度、作风,激发他们对调查工作的积极性。

六、人员安排

根据我们的调查方案,在××大学及市区进行本次调查需要的人员有三种:调查督导、调查人员、复核员。具体配置如下:

调查督导:1 名。

调查人员:20 名(其中 15 名对消费者进行问卷调查、5 名对经销商进行深度访谈)。

复核员:1~2 名,可由督导兼职,也可另外招聘。

如有必要还将配备辅助督导(1 名),协助进行访谈、收发和检查问卷与礼品。问卷的复核比例为全部问卷数量的 30%,全部采用电话复核方式,复核时间为问卷回收的 24 小时内。

七、市场调查方法及具体实施

1. 对消费者以问卷调查为主,具体实施方法如下

在完成市场调查问卷的设计与制作以及调查人员的培训等相关工作后,就可以开展具

体的问卷调查了。把调查问卷平均分发给各调查人员,统一选择中餐或晚餐后这段时间开始进行调查(因为此时学生们多呆在宿舍里,便于集中调查,能够给本次调查节约时间和成本)。调查员在进入各宿舍时说明来意,并特别声明在调查结束后将赠送被调查者精美礼物一份以吸引被调查者的积极参与,得到正确有效的调查结果。调查过程中,调查员应耐心等待,切不可督促。记得一定要求其在调查问卷上写明学生姓名、所在班级、寝室、电话号码,以便以后的问卷复核。调查员可以在当时收回问卷,也可以第二天收回(这有利于被调查者充分考虑,得出更真实有效的结果)。

2. 对经销商以深度访谈为主

由于调查形式的不同,对调查者所提出的要求也有所差异。与经销商进行深度访谈的调查者(访员)相对于实施问卷调查的调查者而言,其专业水平要求更高一些。因为时间较长,调查员对经销商进行深度访谈以前一般要预约好时间并承诺付予一定报酬,访谈前调查员要做好充分的准备,列出调查所要了解的所有问题。调查者在访谈过程中应占据主导地位,把握着整个谈话的方向,能够准确筛选谈话内容并快速做好笔记,以得到真实有效的调查结果。

3. 通过网上查询或资料查询调查××大学人口统计资料

调查者查找资料时应注意其权威性及时效性,以尽量减少误差。因为其简易性,该工作可直接由复核员完成。

八、调查程序及时间安排

市场调查大致来说可分为准备、实施和结果处理三个阶段。

(1)准备阶段:它一般分为界定调查问题、设计调查方案、设计调查问卷或调查提纲三个部分。

(2)实施阶段:根据调查要求,采用多种形式,由调查人员广泛地收集与调查活动有关的信息。

(3)结果处理阶段:将收集的信息进行汇总、归纳、整理和分析,并将调查结果以书面的形式——调查报告表述出来。

在客户确认项目后,有计划地安排调查工作的各项日程,用以规范和保证调查工作的顺利实施。按调查的实施程序,可分八个小项来对时间进行具体安排。

调查方案、问卷的设计:3个工作日;

调查方案、问卷的修改和确认:1个工作日;

项目准备阶段(人员培训、安排):1个工作日;

实地访问阶段:4个工作日;

数据预处理阶段:2个工作日;

数据统计分析阶段:3个工作日;

调查报告撰写阶段:2个工作日;

论证阶段:2个工作日。

九、经费预算

(1)策划费:1 500元;

(2)交通费:500元;

(3)调查人员培训费:500元;

(4)公关费:1 000元;

(5)访谈费:1 000元;

(6)问卷调查费:1 000元;

(7)统计费:1 000元;

(8)报告费:500元。

总计:7 000元。

根据上述资料,分析以下问题:

(1)该调查策划书有哪些不足?

(2)该调查策划书中的调查内容是否围绕着调查目的展开?请说明理由。

【思考与练习】

一、判断题

1.市场调查阶段分为:调查准备阶段、调查设计阶段、调查跟踪阶段。(　　)

2.探索性调查是一种非正式或试探性调查。(　　)

3.在实际调查中,确定调查区域、调查对象以及设计抽样方案应分别进行。(　　)

4.从定性认识到定量认识的转换是市场调查策划的基本作用。(　　)

5.确定调查内容就是确定调查项目。(　　)

二、简述题

1.市场调查的一般步骤是什么?

2.市场调查设计的意义是什么?

3.如何进行市场调查过程管理?

4.市场调查策划书都有哪些内容?

第四章 抽样调查设计技术

【案例导读】

黄豆和绿豆的比例

梁老师在课堂上提了一袋豆子,里面有新鲜的黄豆和绿豆。梁老师将同学们分为10组,要求各组在5分钟以内求出袋子里的黄豆和绿豆之比,并填好实验报告。大部分同学走上讲台用杯取豆子,有的直接取了满满一杯,有的取了少半杯。5分钟之后,具有典型代表的是第一组和第六组。

第一组计算比例为 1∶0.91,他们采用的方法是:从袋中取出一小把豆子,然后几个人分工,数出这一小把豆子中黄豆193粒,绿豆176粒,然后算出黄、绿豆的粒数之比为193∶176,即 1∶0.91,所以袋中的黄、绿豆之比为 1∶0.91。

第六组还没有结果,这组同学认真地数着杯子里的黄豆和绿豆,10分钟后得出比例为1∶0.9。

案例思考:
1. 杯子里的黄豆和绿豆之比能代表袋子里的黄豆和绿豆之比吗?
2. 为什么第一组同学只取了杯子里的一小把豆子?
3. 第六组同学采用的方法存在什么问题?

此案例涉及抽样方法的相关知识,本章将介绍市场调查中的抽样调查内涵、抽样程序、常用的随机抽样和非随机抽样方法以及样本容量的确定。

第一节 抽样调查的一般问题

一、抽样调查的概念及特点

抽样调查是市场调查中使用频率较高的一种调查方式。它是按照一定程序,从所研究对象的全体(总体)中抽取一部分(样本)进行调查或观察,并运用数理统计的原则和方法,对总体的数量特征进行估计和推断的一种方法。

抽样方法可分为随机抽样(也称概率抽样)和非随机抽样(非概率抽样)两大类,在市场调查实践中,这两类抽样方式都被经常采用。

随机抽样是指按照随机原则,从总体中抽取一定数目的单位作为样本进行观察,随机抽样使总体中每个单位都有一定的概率被选入样本,从而使根据样本所做出的结论对总体具有充分的代表性。

非随机抽样是从方便性出发或根据调查者主观的选择来抽取样本。非随机抽样主要依赖调查者个人的判断,它无法估计和控制抽样误差,无法用样本的定量资料来推断总体,但非随机抽样简单易行,尤其适用于探索性研究。

与全面调查相比,抽样调查具有以下三个显著特点:

(1)经济。抽样调查可以根据调查需要,抽取一定数量的样本进行调查,与全面调查相比,样本量大大减少,从而可以显著地节约人力、物力和财力。

(2)高效。由于抽样调查只对总体中的少量单位进行调查,故能十分迅速地得到调查结论。例如:我国城市住户调查,就是采用抽样调查,每月均可取得必要的住户消费和需求资料,如果采用全面调查,则至少要用一年以上的时间才能得出结论,而居民的消费需求又具有变化快的特点,如果一年甚至两年后才得出结果,显然无法满足对信息的时效性要求。

(3)准确。全面调查由于调查规模大、内容多、参加人员庞杂,登记性调查误差较大。抽样调查只调查部分总体单位,数目较少,参加调查的人员较精干,登记性调查误差较小,从而能提高调查的质量。

二、抽样调查的作用

抽样调查主要有以下五个方面的作用:

(1)对一些不可能或不必要进行全面调查的社会经济现象,可用抽样调查方式解决。如对有破坏性质或损耗性质的商品的质量检验,对一些无限总体的调查(如对森林木材积蓄量的调查)等。

(2)在经费、人力、物力和时间有限的情况下,采用抽样调查方式,可节省开支,提高时效,用比较少的人力、物力和时间,达到满意的调查效果。

(3)抽样调查可对同一现象在不同时间进行连续不断的调查,可随时了解现象发展变化的状况。

(4)运用抽样调查对全面调查进行验证。全面调查涉及面广,工作量大,花费时间和经费多,组织起来比较困难。其调查质量如何,需要检查验证,这时,显然不能重新再用全面调查方式。如人口普查,前后要用几年时间才能完成,为了节省时间和经费,常用抽样调查对全面调查进行检查和修正。

(5)抽样调查还可运用于企业管理,尤其是产品质量管理,使企业进一步提高管理的科学性以提高产品的市场竞争力。

三、常用术语

抽样调查的常用术语有:

(1)总体和样本。总体是指所要调查的对象的全体。样本是总体的一部分,它由从总体中按一定程序抽得的那部分个体或抽样单元组成。例如,要了解某种牌号电冰箱生产的质量情况,可以按抽样理论从所生产的全部电冰箱中抽取部分电冰箱进行质量检验,那么,生产的全部电冰箱为总体,抽中的那部分电冰箱为样本。

(2)总体指标和样本指标。总体指标是根据总体各单位标志值计算出来的。常用的总体指标有:总体平均数、总体成数、总体方差。样本指标是根据样本各单位标志值计算出来的。常用的样本指标有样本平均数、样本成数、样本方差。现将各指标名称和符号列表4.1如下。

在表4.1中,N和n分别表示总体单位数和样本量;N_1和n_1分别表示总体和样本中具有某种性质的单位数。

(3)重复抽样和不重复抽样。从总体中抽取抽样单位的方法有两种,即重复抽样和不重复抽样,重复抽样又称回置抽样,是一种在总体中允许重复抽取样本单位的抽选方法,即从总体中随机抽出一个样本单位后,将它再放回去,使它仍有被选取的机会,在抽样过程中总体单位数始终相同,被抽中样本单位的概率也完全相等。不重复抽样又称不回置抽样,即先被抽选的单位不再放回到总体中去,任何单位一经抽出,就不会再有第二次被抽取的可能性。

表4.1 总体指标和样本指标代表符号及计算公式

	总体	样本
单位数(单元)	N	n
平均数: 简单式	$\bar{X} = \dfrac{\sum X}{N}$	$\bar{x} = \dfrac{\sum x}{n}$
加权式	$\bar{X} = \dfrac{\sum XF}{\sum F}$	$\bar{x} = \dfrac{\sum xf}{\sum f}$
成数	$P = \dfrac{N_1}{N}$	$p = \dfrac{n_1}{n}$
方差: 平均数 成数	$\sigma^2 = \dfrac{\sum (X-\bar{X})^2 F}{\sum F}$ $\sigma^2 = P(1-P)$	$s^2 = \dfrac{\sum (x-\bar{x})f}{\sum f}$ $s^2 = p(1-p)$

(4)抽样框和抽样单元。抽样框是指供抽样所用的所有调查单位的详细名单。例如:要从50 000名职工中抽取300名职工构成一个样本,则50 000名职工的名册,就是抽样框。

抽样框一般可采用现成的名单,如户口、企业名录、企事业单位职工名册等,在没有现成名单的情况下,可由调查人员自己编制。应该注意的是:在利用现有名单作为抽样框时,要先对该名录进行检查,避免重复、遗漏情况发生,以提高样本对总体的代表性。

为了便于进行随机抽样,通常把总体划分为有限个互不重叠又穷尽的部分,每个部分称为一个抽样单元。抽样单元可大可小,例如,在对全国居民生活状况的调查中,各省就是一级单元;每个省又可分为较小的二级单元,如市、县等;还可按区、街道、个人再细分为三级、四级单元等。每个单元中抽选数目可以是相等的,也可以是不等的。

四、抽样方案设计

所谓抽样方案设计,就是从一定总体中抽取样本资料以前,预先确定抽样程序和方案,在保证所抽选的样本对总体有充分代表性的前提下,力求取得最经济、最有效的结果。

如何兼顾抽样效果和所付出的代价,使之能有机结合,一直是摆在抽样方案设计者面前的一个重要问题,也是抽样方案设计的难点所在。按照国外调查经验,在制订抽样方案时,常将相关人员找到一起,即调查资料使用者、抽样专家、实际调查工作组织者和数据处理人员,让这些人员一同交流意见,协商探讨各种问题,最后提出一个合理可行的抽样方案。

抽样方案设计的基本内容有:
(1)确定抽样调查的目的、任务和要求;
(2)确定调查对象(总体)的范围和抽样单元;
(3)确定抽取样本的方法;

(4) 确定必要的样本量;
(5) 对主要抽样指标的精度提出要求;
(6) 确定总体目标量的估算方法;
(7) 制定实施总体方案的办法和步骤。

抽样方案设计的主要程序如图 4.1 所示。

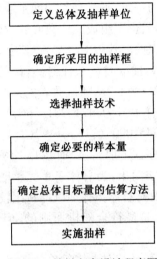

图 4.1 抽样方案设计程序图

第二节 随机抽样调查技术

根据调查对象的性质和研究目的的不同,随机抽样技术主要有:简单随机抽样、等距抽样、分层抽样、整群抽样和多阶段抽样等。下面分别对各种抽样技术的概念、特点等内容加以介绍。

一、简单随机抽样

简单随机抽样又称纯随机抽样,考虑一个包含 N 个单位的总体,从中抽取 n 个单位作为样本。如果抽样是不放回的,即同一个单位不能在样本中重复出现,那么总共有 $\binom{N}{n}$ 种不同的取法,也就是说共有 $\binom{N}{n}$ 个可能的不同样本。

简单随机抽样一般可采用掷硬币、掷骰子、抽签、查随机数表等方法抽取样本,在市场调查中,由于总体单位较多,前两种方法较少采用,主要运用后两种方法。

(一) 抽签法

抽签法就是给总体的每个单位编号,并做成号签,把号签混合之后,抽取所需单位数,然后,按照抽中的号码,查对调查单位,加以登记。

(二) 随机数表法

随机数表是将 0~9 十个数字用完全随机顺序排列编制而得的表。随机数表各有不同,举例说明如下:

28	46	53	35	74	92	13	45
20	67	42	15	20	57	80	90
04	36	28	19	26	64	37	15
55	01	26	64	98	56	71	49
72	58	43	57	89	64	27	54

从上面的排列看,两个号码为一组,平行相邻的两个小组为一大组,但使用时不受其限制,可组成两位数或四位数的号码,也可组成三位数或五位数的号码。

如某居民区有620户居民,拟抽取其中15户调查其家庭收入状况。可将各户居民按其门牌号码的顺序编号为001~620,抽取时可从任何一行、任何一列、任何一个数开始,并将随机数表的数字三位数组成一组。例如,从随机数表的第二排第三列的数组起,自上而下、自左而右抽取,则按顺序取得的样本号为:421,281,266,435,574,520,(926),498,(789),(921),578,(643),567,(642),345,090,(715),149,(754),284,206,043。由于926和789等大于620,所以舍弃不用,按顺序往下取,直到抽够15个样本单位为止。

简单随机抽样的优点是:方法简单,当总体名单完整时,可直接从中随机抽取样本,由于抽取概率相同,计算抽样误差及对总体指标加以推断比较方便。

尽管简单随机抽样在理论上是最符合随机原则的,但在实际应用中却有一定的局限性,表现在:

第一,采用简单随机抽样,一般必须对总体各单位加以编号,而实际所需调查总体往往是十分庞大的,单位非常多,逐一编号几乎是不可能的。

第二,对于某些事物来说无法适用简单随机抽样,例如,对连续不断产生的大量产品进行质量检验,就不能对全部产品进行编号抽样。

第三,当总体的标志变异程度较大时,简单随机抽样的代表性就不如经过分组后再抽样的代表性高。

第四,由于抽出的样本单位较为分散,所以调查时人力、物力、费用消耗较大,因此,这种方式适用于总体单位数不太庞大以及总体分布比较均匀的情况。

二、等距抽样

等距抽样又称系统抽样,就是先将总体各单位按一定顺序排列起来,然后按一定间隔来抽取样本单位。

单位顺序的排列方式有两种:一种是排列顺序与调查项目无关。例如,在住户调查时,选择住户可以按住户所在街区的门牌号码排队,然后每隔若干个号码抽选一户进行调查。另一种是按与调查项目有关的标志排队,例如,住户调查时,可按住户平均月收入排队,再进行抽选。

在排队的基础上,还要计算抽样距离(间隔),计算公式为

$$抽样距离 = N/n$$

确定抽样距离之后,可以采用简单随机抽样方法,从第一段距离中抽取第一个单位,为简化工作并防止出现某种系统性偏差,也可以从距离的1/2处抽取第一个单位,并按抽选距离继续抽选余下单位,直到抽够为止。

例如,从600名大学生中抽选50名大学生进行调查,可以利用学校现有名册按顺序编号排队,从第1号编至600号。

$$抽选距离 = N/n = 600/50 = 12（人）$$

如从第一个 12 人中用简单随机抽样方式，抽取第一个样本单位，如抽到的是 8 号，依次抽出的是 20 号、32 号、44 号……

等距抽样与简单随机抽样相比，可使中选单位比较均匀地分布在总体中，尤其当被研究现象的标志变异程度变大，而在实际工作中又不可能抽选更多的样本单位时，这种方式更为有效。因此，等距抽样是市场调查中应用最广的一种抽样方式。

等距抽样也有一定的局限性，表现在：

第一，运用等距抽样的前提是要有总体每个单位的有关材料，特别是按有关标志排队时，往往需要有较为详细、具体的相关资料，这是一项很复杂、很细致的工作。

第二，当抽选间隔和被调查对象本身的节奏性（或循环周期）重合时，就会影响调查的精度。如对某商场每周的商品销售量情况进行抽样调查，若抽取的第一个样本是周末，抽样间隔为 7 天，那么抽取的样本单位都是周末，而周末往往商品销售量较大，这样就会发生系统性偏差（即各样本标志值偏向一边），从而影响等距抽样的代表性。

第三，等距抽样的抽样误差计算较为复杂。

三、分层抽样

分层抽样又称类型抽样，它是先将总体所有单位按某一重要标志进行分类（层），然后在各类（层）中采用简单随机抽样或等距抽样方式抽取样本单位的一种抽样方式。例如，对职工收入状况进行调查，就可将职工按职业不同，分为生产人员、商业人员、服务性工作人员等类别，再从各类职工中抽取样本。

分层抽样的方式，一般有等比例抽样与非等比例抽样。等比例抽样，要求各类样本单位数的分配比例与总体单位在各类的分配比例一致，即 $n_i/n = N_i/N$（n_i 为从各层中抽出的子样本数，n 为样本量，N_i 为各层的总体单位数，N 为总体单元总量）。等比例抽样简便易行，分配比较合理，在实际工作中应用较广。非等比例抽样，不受上述条件限制，即有的可多抽些样本单位，有的也可少抽些样本单位，这种分配方法，大多适用于各层的单位数相差悬殊，或层方差相差较大的情况。在这种情况下，如按等比例抽样，可能在总体单位数少的层中抽取样本单位数过少，代表性不足，而按非等比例抽样，则可适当放宽多抽；同样，层方差较大的，也可多抽些样本单位，但在调查前，准确了解各层标志变异程度大小是比较困难的。

分层抽样比简单随机抽样和等距抽样更为精确，能够通过对较少的抽样单位的调查，得到比较准确的推断结果。特别是当总体较大、内部结构复杂时，分层抽样常能取得令人满意的效果。同时，分层抽样在对总体推断的同时，还能获得对每层的推断。

四、整群抽样

前面所讲的几种方式都是按基本抽样单元抽样，如果若干小的抽样单元可组合成一个较大的抽样单元，抽样按大的抽样单元抽取，一旦某个抽样单元被抽取，则调查其中每个小的抽样单元，这种抽样称为整群抽样，因为这种抽样实际上是按大单元整群抽取的。例如，在对居民收入情况进行调查时，若以居民小组为群，抽样时可先抽取居民小组，再调查每个被抽到的居民小组中的每一居民户。

在划分群时，每群的单位数可以相等，也可以不等；在每一群中的具体抽选方式，既可以采用等概率抽样(如简单随机抽样),也可以采用不等概率抽样。

整群抽样的优点是组织工作比较方便,确定一组就可以抽出许多单位进行观察。但是,正因为以群为单位进行抽选,抽选单位比较集中,明显地影响了样本分布的均匀性。因此,整群抽样和其他抽样方式相比,在抽样单位数目相同的条件下抽样误差较大,代表性较低。在抽样调查实践中,采用整群抽样时,一般都要比其他抽样方式抽选更多的单位,以降低抽样误差,提高抽样结果的准确程度。

当然,整群抽样的可靠程度,主要还是取决于群与群之间的差异大小,当各群间差异越小时,整群抽样的调查结果就越准确。因此,在大规模的市场调查中,当群内各单位间的差异较大,而各群之间的差异较小时,最适合采取整群抽样方式。

五、多阶段抽样

在许多情况下,特别是在复杂的、大规模的市场调查中,抽取的调查单位一般不是一次性直接进行的,而是采用两阶段或多阶段抽取的办法,即先抽大的调查单元,然后在大单元中抽小单元,再在小单元中抽更小的单元,这种抽样组织方式称为多阶段抽样。我国城市住户调查采用的就是多阶段抽样,即先从全国各城市中抽取若干城市,再在城市中抽街道,然后,在各街道中抽选居民家庭。多阶段抽样在抽取样本及组织调查时很方便,但在设计抽样调查方案、计算抽样误差和推断总体上比较麻烦,在此就不再讲述了。

多阶段抽样有以下两个特点:一是对抽样单位的抽选不是一步到位的,至少要两步;二是组织调查比较方便,尤其对于那些基本单位数多且分散的总体,由于编制抽样框较为困难或难以直接抽取所需样本,就可以利用地理区域或行政系统进行多阶段抽样。

除上面所介绍的五种基本抽样技术之外,还有二重抽样法(两相抽样法)和连续抽样法等,用来解决一些特殊的抽样问题。

第三节 非随机抽样调查技术

非随机抽样是指抽样时不遵循随机原则,而是按照调查人员主观判断或仅按方便的原则抽选样本。在市场调查中,采用非随机抽样通常是出于下述几个原因:①受客观条件限制,无法进行严格的随机抽样;②为了快速获得调查结果;③在调查对象不确定或无法确定的情况下采用,如对某一突发(偶然)事件进行现场调查等;④总体各单位间离散程度不大,且调查员具有丰富的调查经验。

非随机抽样技术主要有四种,即方便抽样、判断抽样、配额抽样和雪球抽样。

一、方便抽样

方便抽样又称偶遇抽样,是根据调查者的方便与否来抽取样本的一种抽样方法。如采取"街头拦人法",即在街上或路口任意找某个行人,将他(她)作为被调查者,进行调查。例如,在街头向行人询问对市场物价的看法,或请行人填写某种问卷等。

方便抽样简便易行,能及时取得所需的信息资料,省时、省力、节约经费,但抽样偏差较大,一般用于非正式的探索性调查。只有在调查总体各单位之间差异不大时,应用这种抽样方法抽取的样本才有较高的代表性。

二、判断抽样

判断抽样又称目的抽样,它是凭调查人员的主观意愿、经验和知识,从总体中选择具有典型代表性的样本作为调查对象的一种抽样方法。应用这种抽样方法的前提是调查者必须对总体的有关特征有相当多的了解。

判断抽样选取样本单位一般有两种方法:一种是选择最能代表普遍情况的调查对象,常以"平均型"或"多数型"为标准。"平均型"是在调查总体中具有代表性的平均水平的单位;"多数型"是在调查总体中占多数的单位。应尽量避免选择"极端型",但也不能一概而论,有时在调查时也选择"极端型",其目的是研究造成异常的原因。另一种是利用调查总体的全面统计资料,按照一定标准,主观选取样本。

判断抽样方法在样本量小及样本不易分门别类挑选时有其较大的优越性。但由于其精确性依赖于调查者对调查对象的了解程度、判断水平和对结果的解释情况,所以判断抽样方法的结果的客观性常受到人们的怀疑。

三、配额抽样

配额抽样是非随机抽样中最流行的一种。配额抽样类似随机抽样中的分层抽样,它也是首先将总体中的所有单位按一定的标志分为若干类(组),然后在每个类(组)中用方便抽样或判断抽样方法选取样本单位。所不同的是,配额抽样不遵循分层抽样中的随机性原则,而是主观地确定对象分配比例。

采用配额抽样,事先要对总体中所有单位按其属性、特征分为若干类型,这些属性、特征称为"控制特征",如被调查者的姓名、年龄、收入、职业、文化程度等。然后,按照各个控制特征分配样本数额。

配额抽样方法简单易行,可以保证总体的各个类别都能包括在所抽样本之中,故与其他几种非随机抽样方法相比,其样本具有较高的代表性。

按照配额的要求不同,配额抽样可分为"独立控制"和"交叉控制"两种。

(一)独立控制配额抽样

独立控制配额抽样是根据调查总体的不同特性,对具有某个特性的调查样本分别规定单独分配数额,而不规定必须同时具有两种或两种以上特性的样本数额。因此,调查者就有比较大的自由去选择总体中的样本。现举例说明如下:

某市进行空调器消费需求调查,确定样本量200名,选择消费者收入、年龄、性别三个标准分类。采用独立控制配额抽样,其各个标准样本配额比例及配额数列表,如表4.2、表4.3、表4.4所示。

表4.2 消费者收入分类

月收入	人数
1 500 元以下	20
1 500 ~ 3 000 元	50
3 000 ~ 4 500 元	70
4 500 元以上	60
合计	200

表4.3 消费者年龄分类

年龄	人数
30 岁以下	40
30 ~ 40 岁	60
40 ~ 50 岁	70
50 岁以上	30
合计	200

表4.4 消费者性别分类

性别	人数
男	100
女	100
合计	200

从表 4.2,表 4.3,表 4.4 中可以看出,对收入、年龄、性别三个分类标准,分别规定了样本数额,而没有规定三者之间的关系。因此,调查人员在具体抽样时,抽选不同收入段的消费者,并不需要顾及年龄和性别标准。同样,在抽选不同年龄或性别的消费者时,也不必顾及其他两个分类标准。这种方法的优点是简单易行,调查人员选择余地较大;缺点是调查人员可能图一时方便,选择样本过于偏向某一组别,如过多地抽选女性消费者,从而影响样本的代表性。

(二)交叉控制配额抽样

交叉控制配额抽样是对调查对象的各个特性的样本数额交叉分配,上例中如果采用交叉控制配额抽样,就必须对收入、年龄、性别这三项特性同时规定样本分配数,如表 4.5 所示。

表 4.5 交叉控制配额抽样分配表

月收入 年龄╲性别	1 500 元以下		1 500~3 000 元		3 000~4 500 元		4 500 以上		合计
	男	女	男	女	男	女	男	女	
30 岁以下	2	2	5	5	7	7	6	6	40
30~40 岁	3	3	20	6	10	16	1	1	60
40~50 岁	10	1	3	4	12	7	3	30	70
50 岁以上	5	2	2	5	8	3	3	2	30
合计	20	8	30	20	37	33	13	39	200

从表 4.5 可以看出,交叉控制配额抽样对每一个控制特性所需分配的样本数都做了具体规定,调查者必须按规定在总体中抽取调查单位,由于调查面较广,从而克服了独立控制配额抽样的缺点,提高了样本的代表性。

四、雪球抽样

雪球抽样是以"滚雪球"的方式抽取样本,即通过少量样本单位以获取更多样本单位的信息。这种方法的运用前提是总体样本单位之间具有一定的联系,是在不甚了解总体的情况下对总体或总体部分单位情况进行把握。

雪球抽样的基本步骤为:首先,找出少数样本单位;其次,通过这些样本单位了解更多的样本单位;再次,通过更多的样本单位去了解更多的样本单位。依此类推,如同滚雪球,使调查结果越来越接近总体。

例如:某研究部门在调查某市劳务市场中的保姆问题时,先访问了 7 名保姆,然后请她们再提供其他保姆名单,逐步扩大到近百人。通过对这些保姆的调查,对保姆的来源地、从事工作的性质、经济收入等状况有了较全面的掌握。

雪球抽样的优点是便于有针对性地找到被调查者,而不至于"大海捞针"。其局限性是要求样本单位之间必须有一定的联系并且愿意保持和提供这种联系,否则,将会影响这种调查方法的进行和效果。

第四节 抽样误差与样本量

一、抽样误差的概念与种类

调查误差是指调查的结果和客观实际情况的出入和差数。在市场调查中,无论是全面调查,还是非全面调查,都有可能发生误差。一般有两种误差存在,即非抽样误差和抽样误差。

非抽样误差是由于抽样之外的许多其他原因而产生的误差。从理论上看,概念性错误、逻辑性错误以及对回答的错误解释等都可以导致此误差的出现,故非抽样误差就成了调查者需要认真对待的一个问题。非抽样误差产生的原因如图4.2所示。

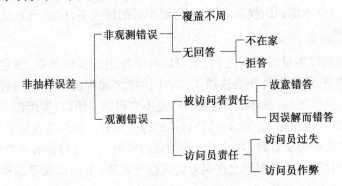

图4.2 非抽样误差产生的原因

抽样误差是指一个样本的测定值与该变量真值之间的差异。抽样误差无特定偏向,其误差大小主要受以下三个因素影响:

第一,被研究总体各单位标志值的变异程度。总体的方差越大,抽样误差就越大;反之,则抽样误差就越小。如果总体各单位标志值之间没有差异,那么,抽样误差也就不存在了。

第二,抽取的样本量。抽样误差的规模可由样本量的调整而得到控制,在其他条件不变的情况下,抽样单位数越多,抽样误差就越小,反之,抽样误差就越大。

第三,抽样调查的组织方式。采用不同的抽样组织方式,也会有不同的抽样误差。

在随机抽样时,抽样误差可以进行计算并可以得到控制,各种抽样误差的计算方法可参考统计学书籍。

二、样本量的确定

在开始组织抽样调查之前,确定抽取多少样本单位是个很重要的问题。抽取的数目过少,会使调查结果出现较大的误差,与预期目标相差较远;而抽取的数目过多,又会造成人力、财力和时间的浪费。因此,样本量的确定,是组织抽样调查中需要解决的一个重要问题。

(一)影响样本量的因素

抽样调查的样本量取决于以下几个因素:

(1)被调查对象标志的差异程度,即总体方差的大小。总体方差越大,样本量也越多。

(2)允许误差(又称极限误差 Δ)数值的大小。允许误差同样本量成反比,允许误差越小,样本量越多;反之,允许误差越大,样本量越小。允许误差的大小,主要取决于调查的目的和力量。调查结果要求比较精确,又有掌握抽样调查技术的队伍,允许误差可小些;反之,允许误差可以放大些。

(3)调查结果的可靠程度,即概率度 t 值的大小。可靠程度要求高,样本量就应当多些;可靠程度要求低,样本量就可以少些。可靠程度在统计中叫概率(用 P 表示),它对应的数值叫概率度(用 t 表示)。

(4)抽样的方法。在同等条件下,不重复抽样比重复抽样需要的样本单位数少。

(5)抽样的组织形式。采用类型抽样和等距抽样比简单随机抽样需要的样本数目少些。

此外,根据调查经验,调查表回收率的高低也是影响样本数目的一个重要因素。调查表的回收率通常都很低,采用邮寄调查法则更低,有时回收率超过 30% 已属理想状况了。因此,确定样本数目应考虑到回收率问题,在回收率低的情况下,应适当加大样本数目。

(二)样本量的确定

当我们知道影响样本量的因素之后,就可以科学地组织抽样调查,确定样本量了。无论是经常搞抽样调查,还是初次开展这项工作,在抽样之前都有一些未知量需要测算。因为在抽样之前或是抽样之后,总体的 $\overline{X}$,P 和 σ^2 是不知道的。所以,要组织一两次试验性的抽样调查,用样本的有关指标 $\bar{x}$,p 或 s^2 代替总体的有关指标。如果是连续进行的抽样调查,又积累了丰富的经验和历史资料,可以用以前调查的资料代替总体的有关指标。

确定样本量的计算公式可根据允许误差公式推导而来,下面以简单随机抽样方式为例说明如下。

平均数的样本量确定公式:

重复抽样

$$n = \frac{t^2 \sigma^2}{\Delta_{\bar{x}}^2}$$

不重复抽样

$$n = \frac{t^2 \sigma^2 N^2}{N \Delta_{\bar{x}}^2 + t^2 \sigma^2}$$

成数的样本量确定公式:

重复抽样

$$n = \frac{t^2 p(1-p)}{\Delta_p^2}$$

不重复抽样

$$n = \frac{t^2 p(1-p) N}{N \Delta_p^2 + t^2 p(1-p)}$$

式中　$\Delta_{\bar{x}}$——平均数的抽样极限误差;

Δ_p——成数的抽样极限误差;

σ^2——总体方差;

p——成数;

t——概率度。

例如:某市进行居民家计调查,按照简单随机不重复抽样方式,已知 $N = 100\,000$,$\sigma^2 =$

$10\ 000, \mu_{\bar{x}} = 5$ 元($\mu_{\bar{x}}$ 为抽样平均误差),求在 $t = 2$ 时的样本量是多少?

解:置信度为 95% 时,$t \approx 2$,则 $\Delta_{\bar{x}} = t(\mu_{\bar{x}}) = 2 \times 5 = 10$(元)

$$n = \frac{2^2 \times 10\ 000 \times 100\ 000}{100\ 000 \times 10^2 + 2^2 \times 10\ 000} = 398$$

即需要抽 398 户。

当 $t = 3$ 时,即极限抽样误差 $\Delta_{\bar{x}}$ 不变,仍为 10,这就意味着抽样平均误差 $\mu_{\bar{x}}$ 缩小为 3.3 元,在此情况下样本量为

$$n = \frac{3^2 \times 10\ 000 \times 100\ 000}{100\ 000 \times 10^2 + 3^2 \times 10\ 000} = 892$$

即需要抽 892 户。

可见,在允许误差和其他条件不变的情况下,置信度由 95.45%($t = 2$)提高到 99.73%($t = 3$)需要增加的样本量为 1.24 倍。

第五节 有关抽样设计的几个问题

在抽样设计中,常会遇到有关抽样的一些技术问题。如抽样精确度的要求、抽取样本数目的大小、抽样方式的选择、样本轮换方法、无回答问题的处理方法、敏感性问题的处理方法等,现做简要说明。

一、抽样精确度问题

在设计中应首先明确的一点是,我们需要怎样的一种准确?有些调查人员认为调查结果应达到 100% 的准确,甚至可以为此不惜一切代价,这实际上是抽样设计中的一种误区。正确的观点应是,调查所需要的准确,不是也不可能是 100% 的准确,只要准确性能满足决策要求就可以了,不必追求过分的精确,以致付出过多的不必要的代价。进行抽样方案设计时,应该花一定的时间去了解这项调查所要求的准确程度,并以此作为设计整个调查方案的依据,这样做既能满足决策的要求,又能提高调查的效率。

例如,我国城市家计调查一般要求当置信度为 95% 时,相对误差不超过 2%~3% 就可以了。

二、抽样框误差问题

抽样框就是一份关于总体中全部研究对象或抽样单元的资料。在实际调查中有时常搜集不到这样一份名单,或虽能得到此名单,但可能遗漏了总体中的一些元素,还可能包括了并不属于研究总体的另外一些元素。使用这样的名单就会产生抽样框误差。

当总体与抽样框之间的差异很小,对此可不加考虑。但在大多数情况下,对此误差应给予关注并做出相应处理。常用的方法有如下三种:①按照抽样框重新定义总体;②在搜集资料的过程中筛选被调查者;③用加权的方法调整所搜集的资料。

三、样本量的确定问题

有关样本量的计算方法和影响因素我们已做了介绍。在此强调一点,就是任何精确度及样本量的设计都不能回避调查费用这个基本因素。事实上,任何一项抽样调查都是在一

定费用的限制下实施的,在很多情况下,提高精确度往往需要加大样本量,而样本量增加,又会导致费用开支提高,因此,精确度的要求常与节省费用的要求相矛盾。最优设计应该是那种在满足一定的误差要求下,使费用最少或在一定费用限制下精度最高的设计。

四、抽样方式的确定问题

在运用随机抽样方式进行调查时,究竟采用何种方式进行调查,是一个很重要的现实问题,一般情况下,应考虑以下四个方面的因素:

第一,对抽样误差大小的要求。在相等样本量的条件下,抽样误差大小主要受总体方差的影响。根据有关调查经验,不同的抽样方式其抽样误差有所不同。在实际调查时,可根据对调查误差的不同要求和实际条件,选择适当的抽样调查方式。

第二,调查对象本身的特点。有些现象,事先没有关于总体各单位的全面、详细的资料,就无法采用按有关标志排队的等距抽样,而只能采用其他抽样方式。同时,还要考虑对调查对象所能了解的程度,对调查对象了解得越周全,就越能采用准确性较高的调查方式。

第三,人力、物力、经费和时间等各种调查条件。例如:在调查前考虑到抽出的样本可能极为分散,在各地都有,会增加调查往返的时间和费用,就可采用整群抽样方式,使调查样本相对集中,调查员行动半径缩小,以节省人力、费用和时间。

应该指出的是,强调根据调查要求和调查对象特点选择适宜的抽样方式,并不应否认上述几种方式的结合运用,在实际调查中,往往是根据具体情况,互相结合使用的。

五、样本轮换问题

所谓样本轮换就是在连续调查过程中,每隔一定时间轮换部分或全部的被调查户。之所以要进行样本轮换,主要是由于以下几个原因:

第一,长期调查会造成样本老化。由于调查时间过久,调查总体变化较大,样本对总体的代表性逐渐降低。如在家计调查中,一方面,样本中包括不了新增户(如新始户、外地迁入户);另一方面,老住户的代表性也在减弱。因为随着城区的不断扩大,原抽样框中不可能包括新增居民区。

第二,长期调查会影响被调查者的合作。如家计调查是以自愿为基础的,调查的顺利与否在很大程度上取决于被调查者的合作态度,当调查时间拖得太长时,就有可能因遭到被调查者的拒绝或因被调查者产生应付心理而影响调查的结果。

第三,长期调查有可能会影响被调查者的行为。长期调查,即使被调查者愿意,也有可能出现影响其经济活动和生活方式的问题,从而使被调查户的资料失去代表性。例如,在家计调查中,居民本来并不注意家庭生活费的收支情况,但当长期登记家庭生活费收支账后,就会对生活开支加以控制或有意识地购买某类商品,这样,调查所取得的资料的代表性就下降了。

在抽样设计时,是否替换样本,替换多少样本是设计人员经常面临的问题。应在明确调查目的的前提下,考虑替换样本单位会带来多大的抽样误差,同时还要考虑调查的经费是否许可。不断替换样本要增加经费开支,因此,有些调查机构常从节省经费的角度出发,只有非替换不可时才考虑替换问题。

我国城市住房调查从1990年起实行抽样轮换制,以增强样本的代表性,提高调查质量。我国城市住户调查的样本轮换是在一次性调查样本中采用对称等距方法抽选的。一次性地抽出若干个轮换组(把一个大样本分成若干个相等的部分,每个部分称为一个轮换组),以备轮换时用。由于轮换组随着时间的推移会老化,从而影响样本的代表性,所以要储存若干个轮换组,其储存期和利用期不得超过三年,即每进行一次居民家庭基本情况的一次性调查,原先备用的轮换组就必须全部更新。为保持资料的连续性与可比性,经常性调查户可保留1/3,将其轮换到下期调查。

六、无回答问题

在抽样调查中,我们总希望能取得所要求的全部样本单位的数据或特征记录,但在实践中,常有部分单位的调查结果会因多种原因而出现空缺,即常称的无回答现象。因此,总体和样本都被分作两层:回答层和无回答层。

无回答层没有提供样本数据,如果其指标值与回答层没有显著差异,倒也无妨。但事实上,无回答层和回答层之间常有较明显的非随机性差异,随着调查次数的增加,初次回答者、第二次回答者、第三次回答者之间的均值或比例呈明显的差异。例如,在对某单位职工兼职人数比重的调查中,不愿回答者的兼职比重要高于回答者的兼职比重。因此,如果仅由回答层的调查结果来推断总体,就会使样本失去代表性。

为解决无回答问题,常用的处理方法有三种:

第一,多次调查,即对于首次调查无回答的单位,分清原因,有针对性地进行第二次、第三次甚至更多次调查。多次调查能减少不回答率,但要增加费用。

第二,对调查结果进行估算,即不把精力放在如何提高回答率上,而是根据相关信息,依靠已回答的数据进行估算,以减少无回答现象对调查结果的影响。

第三,在无回答者中抽取随机子样本。若调查最初采用邮寄方式进行,可以从没有寄回填好的问卷者中抽选一个随机子样本进行访问调查。

七、敏感性问题

在调查中,常会涉及一些诸如收入、吸毒、作弊等敏感性问题。如果对调查者直接询问,可能会招致被调查者拒答或不真实的回答。因此,如何采用适当的方法,既能保护被调查者的个人秘密,又能使其讲真话,这也是抽样设计中应考虑的问题。现介绍两种有效的处理方法:

第一,随机化的回答。这个方法是沃纳在1965年提出来的。他向被调查者提出两个问题。假如要调查对改革的看法,这两个问题可以是:

A. 您赞成改革吗?   1. 是   2. 不是

B. 您不赞成改革吗?   1. 是   2. 不是

被调查者随机抽一个问题回答。调查员不知道每人回答哪个问题,但回答A类问题的人占的比例P是他事先确定的。如向100个人做调查,取$P=0.7$(注意P不能取0.5),可以制作100张卡片,其中70张印问题A,30张印问题B,让被调查者随意抽取卡片。当被抽到的问题与自己的情况一致时,回答"是";相反时,回答"不是"。如被调查者赞成改革且抽到A或不赞成改革且抽到B都应回答"是",如被调查者不赞成改革且抽到A或赞成改革且抽到B都应回答"不是"。显然,这个方法要取得成功,关键在于让被调查者确信:调查员不知他(或她)回答的是哪一个问题。

第二,提出无关的第二个问题,进行随机化回答。沃纳的方法虽然比直接提问敏感性问题好,但如果所提的两个问题都具有敏感性(如上例),被调查者可能仍存有戒心,不予配合。而且,这个方法中回答问题 A 的人占的比例不能等于 1/2。西蒙斯做了改进,问题 A 仍为原来的敏感性问题,把问题 B 换成与问题 A 无关的、毫无敏感性的问题。例如:"您是 5 月份出生的吗?""您的住址最后一个数字是奇数吗?"等。这样,被调查者的合作态度可能会有所改进。

【本章小结】

市场调查方式按调查对象所包括的范围不同分为全面调查和非全面调查。非全面调查包括重点调查、典型调查和抽样调查。

抽样调查简称抽查,是指从调查总体中抽取一部分样本,对抽取的样本进行普查,然后根据抽样调查的信息推算调查总体状况的一种调查方法。与普查相比,抽查具有工作量小、费用少、时间省、准确性较高及抽样误差可控等优点。

随机抽样是按随机原则在调查总体中进行抽样,其调查结果比较准确、可信,抽样误差具有可以计算、检验、修正与调控等优点。随机抽样方法多种多样,其中最主要的有简单随机抽样、等距抽样、分层抽样与分群随机抽样;非随机抽样又可分为任意抽样、判断抽样、配额抽样及雪球抽样。

【案例分析】

中国人民银行城镇户调查抽样方案的设计

长期以来,银行储蓄是居民金融资产的重要组成部分,而储蓄与消费又是密切相关的。通过对储户的调查,可观测和反映消费景气的变动,从中观察和分析总体经济的走势,为货币政策的决策提供依据。

由于以上目的,中国人民银行从 2008 年第 3 季度起,开始进行不定期城镇居民储蓄问卷调查,到 2013 年形成了按季调查的制度。共选定 20 个城市进行调查,其中省会城市 12 个、中等城市 4 个、小城市 4 个。储蓄所的选择由各大城市的人民银行根据储蓄所周围居民阶层的分布情况自行确定。多数城市选择 8～9 个调查点(储蓄所)。每次共调查 10 000 名储户,样本量按城市的大小来确定:大城市 700 人,中等城市 600 人,小城市 400 人。

为了完善这项调查制度,使其覆盖面更广、代表性更强,自 2015 年起,将调查城市扩大到 34 个,即增加了 6 个省会城市和 7 个中等城市,每季调查一次,每次调查储户 20 000 人。

案例思考:

1. 在样本城市的选择中,中国人民银行为什么分别选择省会城市、中等城市和小城市?而且数量不等?

2. 本项目的调查总体是什么?大城市储户样本量 700 人,中等城市储户样本量 600 人,小城市储户样本量 400 人,如何才能提高这些样本量的质量?

3. 如何完善 2008 年以来已有的抽样框?

【思考与练习】

一、名词解释

普查 重点调查 典型调查 抽样调查 样本容量 抽样平均误差 允许误差 分层抽样 整群抽样 抽样估计

二、判断题

1. 在抽样过程中,只要步骤严谨、方法得当,就不会出现误差。(   )
2. 一般来说,调查总体中各单位之间标志值的变异程度越大,需要抽取的样本单位数就越多。(   )
3. 分层最佳抽样法指的是等比例分层抽样。(   )
4. 任意抽样是一种随机抽样技术。(   )
5. 一般来说,简单随机抽样比分层、整群抽样误差大;重复抽样比不重复抽样误差大。(   )
6. 抽样调查下总体中的每个个体单位作为样本的概率是相等的。(   )
7. 配额抽样是人为分配各类样本的。(   )
8. 调查企业产品质量最好采用判断抽样技术。(   )

三、简述题

1. 常见的调查方式有哪些?
2. 什么是抽样调查?抽样调查有哪些优缺点?
3. 具体的抽样方式有哪些?各自适合什么样的情况?
4. 随机抽样与非随机抽样有哪些异同?
5. 抽样中影响样本容量的因素有哪些?
6. 简述抽样的一般程序。
7. 如何有效控制抽样误差?

四、计算题

1. 市场调查空调器拥有状况,全市 120 万户家庭按收入分层,有高收入家庭 12 万户,中收入家庭 83 万户,低收入家庭 25 万户,计划抽取样本 10 000 户,采用分层比例抽样法从各层中抽取多少样本?

2. 某地区居民户数为 10 000 户,其年消费水平标准差为 150 元。若采用抽样调查了解其年平均消费水平,并以 95% 的置信度(相对应的函数值为 1.96)推断总体,其样本指标与总体指标之间的允许误差范围是 20 元。

   求:用公式计算出应抽查多少居民户?

3. 某地区有居民 8 000 户,用随机抽样方式抽取样本 200 户,进行饮水机家庭普及率调查。调查结果显示,样本饮水机家庭普及率为 40%。试计算:

   (1)用重复抽样,计算抽样误差。

   (2)若把握程度 95%,试估算样本区间值及该地区饮水机保有量区间值(精确到小数点后两位)。

   (3)若该地区居民户数年递增 1%,饮水机家庭普及率年递增 10%,试估算三年后该地区饮水机保有量的点估计值。

4. 某地区投保的车主总数为 18 000 人,其中大约有 70% 为平安保险公司的客户,若平安保险公司想通过抽样调查来确认其市场份额,在 95% 的可靠性下,可允许的最大误差不超过 2%,则在重复抽样和不重复抽样两种方式下各应抽取多少车主进行调查?

5. 某地集团公司所属零售商店共有 85 家,用纯随机抽样方式,抽选出 17 家商店进行销售情况调查。调查结果显示商品的平均月销售额为 21 000 元,样本方差为 4 760 元。根据上述资料,试分别用重复抽样和不重复抽样两种方法的计算公式计算出该商品月平均销售额的抽样误差。

第五章 市场调查问卷设计技术

【案例导读】

旅游市场调查

"十一"黄金周期间,万绿湖景区开展的旅游市场问卷调查结果显示,接受调查的215人中有133人认为万绿湖景区市场开发前景大。为了提高景区的管理水平和服务质量,10月1日至7日,万绿湖景区共向游客发出517份问卷调查表,调查主要围绕景区的宣传、景区基础设施建设、完善景区设施等方面进行,以此向游客征求意见和建议。

此次调查共收回215份有效问卷。问卷结果显示:广州、深圳、东莞三个城市仍是万绿湖景区的主要客源地;游客以学生、自由职业者、企业员工、教师等为主;90%的游客认为万绿湖的生态自然风景是吸引他们前来旅游的主要原因。接受调查的215人中有80人表示是从家人或亲朋好友那里了解到万绿湖景区的。在交通工具方面,215人中有145人自备交通工具,自驾车游客占67%。

在调查问卷表的建议栏中,游客都提出了自己的建议,其中大多数游客认为景区娱乐活动项目太少,应增加一些旅游娱乐项目和表演节目,搞一些游客参与性强的节目。还有一些游客认为,万绿湖景区要加大停车场的建设力度,完善部分景点、码头等基础设施。

案例思考:

1. 中国人民生活水平正在逐步提高,旅游的人数每年都在增加,你认为应该如何引导中国旅游业健康、有序的发展?
2. 根据你的生活体验,目前中国旅游市场应该完善哪些方面的服务工作?

调查问卷在市场调查特别是在访问调查中具有举足轻重的地位,是访问调查法收集资料主要使用的工具,是进行访问调查时经常采用的方式之一。问卷设计的好坏对调查研究的结果会产生很大的影响,一份好的调查问卷对调查工作顺利、准确、圆满地完成能起到很大的作用。本章在介绍问卷及问卷设计的含义、意义、要求的基础上,着重介绍问卷问题设计、问题答案设计及问卷整体设计。

第一节 问卷及问卷设计概述

一、问卷与问卷设计的含义

1. 问卷的含义

调查问卷是一种广泛应用于访问调查法中,用来了解被调查者的态度、意见和反映的调查工具,是收集一手资料最常用的工具。具体来说,问卷就是以书面的形式系统地记载调查内容,了解调查对象的反应和看法,以此获得资料和信息的载体,也称调查表或访问表格。

市场调查的基本目标是获取足够的市场信息资料。第一手资料的收集占有十分重要的地位,访问调查是收集第一手资料的基本方法。常用的访问调查法有面谈访问(小组访谈和个人面谈)、电话访问、信函访问及网上问卷调查等,无论哪种访问调查,都离不开问卷。

2. 问卷设计的含义

问卷设计是调查者根据研究目的和内容的要求,明确调查所需要的信息,精心设计一系列问题的格式和措辞,并进行逻辑性、技巧性的排列,组成调查问卷的过程。

调查问卷中的问题设计、提问方式、遣词造句、答案设计及问卷形式等,都直接关系到是否能有效达到市场调查的目标。

问卷设计有一定的基本格式、设计原则和规范程序。虽然有规则可以遵循以避免错误,但一份完整、合理、设计得体的调查问卷还有赖于设计者的精心构思、辛勤劳动,有赖于设计者的知识、能力、经验和创造性思维甚至是天赋。设计者通常可借鉴他人成功的经验。与其说问卷设计是一门科学,还不如说是一门艺术。

二、问卷的作用

问卷设计在市场调查中是很重要的一个步骤,任何问卷都有三个特殊的目标。

第一,它必须将所需要的信息翻译成一组调查对象能够并愿意回答的特定问题。设计出调查对象能够并且愿意回答,同时又能生成想要的信息的问题是一件较难的事,两种看上去似乎类似的提问方式可能会产生不同的信息。因此,这一目标是个挑战。

第二,问卷必须促使、激励和鼓励调查对象在访谈中变得投入、合作并完成访谈。在设计一张问卷时,研究人员应该尽量争取减少调查对象的疲劳、厌倦和工作量,以使不完整率和拒答率降到最低。

第三,问卷应该将回答误差减到最小。将误差最小化是问卷设计的一个十分重要的目标。

问卷在数据收集过程中起着重要的作用。如果问卷设计得不好,那么所有精心制作的抽样计划、训练有素的访问人员、合理的数据分析技术和良好的编辑编码都将徒然无用。不恰当的问卷设计将导致不完全的信息、不准确的数据,而且必然导致高成本。问卷是调研过程中一个非常重要的因素,调查问卷的设计直接影响所收集到的数据的质量。即使有经验的调研者也不能弥补问卷上的缺陷。

问卷在调查过程中的主要作用如下:

1. 提供标准化的数据搜集程序

问卷提供了标准化和统一化的数据搜集程序,使问卷的用语和提问的程序标准化,每一个访问员都问完全相同的问题,每一个应答者都看到或听到相同的文字和问题。如果没有问卷,每个访问员随感而问,不同的访问人员以不同的方式提问,调研人员将陷入困惑,即应答者的回答是否受到了访问员用词、试探或解释的影响?对不同应答者进行比较的有效基础就不存在了,一堆混乱的数据从统计分析的角度来看也难以处理。从这个意义上讲,问卷是一种控制工具。

2. 适用于各种范围和对象的市场调查

从调查内容的范围上来看,问卷既可以适用于国际市场调查、全国市场调查,又可以适用于区域市场调查。从对象的广度上来看,问卷既可以针对消费品市场调查、生产资料市场调查,又可以针对服务市场调查。因此,问卷适用于各种范围和对象的市场调查。

由于采用文案调查法查寻资料时,有时不可能获得调查目标所要求的全部资料和信息;采用面访调查和电话调查时,又要求调查者具备相当高的询问技巧和记录技巧,在具体实施中还难免会出现对有些问题回答不完全或回答得模棱两可的情况。采用问卷这种形式可以将所要问的问题全部以"提问"的方式写在卷面上,大多数情况下,还同时提供多种备选答案,由被调查者从中选择。因此,采用问卷形式进行调查,形式上方便,表达上容易为被调查者所接受;同时问卷也不要求调查者一定要具备很高的交流技巧,实施起来比较方便,只要调查者说清意图,并能回答被调查者的问题就可以担当调查任务了。

3. 有利于对资料进行统计处理和分析

市场调查中应用的各种问卷,除了少数需要被调查者通过文字表述做出回答的以外,绝大多数题目都是给出备选答案,由被调查者从已给的这些答案中标示出与自己的观点和看法相同或相近的答案。因此,问卷这种方式与实地采访或其他调查方法相比要方便得多,便于通过人工或计算机的手段对问卷中的每一个题目的答案进行汇总和整理,然后进一步进行定量分析。

4. 节省时间,调查效率高

由于问卷中的问题绝大多数都是给出了备选答案的。在答卷中,除非有特殊情况,一般不需要被调查者再对各种问题做文字方面的解答,只需对所选择的答案做上记号即可。这样就节省了调查时间,节省了在调查中用于详细解释沟通的时间,调查效率较高。

三、问卷的类型

问卷的类型可以从不同的角度进行划分。

(一)按问题答案划分

按问题答案不同,问卷可分为结构式、开放式和半结构式三种基本类型。

1. 结构式

结构式通常也称为封闭式,这种问卷答案的选项已经限定在某种范围内,备选答案的选项已经给定或者基本给定,回答者只需要做出某些选择即可表达自己的看法或者意见,回答者能够表达自己更为开放的信息的自由空间很小。

2. 开放式

开放式通常也称为开口式,指问题的答案事先是不确定的,问卷设计者给回答者自由回答的空间,回答者可以针对问题的主题畅所欲言,表达自己的看法和意见。

3. 半结构式

这种问卷介于结构式和开放式两者之间,问题的答案既有固定的、标准的,也有让被调查者自由发挥的,吸取了两者的长处。这类问卷在实际调查中的运用是比较广泛的。

(二)按调查方式划分

按调查方式不同,问卷可分为自填问卷和访问问卷。

1. 自填问卷

自填问卷是由被访者自己填答的问卷。自填问卷由于发送的方式不同而又分为发送问卷和邮寄问卷两类。发送问卷是由调查员直接将问卷送到被访问者手中,并由调查员直接回收的调查形式。邮寄问卷是由调查组织者直接邮寄给被访问者,被访问者自己填写答案后,再邮寄回调查研究单位的调查形式。

2. 访问问卷

访问问卷是访问员通过采访被采访者,由访问员填写答案的问卷。访问问卷的回收率最高,填答的结果也最可靠,但是成本高、费时长,这种问卷的回收率一般要求在90%以上。邮寄问卷的回收率低,调查过程不能进行控制,因此可信性与有效性都较低,而且由于回收率低,会导致样本出现偏差,影响样本对总体的推断。一般来讲,邮寄问卷的回收率在50%左右就可以了。

(三) 按问卷用途划分

按问卷用途不同,问卷可分为甄别问卷、调查问卷和复核问卷。

1. 甄别问卷

甄别问卷是为了保证调查的被访问者确实是调查对象的目标消费者而设计的一组问题。它一般包括对个体自然状态变量的排除、对产品使用频率的排除、对产品评价有特殊影响状态的排除和对调查拒绝的排除等几个方面。

(1) 对个体自然状态变量的排除。对个体自然状态的排除主要是为了甄别被访问者的自然状态是否符合产品的目标市场。主要的自然状态变量包括年龄、性别、文化程度等。我们以某种品牌白酒的市场调查的甄别问卷为例来说明对个体自然状态不适用的排除。

①对年龄的甄别。例如,白酒的消费者具有明显的年龄倾向,要排除18岁以下的青少年,所以对年龄的甄别问题设计如下。

您的年龄:

  18 岁以下   终止访问
  18～25 岁   继续
  25～45 岁   继续
  45～55 岁   继续
  55 岁以上   继续

②对性别的甄别。假设此品牌白酒消费者以男性为主,那么对性别的甄别问题的设计如下。

您的性别:

  女 终止访问
  男 继续

(2) 对产品使用频率的排除。很明显,如果消费者喝酒的频率过低,就不可能成为调查产品的目标消费者,所以对消费者喝酒频率的甄别问题的设计如下。

您平时多长时间喝一次酒:

  几乎不喝酒   终止访问
  每月一次以下   终止访问
  每周一次或以上 继续

(3) 对产品评价有特殊影响状态的排除。这种排除主要是为了将职业习惯可能对调查结果有影响的排除掉。它一般有固定的设计格式,人们对产品评价有特殊影响状态的甄别问题的设计如下。

您和您的家人是否有在以下单位工作的:

  市场调查公司或广告公司   终止访问
  社情民意调查机构、咨询公司 终止访问

  电台、电视台、报社、杂志社   终止访问
  化妆品生产或经销单位   终止访问
  以上都没有   继续

在过去6个月里,您是否接受过市场调查公司的访问：
  是 终止访问
  否 继续

（4）对调查拒绝的排除。对拒绝调查的甄别问题的设计如下。
您是否愿意帮助我完成这次访问：
  是 继续
  否 谢谢被访者,终止访问

2. 调查问卷

调查问卷是问卷调查的最基本方面,也是研究的主体形式。任何调查,可以没有甄别问卷,也可以没有复核问卷,但是必须有调查问卷,它是分析的基础。

3. 复核问卷

复核问卷又称回访问卷,是指为了检查调查员是否按照访问要求进行调查而设计的一种监督形式的问卷。

四、问卷的结构和内容

问卷表的一般结构有标题、说明、筛选/过滤、主体、编码、背景资料和结束语等。

1. 标题

每份问卷都有一个研究主题。研究者应开宗明义定个题目,反映这个研究主题,使人一目了然,增强填答者的兴趣和责任感。例如,"××市白酒消费状况调查"这个标题简明扼要,既明确了调查对象,又突出了研究主题。

2. 说明

问卷前面应有一个说明,通常以信的形式说明这个调查的目的和意义、填答问卷的要求和注意事项,下面同时署上调查单位名称和年月,因此又称说明信。问卷的说明是十分必要的,对采用发放或邮寄办法使用的问卷尤其不可缺少。我们调查某个问题的目的、意义和方法,不光要使所参加调查工作的人知道,而且要使被调查者都知道,为什么要去做,怎么去做。当他们明白了目的、意义和方法,就会给予很大的支持,积极、认真地配合。问卷说明的长短由内容决定,但要尽可能简短扼要,务必排除废话和不实之词。

3. 筛选/过滤

筛选/过滤主要是为了选择符合调查要求的被调查者而设立的。例如,在上述某品牌白酒的调查中,就需要在调研主题介绍前先提出过滤题,否则,后续的问句就将很难进行。因此,首先要筛选被调查者是否喝白酒,如果是则可继续提问,否则就终止提问。

4. 主体

这是研究主题的具体化,是问卷的核心部分。问题和答案是问卷的主体。从形式上看,问题分为开放式和封闭式两种。从内容上看,可分为事实性问题、断定性问题、假设性问题和敏感性问题。

（1）事实性问题是要求调查对象回答有关的事实情况,如姓名、性别、出生年月、文化程度、职业、工龄、民族、宗教信仰、家庭成员、经济收入、闲暇时间安排和行为举止等。

(2)断定性问题是假定某个调查对象在某个问题上确有其行为或态度,继续进一步了解另外一些行为或态度。这种问题由两个或两个以上的问题相互衔接构成,前面一个问题是后面一个问题的前提。例如,长年订阅或坚持阅读《经济日报》的读者才需要转折回答第二个问题,如果回答"否",就不必填答第二个问题——你经常阅读的是哪些版面和专栏?所以这类问题又叫转折性问题。

(3)假设性问题是假定某种情况已经发生,了解调查对象将采取什么行动或抱以什么态度。

(4)敏感性问题是指涉及个人社会地位、政治声誉,不为一般社会道德和法纪所允许的行为及私生活等方面的问题。对于这类问题,大多数被调查者总是企图回避,不愿意合作。因此,要了解这些敏感性问题,必须变换提问方式或采取一些特殊的调查技术。

5. 编码

这并不是所有问卷都需要的项目。在规模较大又需要运用电子计算机统计分析的调查,要求所有的资料数量化,与此相适应的问卷就要增加一项编码内容,也就是在问卷主题内容的右边留有统一的空白,顺序编上1、2、3等号码,用以填写答案的代码。整个问卷有多少种答案,就要有多少个编码号。

6. 背景资料

这部分一般放在问卷的最后。背景资料主要是一些人文统计信息,一般包括被调查者的性别、年龄、婚姻状况、家庭人数、家庭/个人收入、职业、教育程度等信息。

7. 结束语

结束语的任务就是要告诉受访者和访问员阅卷结束,访问完毕了。不过,不同问卷的结束语会略有不同。例如,邮寄问卷的结束语可能是"再次感谢您的参与访问,麻烦您检查一下是否还有尚未回答的问题后,将问卷放入随附的回邮信封并投入信箱。"而一份拦截访问中的问卷的结束语可能会是"访问到此结束,谢谢您,这里有一份小礼品送给您,请签收。再见。"访问员最后还要签写姓名和日期。

以上问卷的基本项目,是要求比较完整的问卷所应有的结构内容。但通常使用的(如征询意见及一般调查问卷)可以简单些,有标题、主题内容和致谢语及调查研究单位就行了。问卷设计的程序和技巧,不同的调查目的和要求,不同的调查对象、调查内容及不同的调查方式等因素,可能会决定不同的问卷类型、结构和特征。在市场研究中,调查内容无所不包,每个调查项目都有各自的特点,因此相应的问卷设计也要各有侧重。此外,对于相同条件下的同一调查项目,很难确定出一份最优的问卷。但是,问卷设计也并非完全无规律可循,多数问卷设计的总体目的、基本原则与设计程序是相同的。

【案例5.1】

问卷速成探索

对于初学者或不够老练的问卷设计人员而言,在问卷设计前常常是难以下手的。这时,如果有一份类似问卷的参考清单,可能是引导思维的好方法。从实践经验和关于问卷设计的一些理论中,我们分析、整理、归纳了下面一些问卷速成的方法。

1. 已有问卷对照法

作为一种基准借鉴的好办法,我们鼓励参与问卷设计的有关人员多多搜集各种现成的问卷,以备学习和日后参考,我们把这种方法称为已有问卷借鉴法。由于调查业在国际、国内市场的高速发展,搜集各种各样设计精妙的问卷已经较为容易,而发现一些问卷设计中的败笔也成为可能。问卷学习者在认真分析和对比各类问卷的架构、措辞和设计风格后,比较容易勾画出自己所要设计的问卷的蓝图,然后"依样画葫",开始自己的问卷设计。经过几次修改,并经过问卷预测试和其后的修改,必然能设计出不错的问卷。

2. 4P思考法

这是一种问卷速成的思维方法,即在开展市场调查的问卷设计前,围绕传统营销的基础理论——产品、价格、渠道和促销(即4P)来展开问卷的设计。可以先列出与每个P所有有关的重要信息或问题,然后再综合权衡整体调查的需要,补充一些有关企业或社会环境的必要问题后,对问题依重要性和必要性进行排列,之后进行逻辑顺序和文字上的相应处理,再套用比较合适的问卷结构,即可生成初步的问卷。

3. 问题、答案发想点参照法

在许多营销专业书刊中,都有问卷生成的问题发想点。这些发想点是市场调查专家长年累月、千锤百炼的结晶。凡一般人想不到的问题细节,都罗列无遗。活用这一速成法,可以触类旁通,激发思考,能在极短的时间内,拟出最完美的问卷。其速成法内容包括如下几点:

(1) 有关商品资料范围的分类;
(2) 每一分类的调查项目;
(3) 问题方式和测验方法;
(4) 针对调查项目所必需的、典型的回答范围,以及询问问题范例等。

第二节 问卷的设计技术

一、设计问卷的原则

一个成功的问卷应该具备两个功能:一是能将所要调研的问题明确地传达给被调研者;二是设法取得对方合作,并取得真实、准确的答案。但在实际调研中,由于被调研者的个性不同,教育水准、理解能力、道德标准等都具有较大差异,加上调研者本身的专业知识与技能不同,都可能给调研工作带来一定的困难,并影响到调研的结果。为了克服调研工作中的困难,顺利实现问卷的两个主要功能,问卷设计时应遵循下列原则:

1. 目的性原则

问卷调查是通过向被调查者询问问题来进行的。所以,询问的问题必须与调研主题密切关联。这就要求在问卷设计时,重点突出,避免可有可无的问题,并把主题分解为更详细的具体的询问形式供被调研者回答。

2. 可接受性原则

问卷的设计要比较容易让被调研者接受。由于被调研者对是否参加调研有着绝对的自由,调研对他们来说是一种额外负担,他们既可以采取合作的态度,接受调研;也可以采取对抗行为,拒绝回答。因此,请求合作就成为问卷设计中一个十分重要的问题。应在问卷说明词中,将调研目的明确告诉被调研者,让对方知道该项调研的意义和自身回答对整个调研结果的重要性。问卷说明词要亲切、温和,提问部分要自然、有礼貌和有趣味,并替被调研者保密,以消除其某种心理压力,使被调研者自愿参与,必要时可采用一些物质鼓励措施,使被调研者认真填好问卷。

3. 顺序性原则

顺序性原则是指在设计问卷时,要讲究问卷的排列顺序,使问卷条理清楚、顺理成章,以提高回答的效果。问卷中的问题一般可按下列顺序排列:先安排过滤性问题,避免一些不符合调研条件的调研者回答问题而造成浪费,容易回答的问题放在前面,把较难回答的问题放在中间,敏感性问题放在后面;关于个人情况的事实性问题放在末尾;封闭性问题放在前面,开放性问题放在后面;要注意问题的逻辑顺序,可按时间顺序、类别顺序等合理排列。

4. 简明性原则

一是调研内容要简明,没有价值或无关紧要的问题不要列入。同时要避免出现重复,力求以最少的项目完成调研所需的全部信息资料;二是调研时间要简短,问题和整个问卷都不宜过长。设计问卷时,不能单纯从调研者角度出发,而要为回答者着想。

5. 匹配性原则

匹配性原则是指要使被调研者的回答便于进行检查、数据处理和分析,所提问题都应事先考虑能对问题结果做适当分类和解释,使所得资料便于做交叉分析。

二、问卷设计的基本要求

调查问卷中的问题设计、答案设计、提问方式、问卷形式及遣词造句等,都直接关系到是否能有效达到市场调查的目标。一份完整合理、设计得体的调查问卷应该具备如下条件。

1. 语言简单扼要

调查问卷中的问题应该简短,不应过长。冗长的问题容易给被调查者造成心理负担,从而产生应付的心理;问题的措辞也不应烦琐,以免造成被调查者的混乱,使被调查者难以理解。

例如,"假设你注意到家里冰箱中的自动制冰功能并不像你刚把冰箱买回来时的制冰效果那样好,于是打算去修理一下,遇到这种情况,你脑子里会有一些什么顾虑?"简短的问题应该是"若你的制冰机运转不正常,你会怎样解决?"

2. 内容全面、周到

一份调查问卷中问题的数量是有限的,所设计的问题要满足调查目的的需要,以获取足够、适用、准确和系统的信息资料。要在问卷初稿设计出来后,反复推敲,去除那些似是而非的问题。问卷中既不浪费一个问句,也不遗漏一个问句。

3. 包括数条过滤性问题

过滤性问题用以测试被调查者是否诚实与严肃,提高有效问卷的比例。

例如,您在本市居住了多长时间?

    A. 两年以上   B. 不到两年

您是否吃过××糖果?

    A. 吃过   B. 没吃过

4. 便于被调查者无顾忌地回答

要让被调查者觉得回答此问题于己无害,便于被调查者无顾忌地回答。有些敏感的或涉及被调查者隐私的问题,提问时要有技巧性,使被调查者毫无顾虑地回答,如调查关于收入、年龄、文化程度等。如果设计"您的月收入是多少?"这样的问题,那么直接询问一般不易得到真实的答案。

5. 方便评价,易于分析

问卷回收后,就需要对问卷中的信息资料进行处理,最终得出结论,实现市场调查的目标。为此,问卷的设计要充分考虑到在调查完成后,能够方便检查其正确性和适用性,方便对调查结果进行整理、统计、分析,从而减少市场调查的成本,提高信息处理的效率和效果。

6. 将问卷回答误差控制到最小

回答误差是指被调查者给出不准确的答案,或者他们的答案被误记录或误分析时所产生的误差。

7. 问卷应该简洁、有趣味性、内容明确、具有结构性和逻辑性

对于被调查者而言,简洁、有趣味性的问卷能增强其完成问卷的兴趣和信心;内容具体明确、结构严谨、逻辑性强的问卷能保证其准确作答,实现调研目的。

三、问卷设计的程序

问卷设计是调查准备阶段的重要任务之一,也是一个创造性的过程。要提高调查问卷的设计水平,使其既科学合理,又实际可行,就必须按照一个符合逻辑的程序进行。一般来说,问卷设计包括如下程序。

(一)明确所需获取的信息

问卷设计的第一步,就是对调研主题和目的进行初步的探索性研究,将其转化为具体理论假设与所需获取的信息。问卷设计的首要任务就是把调查目标转化为调查内容。调查的主题和目的是问卷设计的灵魂,决定着问卷的内容和形式。问卷设计要紧紧围绕着调查主题和目的展开,问卷中必问什么问题、不必问什么问题都将严格受其制约。

这一阶段的工作与调研前期工作密切相关。因为调研的第一步就是研究调查目的和调查主题,如果调研者在这一步已进行了细致、准确的研究,则这一阶段的工作将会很容易。

许多调查都要求设计者对所调查的问题有一定的研究,提出一些理论假设,即根据相关问题领域内的一定理论或现象,对有关本次调查主题各因素间的关系做推断与判断。当然,探索性调查的目的主要在于发现思想或见解,而设计初期对问题了解较少,只是一些粗略的思想,可能难以提出理论假设。设计初期,设计者应尽可能列出想到的所有假设和所需信息,再联系主题对其进行筛选,排除不必要调查的内容,便可以得到本次调查的基本结构。然后,分析检验这些假设与获取这些信息需要进行哪些统计分析,这也就决定了调查主题和调查内容。

为了保证问卷问题的内容与调查主题和目标相一致,调研人员要讨论调研的目的、主题和理论假设,并细读研究方案,向方案设计者咨询,与他们进行讨论,将问题具体化、条理化和操作化,即变成一系列可以测量的变量或指标;问卷内容应当完备有效,要设计出全部问题,能为调查人员提供充分的信息;问卷问题的设计应当遵循效率的原则,在满足调查要求的前提下,确定的问题一定要精简。该阶段应该注意以下几个问题。

1. 问卷内容应与调查发起者的需求相一致

有时,调查发起者可能自己都不知道自己真正需要获得哪些信息。例如,某次关于某类电视广告效果调查的前期,调查发起者只能说出想了解该类广告的影响效果,再深入就不清楚了。如果仅根据这一句话确定问卷内容,结果则很难满足调查发起者的真正需求。因此,要求调查设计人员与调查发起者反复进行沟通交流,从而深入了解调查发起者的真正需求。

2. 问卷内容完整

反复检查或通过预调查,分析有无遗漏重要信息,要保证信息的完整性,能充分满足调查发起者的需要。

3. 问卷应保证数据的准确性

有时设计人员对项目相关领域了解不多,也没有深入研究问题,很难了解到真正需要哪些信息,更无法提出理论假设应做哪些分析。在这种情况下,盲目确定所要调查的信息,结果当然不会令人满意。另外,即使设计人员认识到需要的信息,并提出理论假设,最终也无法达到调查目的。因此,一定要把握主题,深入研究具体需要哪些信息,提出正确的理论假设,与分析人员交流要得到这些信息需分析哪些问题,涉及哪些变量,只有这样,最终确定的问卷信息才可能满足调查发起者的需要。

4. 注意信息的可行性分析

实践中,设计人员可能会忽略获取信息的可行性分析。例如,某计算机公司为了解竞争产品的实务和销售情况,决定对经销公司进行问卷调查。调查发起者与调查设计人员对所要了解的信息(如属于商业机密的)不应该放入问卷,否则不仅调查无法进行,还使被调查者对调查产生了敌意。因而,除删除没有必要询问的信息之外,对被调查者难以理解、回忆不起来的问题也要慎重考虑,否则即使得到答案,也可能是无效的。对被调查者不愿回答或不愿真实回答的问题,寻找有无可能采用隐藏题型或随机化技术,如上例中的商业机密问题最好删除。

5. 遵循效率原则

按照这一原则,确定的信息一定要精简。调查发起者可能希望一次调查能尽可能多地获取所需信息。基于这一想法,某些调查发起者将一些与调研目的关系很小的,甚至无关的问题都列入问卷,结果问卷涵盖内容太广、拖沓冗长、结构松散,使调查难度增加,成本增加,还经常会增大非抽样误差。因而,在确定所需获取的信息时,应将与调查目的无关的信息一律删除。

(二) 确定问卷类型

明确所需获取的信息之后,设计人员就要确定问卷的具体类型。具体地说,在确定问卷类型时要考虑如下几方面的因素。

1. 调查对象

调查对象的类型和特点对问卷类型的选择和设计有显著的影响。对问卷中某些问题的理解与被调查者的人口统计特征有关。例如,在手机消费行为的调查中,对大学生适合的问题也许不适宜于家庭主妇。调查对象的群体差异越大,就越难设计出一个适合整个群体的问卷。因此,在正式进行问卷设计时应明确何时、何地调查什么样的人,对调查对象的职业、文化程度、性别、年龄、分布状况、可接触性,以及他们配合调查的意愿如何等都要有所了解。

2. 信息获取的可行性

市场调查所需用的信息要通过适当的问卷来获得,如果选择的问卷类型不恰当,就会引起很多不良后果,徒增调查误差。例如,某调查者既希望设计的问卷内容详细而全面,又想避免增加调查费用,于是选用了电话访问式问卷来进行,结果适得其反,很难取得调查所需资料。这是因为问卷冗长而复杂正是电话访问问卷的禁忌。显然,如果调查所需信息与问卷类型不匹配,调查结果就不会令人满意。

3. 调查费用和调查期限

尽管调查者希望与一些大公司的销售经理做深度访谈,但往往受到差旅费超出预算或者调查时间限制,不得不采用电话访问等费用较低的调查方式。因此,调查费用和所需时间也会制约问卷的类型选择。

总的来说,人员访问问卷调查数据准确、成功率高,但成本较高,而且调查时间比较长。邮寄问卷可用于规模较大、调查内容不复杂的一些项目。电话访问问卷随着电话普及率的提高,适用面越来越广。网上访问问卷成本低、速度快,随着网络的广泛普及,使用率越来越高。不同的调查问卷各有不同的优缺点,应根据以上因素来选择恰当的问卷类型,使问卷设计可行、准确和有效。

(三)确定问卷中各问题的内容

问卷的类型确定下来后,下一步就是确定每个问题的内容,即每个问题应包括什么,以及由此组成的问卷应该问什么,是否全面并切中要害。在此,针对每个问题,我们应反问"这个问题有必要吗?""是需要几个问题还是只需要一个就行了?"确定问题的内容看似是一个比较简单的过程,然而在实际应用中会涉及个体的差异性,有些问题在设计者看来好像很容易,但对被调查者来说却很难。因此,在确定问题的具体内容时,最好与调查对象联系起来,分析一下被调查者群体,有时比盲目地分析问题的内容效果更好。

1. 问题内容设计的具体原则

(1)遵循完整性和一致性原则。

如果问卷内容反映的信息不完整或不一致,有些必要的信息可能从问卷中反映不出来。因此,应反复检查各问题的内容能否有效反映前面确定的所需获取的信息,以及有没有遗漏信息。

(2)遵循准确性原则。

遵循准确性原则,即检查问题的内容能否准确反映所需信息。实践中有些被调查者喜欢隐瞒自己的收入、年龄、酒量、烟量等,而夸大自己的受教育程度、职位等。因而确定问题内容时要想办法克服或修正这些偏差,如用家庭拥有的家用电器来修正收入。

确定问题内容时原则上应一题一问,尽量避免一题多问。一个问题内如果事实上包含着若干个问题的内容,结果得到的回答反而会含糊不清,不知道应归属于哪一个问题。例如,客户需要了解消费者对某种产品的价格和它的服务质量是否满意的信息,在设计问句时询问消费者:"您对这种产品的价格和它的服务质量是否满意?"该问题实际上包含价格和服务两个方面的问题,结果对"对价格满意但对服务不满意""对服务满意但对价格不满意"或者"价格和服务都不满意"的消费者都有可能回答"不满意"。这样,客户就无法了解到消费者有关的准确信息,因此应该把该问题分为两个问题来设计,即:

①您对该产品的价格满意吗?
②您对该产品的服务质量满意吗?

(3) 检查各问题内容的可行性与可靠性。

有些问题的内容虽然问卷设计人员很想知道，但是对于被调查者而言可能要求过高，被调查者根本难以回忆起来或超过被调查者回答问题的能力范围而不知道问题的答案，结果造成资料缺失太多，使数据可信度下降，即使勉强得到了答案，也可能不准确。例如，被调查者不愿在某些方面示弱，可能会对自己不知道、没有理解或没有思考过的问题表述意见，或对事实进行隐瞒或夸张。还有些问题被调查者不愿回答，原因可能是被调查者认为问题太麻烦，或认为问题涉及隐私，或认为问题根本没有必要回答等。因此，确定问题内容时应注意被调查者愿意准确回答，能够准确回忆（可以在帮助下），能够准确理解并给出有意义回答的可能性。

被调查者愿意回答问题的原因主要有：慷慨地帮助别人；喜欢谈论自己或自己的观点；问题对自己无害等。如果回答问题的可行性小，又不可能通过其他方法提高回答率或找到替代问题，则只能将其放弃。

提高问题回答率的方法主要有：取得有名望的组织单位的支持；采用隐藏性问卷，使被调查者消除戒备；借助辅助措施帮助被调查者回答；采用随机化选答技术等。

(4) 问卷中问题数量要适当。

问卷中对于问题的确定没有具体数量上的要求，这并不意味着问题可多可少。相反，在确定题量时一定审慎考虑，要把握好合理的"度"，注意效率原则。许多人认为问题越多越好，在问卷中加入了与本次调查无关的内容。还有的由于问卷结构不清，致使信息重复询问，这些多余的问题会加大整个调查的工作量和难度。如问卷中多设计一个变量，后面阶段的数据收集、录入、处理和分析都会相应地增加很多工作量。尤其是在大规模调查中，问卷中一个可要可不要的变量会耗费大量的人力和费用，然而最终分析时却可能弃之不用。将这些人力、费用投入到质量控制中，可能对减少误差大有帮助，而且事实证明，冗长的问卷可能会使被调查者兴趣下降，无关或重复的问题可能会引起被调查者的反感或分散其注意力，从而加大计量误差。

因此，确定问题内容时，既不要为节省成本而省略重要信息，也不要为多获取好处而忽略可行性和功能性，盲目地增加题量，两者都会降低效率。尤其是在电话调查中，对问卷题量的限制要求更高，在所需信息较多的情况下，可考虑采用分离问卷的方法。

必须指出，以上探讨仅仅是从单个角度出发。总体把握时，由于不同原则之间可能有冲突，需要进行权衡。例如，为了保证数据的可靠性，需要在问卷中设置逻辑检查题，这样会增加题量，进而加大成本。

2. 被调查者"不能答"或"不愿答"的问题处理

在确定每个问题的内容时，调查者不应假设被调查者能够对所有的问题都能提供准确或合理的答案，也不应假定他一定会愿意回答每一个知晓的问题。对于被调查者"不能答"或"不愿答"的问题，调查者应当想办法避免这些情况的发生。

(1) 被调查者"不能答"的情况。

"不能答"情况的发生，可能是被调查者"不知道""回忆不起来"或是"不会表达"。

①对于"不知道"的情况应在询问前先问一些"过滤问题"，即测量一下过去的经验、熟悉程度，从而将那些不了解情况的被调查者过滤掉。

②被调查者可能对有些调查内容回忆不起来。研究的结果表明，回忆一个事件的能力受三个因素的影响：一是事件本身；二是事件发生的时间跨度；三是有无可能帮助记忆的其

他事件。问卷中回忆的问题可以是无帮助的,也可以是有帮助的。无帮助的回忆一般会产生对实际情况低估的结果。要避免单纯依靠被调查者的记忆回答问题,应提供一定的提示或选择。例如,要被调查者在没有任何提示的情况下回答简述题目:"您上周都看过哪些产品的电视广告?"这就是无帮助回忆的一个例子。而如果列出一系列的产品或企业的名称,然后问:"您上周看了下列哪些企业或产品的广告?"这就是有帮助的回忆,通过给出一些提示来刺激被调查者的记忆。

③对有些类型的问题被调查者是不能表达其答案的。例如,询问他们喜欢到什么气氛的饭店吃饭,被调查者往往很难准确地表达。不过如果给出一些描绘饭店气氛的可供选择的答案,被调查者就可以指出他们最喜欢的那一种。否则,如果他们不能表达,他们就可能忽视该问题并拒绝回答问卷的其余部分。因此,应当提供一些帮助,如图片、地图、描述性词汇等,来协助他们回答。

(2)被调查者"不愿答"的情况。

被调查者"不愿答"的问题有几种情况:其一是答卷人要花大力气来提供资料;其二是调查的某些问题与调查的背景不太符合(例如普通商品的消费与个人隐私问题放在同一问卷中就不相衬);其三是调查的合理目的,被调查者不愿意提供没有合理目的的调查;其四是敏感的问题。

鼓励被调查者提供他们不愿提供信息的方法有如下几种:

①将敏感的问题放在问卷的最后。此时,被调查者的戒备心理已大大减弱,愿意提供信息。

②给问题加上一个"序言",说明有关问题(尤其是敏感问题)的背景和共性,克服被调查者担心自己行为不符合社会规范的心理。

③利用"第三者"技术来提问题,即从旁人的角度涉入问题。

(四)决定各个问题的形式

问题类型的设计和选择主要有下列几种形式:

1. 问题形式设计

市场调查问卷中的问题按答案的形式可以分为封闭性问题和开放性问题。优先采用哪种题型一直存在争议。其实,两种题型各有其优缺点与适用范围。

(1)封闭性问题设计。

封闭性问题又称限定性问题,就是限定被调查者在调查者划定的答案选项中做出选择的问题。

封闭性问题的主要形式有双项选择题、多项选择题、排序题及双向列联式等。

①双项选择题:又称是非题,是封闭性问题的一个特例,一般只设两个选项,如"是"与"否","有"与"没有"等。

例如:最近一个月,您使用过某种品牌的牙膏吗?

    A. 使用过   B. 没有使用过

例如:您喜欢网上购物吗?

    A. 是   B. 否

双项选择题的特点是简单明了,便于被调查者回答问题。缺点是所获得的信息量太少,两种极端的回答类型有时往往难以了解和分析被调查者群体中客观存在的不同态度。

②多项选择题:是从多个备选答案中选择一项或选择几项。这是各种问卷中采用最多

的一种问题类型。多项选择题不可能包括所有可选择的答案,而且被调查者无法详尽地表述答案,这个问题可以通过增加"其他"选项来克服。

例如:您现在使用的是您的第几部手机?(择一)

  A.1 部 B.2 部 C.3 部 D.3 部以上

例如:您认为将 250 mL 小包装啤酒六个一组包装在一起销售如何?(择一)

  A.好主意 B.不好 C.无所谓

例如:您为什么喜欢网上购物呢?(择几)

  A.安全 B.快捷 C.诚信 D.品种多样

  E.价格实惠 F.时尚 G.其他

多项选择题的优点是便于回答,便于编码和统计。缺点是问题提供的答案的排列次序可能引起被调查者的偏见。这种偏见主要表现在三个方面。

第一,对于没有强烈偏好的被调查者而言,选择第一个答案的可能性远远高于其他答案的可能性。解决问题的方法是打乱排列次序,制作多份问卷同时进行调查,但这样做的结果是大大增加了调研成本。

第二,如果被选答案均为数字,没有明显态度的人往往选择中间的数字而不是偏向两端的数字。

第三,对于 A,B,C 字母编号而言,不知道如何回答的人往往选择 A,因为 A 往往与高质量、好等相关联。

③排序题:又称顺位式简述题或序列式简述题,是在多项选择题的基础上,要求被调查者对询问的问题答案,按自己认为的重要程度或喜欢程度顺位排列。

例如:您选择空调时主要考虑的因素是什么?(请将所给答案按重要顺序 1,2,3 等填写在右边的括号中)

价格便宜( ) 经久耐用( ) 外形美观( ) 制冷效果好( )

牌子有名( ) 维修方便( ) 噪声低( ) 其他(请注明)( )

④双向列联式:是将两类不同问题综合到一起,通常用表格来表示,表的横向是一类问题,纵向是另一类问题。这种问题结构可以反映两方面因素的综合作用,提供单一类型问题无法提供的信息,同时也可以节省问卷的篇幅。

例如,某汽车厂商想了解消费者对汽车不同特征的重视程度,问卷可设计为如表 5.1 所示的形式。

表 5.1 双向列联式表

汽车特征	重要	不重要	无意见
价格低廉			
外形美观			
耗油量低			
完全性强			

封闭性问题的优点体现在以下几个方面:

①易于回答,回答率较高,有利于提高问卷的回收率;

②访问员误差低;

③答案标准化程度高,大大减少编码和录入数据时的误差,调查结果易于处理,定量分析;

④调查得到的结果可以直接进行被调查者之间的比较;

⑤节省被调查者完成问卷的时间。

封闭性问题的局限性体现在以下几方面:

①调查人员须花费很多的时间来斟酌答案选项,要事先做一些探索性研究工作。

②答案选项的排列会带来次序偏差,即在其他因素不变的情况下,被调查者对排在前面的和最后的答案有优先选择的倾向。研究表明,对陈述性答案被调查者趋向于选第一个或最后一个答案,特别是第一个答案;而对一组数字(数量或价格)则趋向于取中间位置的答案。为了减少顺序偏差,可以准备几种形式的问卷,每种形式的问卷答案排列的顺序都不同。

③被调查者的选择可能不能准确地表达自己的意见和看法。

④给出的选项可能对被调查者产生诱导,或误解了问题而选错答案。

(2)开放性问题设计。

开放性问题又称随意性问题,是一种只提问题,不给出答案选项,由被调查者根据自身实际情况自由作答的问题类型,可以给被调查者以广阔的空间去自由发挥。

例如:您为什么喜欢耐克的电视广告?
_____

又如:您对污染怎样看,您认为有必要增加反污染法规吗?
_____

开放式问题的优点有以下几个方面:

①被调查者可以充分表达自己的意见和看法;

②调动被调查者的积极性;

③防止固定选项对被调查者的诱导;

④从回答中可以检查被调查者是否误解了问题。

开放性问题可以让被调查者充分地表达自己的看法和理由,并且比较深入,有时还可获得研究者始料未及的答案。

开放性问题的缺点有以下几个方面:

①标准化程度低,调查结果不易处理,无法深入定量分析;

②要求被调查者有一定的文字表达能力;

③回答率比较低;

④需要占用较多的时间。

另外,在面访时对于开放性问题而言,调查员的记录直接影响到调查结果。因记录应答者答案大多是由调查者执笔,如果调查者有偏见,极可能失真,或并非应答者原来的意思,如果调查者按照他自己的理解来记录,就有出现偏见的可能,并且由于回答费事,可能遭到拒答。收集到的资料中无用信息较多,资料整理与统计分析的困难增加。由于各种应答者的答案可能不同,所用字眼各异,因此在答案分类时难免出现困难,整个过程相当耗费时间,而且免不了夹杂整理者个人的偏见。

开放性问题在探索性调研中是很有帮助的,具体适用于下列三种情形:

①被调查者回答的答案可能有多种,无法全部列出;

②想要充分了解被调查者的多种想法或者要在调查报告中引用答案作为例子;
③要调查的消费者行为十分敏感或不受到普遍赞同时,如对吸烟、饮酒行为进行调查时。

开放性问题一般只用于对文化程度较高的消费者或对本企业产品较喜爱的忠诚顾客的调查。

2. 询问方式设计

市场调查中的问题按询问方式可以分为直接性问题、间接性问题和假设性问题。

(1)直接性问题。

直接性问题是指在问卷中通过直接提问方式得到答案的问题。

例如:您喜欢在什么场所购买衬衫?
    A. 品牌专卖店　　　　B. 大型百货商场
    C. 超市品牌专柜　　　D. 其他地方

例如:您购买雕牌洗衣粉的主要原因是(选择最主要的两种)(　　)。
    A. 洗衣较洁白　B. 售价较廉　C. 任何商店都有出售　D. 不伤手
    E. 价格与已有的牌子相同,但分量较多　F. 朋友介绍　G. 其他

(2)间接性问题。

间接性问题是指采用间接性提问方式得到答案的问题。有些问题被调查者是不敢或不愿意表达自己真实的意见的,用间接性问题提问使应答者认为回答的是旁人的观点,这些观点和意见已经被其他人提出来了,他们所要做的只不过是对这些意见加以评价罢了。

例如:有些消费者认为名牌衬衫的价位太高,另一些消费者认为名牌衬衫的价位应与其品牌相称,您怎么看待呢?

例如:有些人认为目前的个人所得税起征点应该提高,有些人认为目前的个人所得税政策仍是合适的,您怎么认为呢?

(3)假设性问题。

假设性问题是指通过假设某一情景或现象存在而向被调查者提出问题。此类问题用于了解消费者潜在的动机、态度和选择,探测被调查者未来的行为。

例如:如果××晚报涨价至2元,您是否将改买另一种未涨价的晚报?
    A. 是　　B. 否

例如:如果××牌洗衣粉跌价1元,您是否愿意使用它呢?
    A. 肯定用　　B. 也许用　　C. 不一定
    D. 也许不用　E. 肯定不用

例如:如果您想再次购买××品牌衬衫,但当它的价格上涨多少时,您会改变主意购买其他品牌衬衫?
    A. 100元　　B. 100~300元　　C. 300~500元　　D. 500元以上

3. 问题性质设计

市场调查中的问题按收集资料的性质可以分为事实性问题、动机性问题和态度性问题。

(1)事实性问题。

事实性问题主要是要求被调查者回答一些有关事实性信息的问题。

例如:您是否使用过××品牌的化妆品? 您通常什么时候看电视?

事实性问题的主要目的在于求取事实资料,因此问题中的字眼定义必须清楚,使应答者了解后能正确回答。

市场调查中,许多问题均属"事实性问题"。例如,应答者个人的资料——职业、收入、家庭状况、居住环境、受教育程度等。这些问题又称为"分类性问题",因为可根据所获得的资料而将应答者分类。在问卷之中,通常将事实性问题放在后边,以免应答者在回答有关个人的问题时有所顾忌,进而影响以后的答案。

(2)动机性问题。

动机性问题是指了解被调查者行为的原因或动机的问题。

例如:您为什么选择××品牌的化妆品?

    A.质量可靠   B.使用效果好   C.价位合适

    D.广告宣传   E.朋友介绍   F.其他

(3)态度性问题。

在问卷中,往往会询问被调查者一些有关态度、意见或评价等的问题,称为态度性问题。

例如:与您使用前的期望相比,您对××品牌化妆品的总体质量感到(   )。

    A.很满意   B.满意   C.无意见   D.不满意   E.极不满意

例如:你是否喜欢××电视节目?

    A.很喜欢   B.喜欢   C.一般   D.不喜欢   E.很不喜欢

设计态度调查问题固然要考虑应答者是否愿意表达其真正的态度,更要考虑态度的强度也有所不同,如何从答案中衡量其强弱,显然也是一个需要克服的问题。通常而言,应答者会受到问题所用字眼和问题次序的影响,即不同反应,因而答案也有所不同。对于事实性问题,可将答案与已知资料加以比较。但在意见性问题方面则较难进行比较,因为应答者对同样问题的反应各不相同,所以意见性问题的设计远较事实性问题困难。

4.选择问题形式时应注意的问题

(1)尽量为被调查者考虑,预防由调查者引起的计量误差。设计者如果仅从提问角度选择问卷形式,忽略被调查者的感受,主观假定被调查者对不同形式问题的反应无显著差异,结果必然导致计量误差。

(2)采用的问题形式应尽量简单化。以某项邮寄调查为例,调查者为得到详细住处设计了大量的交叉列表和排序题,有些排序题的选项多达20个,结果问卷回收率远低于预期值,回收的问卷中也含有大量的项目缺失,许多表格空缺,还有一些被调查者没有理解题意,排序题当成多选题。根据这些问卷,最后推算的结论明显缺乏说服力。

例如:在某羊毛毯的市场调查中,需询问家庭结构。最初设计的问题是:请问您家庭的结构为(   )。

    A.一人   B.夫妻两人   C.两代家庭

    D.三代家庭   E.四代家庭或四代以上家庭

分析:该题中选项存在着不少缺陷,不能满足分析的需要。例如,同是两代家庭,可能是中老结构,也可能是中青结构,还可能是青少结构,这三类两代家庭的消费模式显然是不同的。另外,还有离婚、分居等情况难以选择,于是把该题转化为若干简单问题,综合来看,这样得到的信息更为准确详细,也利于被调查者回答。

(3)充分考虑敏感性问题对被调查者的影响。以最常见的收入问题为例,对大部分调查者来说,收入背景资料必不可少,但许多被调查者不愿意真实回答,故意隐瞒自己的收入。实践表明,把收入分层让被调查者选择的题型的效果明显优于让其直接填写收入的题型,但即便如此,调查所得收入值仍明显偏低。目前,采用何种问题形式可以准确反映被调查者的收入还在积极探索之中。一般说来,对于敏感性问题,可考虑采取随机化回答方式、隐藏性问题形式来消除被调查者的疑虑。

(4)采用的问题形式应能准确反映总内容,尽量满足分析要求。在确定总形式的同时决定具体指标类型和可能得到的指标值,这也就决定了能够进行的分析深度和广度。

有些设计者在选择总形式时,仅考虑如何得到数据,却没有考虑最终分析对数据的要求,仍以收入分类为例,收入可以500元、1 000元或2 000元为间隔平均划分,也可以不等距划分。若不考虑分析目的而盲目分层,例如在某高档消费品市场调查中,不对高收入阶层进行细分,仍像一般调查一样,简单地把收入最高档设为人均月收入3 000元以上,则最后分析时无法对主要消费者细分,悔之已晚。因此,在选择问题形式时,要多与分析人员交流,尽量满足分析的需要。例如,上面对高档消费品的调查中,收入的分层应侧重于高收入的细分,不要盲目套用其他调查对收入的分类。

(5)保证问卷标准化。在满足分析目的的前提下,尽量保持指标口径的通用性,以便于对比可移植使用,有些设计者在设计指标时没有考虑到标准化问题,设计的指标单独从问题或本次调查本身看没有问题,但如果前后联系或与同类问卷相比较,则可能口径不一,缺乏可比性,结果数据的可利用价值大大降低。

随着具体内容的千差万别,问题的形式呈现多样化。因而在具体选择问题形式时,应尽量避免以上问题,兼顾问卷设计的原则。但是必须指出,以上几方面的问题显然是相互交叉又相互制约的,要想同时兼顾较困难。例如,分析者希望数据群详细、明确、测量尺度高;而从被调查者的角度考虑,数据群应尽量简单易答,测量尺度低一些,敏感问题少一些或隐藏一些。又如,为提高问题的回答率,往往采用随机化回答技术,但相应的总形式就比较复杂,对访问员素质要求比较高,调查成本也较高,这些缺点可能影响效率原则。因此,必须对各种因素进行权衡,才能选择出最优的问题形式。

(五) 决定每个问题的措辞

措辞就是把问题的内容和结构转化为通俗易懂的语言和句子。表面看来,这一阶段不过是确定用词语气,然而其作用却是至关重要的。措辞不当,被调查者可能会拒绝或错误地回答问题,从而造成调查结果出现偏差,影响数据的质量,事后弥补非常困难,而且成本太高。

1. 决定措辞过程中经常出现的问题

(1)词不达意,问题的措辞没有准确反映问题的内容。

造成这类问题的原因一般是:①措辞错误,无法表达原意;②模棱两可,令人产生歧义;③缺少重要句子成分等。例如,在某调查中有单选题询问"贵公司从事的生产活动",而现实中许多公司兼营多种产品活动,选择时仅按照备选答案的顺序,选出见到的第一个自己公司从事的产品活动,而非最主要的产品活动,显然得出的答案有偏。

(2)被调查者无法正确理解问题。

其原因主要有:①缺少必要的定义说明。调查对象是非专业人员时,可能不理解某些专业词语的含义。②用词生僻或过于专业。一般调查中,调查对象文化程度分布广泛,生僻、专业的词语会阻碍被调查者对问题的理解。③用词过于复杂,也容易使被调查者理解错误。

(3)被调查者不能准确回答。

主要原因有:①问题、答案选项的措辞诱导被调查者的思维。②问题给出的答案选项含义模糊或相互交叉,使被调查者无法准确表达自己的意见和看法。例如,询问被调查者对某品牌商品的购买时间,选项中有"最近三个月内购买"和"最近一年内购买",如果被调查者是上周购买的,则选这两个选项都对。③问题要求被调查者回忆、估计,而回忆是造成计量误差的主要原因。经常有些市场调查要求被调查者回忆以前三个月甚至半年、一年的购买情况,这显然取决于被调查者的记忆力和合作程度。某次汤料市场调查询问被调查者每次做几碗汤,尽管说明了碗的大致容量,但这种估计明显会有很大的计量误差。④问题含有假定性,使被调查者无法准确回答。

(4)缺少必要说明,引起计量误差。

由于缺少必要的说明,特别是当问题或选项较抽象,会使被调查者回答的口径不一,引起计量误差,甚至使数据无效。例如,询问消费者购买VCD的平均单价,但没有对单价进行定义说明,结果有人认为是一盒的价格,有人认为是一张的价格,得到的数字有几百元的,也有几元的。这样的结果根本无法用于推断总体。有些问题含有"偶尔""许多""大致"等含义模糊的词语,不同被调查者的理解显然也是不同的。

(5)问题的措辞可能会影响回答率,使被调查者不愿意回答或不愿意真实回答。

例如,直接询问一些敏感性问题总会使被调查者产生反感而拒答。又如,被调查者可能不愿示弱或怕被看不起而说谎。所以,在决定措辞时要注意研究被调查者的心理。

(6)问题中出现褒义词、贬义词或否定问题都会影响被调查者的回答。

由于问题中的褒义词、贬义词和否定问题带有一定的感情色彩,表明调查者具有赞赏或贬低或否定的意识倾向,这样会对被调查者产生诱导或暗示,影响被调查者真实作答。

2. 在问题的措辞上要注意的原则

问卷措辞的确定具有很大的灵活性和创造性,不同设计者往往具有不同的风格。这里主要针对以上问题提出预防和控制措施,建议设计者反复推敲,尽量避免措辞引起的误差。

(1)问题表述应清楚、明确,避免用"经常""通常""偶尔"。

一个问题对于每个被调查者而言,应该代表同一主题,只有一种解释。在没有任何提示的情况下,如果有两个以上的被调查者对一个问题中的词语理解相同,就可以认为这个问题的表述是清楚明确的。定义不清的问题会产生很多歧义,使被调查者无所适从。

例如,"您通常几点上班?"就是一个不明确的问题。这到底是指你何时离家?还是在办公地点何时正式开始工作?问题应改为"您每天几点离家去上班?"

例如,"您使用哪个牌子的洗发液?"这个问题表面上有一个清楚的主题,但仔细分析会发现很多地方含糊不清,假如被调查者使用过一个以上的洗发液品牌,则他对此可能会有四种不同的理解或回答:①回答最喜欢用的洗发液品牌;②回答最常用的洗发液品牌(最常用但并不一定是最喜欢用的,如受支付能力的影响);③回答最近在用的洗发液品牌;④回答此刻最先想到的洗发液品牌。另外,在使用时间上也不明确,是上一次?上一周?上一个月?上一年甚至更长时间?都可由被调查者随意理解,这样的问题显然无法收集到准确的资料。

问题及答案中应避免使用含糊的形容词、副词,特别是在描述时间、数量、频率、价格等情况的时候。像有时、经常、通常、偶尔、很少、很多、相当多、几乎这样的词,都缺少适当的时间参照系和空间参照系,对于不同的人有不同的理解。因此,被调查者会自己选择一个参照物,这将导致得到的调查结果无法在被调查者之间进行比较。一个表述清楚的问题应尽可能地把人物、事件、时间、地点、原因和方式等方面的信息具体化。

例如:您上街购物是否常去同一商场?

您通常在哪里购买日用品?

您最常用餐的餐馆是哪家?

您通常每周锻炼多少次?

在上面几个方面的问题中,没有给被调查者提供充分的时间参照系和空间参照系,他们理解问题时就会产生偏差。因为被调查者的情况是不尽相同的,这样的提问会让被调查者在回答时产生疑惑。例如,被调查者有的在三个月前常去甲商场,最近三个月内却喜欢去乙商场购物;有的被调查者一个月以前每周锻炼只有两三次,而最近一个月内却每天早晨都锻炼……

比较好的提问应该是以下这样的方式:

例如:最近三个月内,您上街购物是否常去同一商场?

在过去三个月内,您最常去用餐的餐馆是哪家?

在过去一个月内,您一周锻炼几次?

对于这样的问题,答案也应该用定量描述代替,以做到统一标准。

例如:在过去一个月内,您一周锻炼几次?

  A. 少于一次 B. 一到两次 C. 三到四次 D. 超过四次

(2)使用通俗易懂的词汇,忌用专业术语。

问题的提问要多用普通用语、语法,问题中所选用的词汇应该简单、直截了当,应该为被调查者所熟悉和理解,访问时有时可运用方言,在被调查者回答问题时,不需要他们具备太多的专业知识。忌用技术术语和专业术语,如果问题中不可避免地要用到专业术语,则必须对专业术语加以解释。

例如:您认为××饮料的分销充分吗?

绝大多数被调查者根本不理解"分销"的含义,被调查者面对这样的问题时不知如何回答。比较好的提问应该是以下这样的方式。

例如:当您想买××饮料时,您是否很容易买得到?

(3)使用明确的词汇。

问题中所选用的词汇应该含义明确,否则应加以说明或界定。

例如,"收入""利润"这两个词有多种含义,被调查者可能把"收入"理解成月收入或年收入,可能理解成家庭收入或个人收入,也可能理解成基本工资收入或总收入。对"利润"可能理解为销售利润或利润总额、净利润或利润总额等,所以在提问中要有明确的界定或说明。

(4)避免使用诱导性、暗示性或倾向性的问题及答案。

诱导性或倾向性问题是指揭示调查人员的观点或明确暗示出答案。有些暗示出现在问题中。

例如:很多人认为安利的产品价格过高,您认为呢?

我们是应该提高生产率以便建造更多的住房和更好的学校,还是应该保持生产率不变?

人们都说 A 牌电视机比 B 牌电视机好,您是不是也这样认为?

显然,第一个问题是诱导被调查者赞同安利产品"价格过高"这个观点,而第二个问题是诱导被调查者同意"提高生产率"这个观点,那么第三个问题则是诱导被调查者选择 A 牌电视机比 B 牌电视机好。这样的问题带有引导性倾向,都会影响被调查者的选择。

在有外界压力存在的情况下,被调查者提供的是符合压力施加方偏好的答案,而不是他自己真正的想法。因此,提问应尽量客观,提问应创造被调查者自由回答的气氛,避免诱导性倾向。

有些暗示出现在答案中,即在表述答案时采用带有感情色彩的词语。

例如:您认为××品牌的化妆品对您的吸引力在哪里?

  A. 合适的价格   B. 芳香的气味   C. 迷人的色泽

  D. 满意的使用效果   E. 精美的包装   F. 其他

上述问题应该改成:

您认为××品牌的化妆品对您的吸引力在哪里?

  A. 价格   B. 气味   C. 色泽

  D. 使用效果   E. 包装   F. 其他

(5)间接提问困窘性的问题,以免伤害被调查者的自尊心。

困窘性问题是指应答者不愿在调查员面前作答的某些问题,回答问题会让被调查者很难堪,很难做出回答,那么也不容易得到准确的答案。例如,关于私人的问题,伤害被调查者自尊心的问题,或不为一般社会道德所接纳的行为、态度,或有碍声誉的问题。

例如:您家没有购买液晶电视的原因是什么?

  A. 买不起   B. 住房狭小   C. 不会使用

应该改成:您家没有购买液晶电视的原因是什么?

  A. 价格不合适   B. 住房不允许   C. 用处不大

又如:平均说来,您每个月打几次麻将?如果您的汽车是分期购买的,一共分多少期?您是否向银行抵押借款购股票?除了工资收入外,您还有其他收入吗?

这类问题直接提问往往会遭到拒绝,要想获得困窘性问题的答案,避免被调查者做不真实回答,可采用间接询问法或联想式提问,让被调查者认为回答的是旁人的观点。因此,可在告知被调查者"多数人对这个问题是这样看待的……"的情况下再加上问题"您同他们的看法是否一样?"旨在套取被调查者的真实看法。

(6)避免使用双重问题。

双重问题是指一个问题中需要向被调查者询问的内容涉及两个方面或两个以上,问题中的某个方面可能是被调查者同意的,但其余方面是不太同意的,这样得到的答案是无法在被调查者之间进行比较的。

例如:您对××商场的服务质量和购物环境是否满意?

应该改成:您对××商场的服务质量是否满意?

您对××商场的购物环境是否满意?

例如:您对××商场商品的价格和便利性是否感到满意?

应该改成:您对××商场商品的价格是否感到满意?

您对××商场服务的便利性是否感到满意?

(7) 避免推论或估计。

避免问题中包含过多的计算,问题的设计应着眼于取得最基本的信息。在被调查者回答问题时,应使被调查者不必做推论或估算。例如,在调查家庭每年每人在日用品上的支出时,如果问"您家中每年每人在日用品上的支出是多少?"时,被调查者必须将每月在日用品上的支出费用乘以12,确定每年的支出,然后将年支出数额除以家庭中的人口数,被调查者需付出额外的努力,进行复杂的计算。绝大多数被调查者不能进行这些计算,所以应该向被调查者问两个更简单的问题:您家中每月在日用品上的支出是多少?您家中有几口人?然后在数据处理阶段由调查人员进行统计计算或通过计算机程序进行,这样可以减少被调查者的负担。

(六) 安排问题的顺序

一旦各个问题的内容和形式、措辞都已确定,设计者就应该考虑怎样把这些问题组合成问卷,即安排问题的排列顺序与结构。

1. 不当顺序引起的常见问题

排列顺序和结构的不同可能引起回答上的差异,主要导致以下问题。

(1) 引起被调查者的反感和厌烦。例如,问卷结构很乱,问题排列没有逻辑顺序,致使被调查者回答时思维来回跳跃,很容易产生反感。又如,问卷开始就是一些较复杂或敏感的问题,使被调查者紧张或厌烦,会影响他们对后面问题的回答。

(2) 造成调查员提问和被调查者回答错误。问题排列顺序、结构混乱,不利于调查员提问,也容易使被调查者疲劳。尤其对于较复杂的问卷,调查员提问和被调查者回答都可能出错。例如,该跳问处没有跳问,漏问、漏答、错问、错答等现象,得到的结果甚至可能前后矛盾。

(3) 问题排列顺序不当可能产生诱导。例如,调查者对某品牌的产品进行市场调查,如果一开始就询问被调查者对该品牌的看法,之后才询问被调查者所喜欢的产品品牌,结果,反映出被调查者对该品牌的喜欢程度明显偏高。

2. 相应的解决方法

不当排序引起问题的解决方法如下:

(1) 为满足问卷设计功能性原则的准确要求,按问题所能提供的信息及被调查者能够感觉到的逻辑性对问题分组。从被调查者感兴趣的方面入手,由熟悉到生疏,由易到难,由浅到深,由表及里,层层深入、细化,尽量减少由调查员和被调查者引起的计量误差。

(2) 先一般后特殊,避免诱导。将敏感性问题放在最后,这样会因为调查后期气氛比较融洽,被调查者的警惕性降低,而有助于提高回答率。

(3) 问题或选项排列顺序不同,可能会影响被调查者的回答。例如,在量表中经常有一系列的问题从不同角度正面或反面评价某对象,分别征询被调查者的意见。显然正面语句有导致正偏差(设为 b_1)的倾向,反面语句有导致负偏差(设为 b_2)的倾向。如果正(或反)面语句连续排列,更会加大误差。这时把正反问题交叉排列,有助于调动被调查者的积极性,避免被调查者不加思考而习惯性回答。此外,可以借鉴试验设计的思想,把两类将导致反向误差的问题随机分配给样本,这样所得结果的偏差(设为 b)肯定小于 b_1 和 b_2(因为 b_1 和 b_2 符号相反),而且 b_1 与 b_2 越接近,调查结果越准确(b 越小)。

(4) 满足可维护性原则,问卷应该结构清晰,最好考虑采用模块化设计方法,即把问卷分为若干个功能块,每个功能块由若干道题构成。各功能块内部具有较强的联系,而功能块之间应保持相对独立。

(七)确定问卷的版面格式

把确定版面格式作为一个步骤似乎有些小题大做,然而实践表明,问卷的版面格式也影响调查的质量。其主要问题有如下几点:

(1)调查人员为节省费用而压缩版面,问题间隔太小,不仅调查者回答时容易疏漏或串行,而且数据编码录入也容易出错。另外,如果开放题留出的用于答题的空间太小,将导致回答者不予以重视,只给出很小的信息。

(2)低档的纸张和粗糙的印刷会引起负效用,尽管说明文中一再强调本次调查的重要性,但低质量的问卷外观会破坏被调查者对调查的印象,轻视该次调查,从而直接影响调查质量。

(3)问卷中重要的地方没有突出,尤其对于自填式问卷,如果答题的规则或跳问的提示不醒目,很容易被忽略掉,致使被调查者回答错误。

因此,问卷版面格式的设计也不容忽视。外表要求质量精美,非常专业化;适当的图案或图表会调动被调查者的积极性;内部要留出足够的空间,方便提问、回答、编码以及数据处理;文中重要的地方注意加以强调,引起被调查者的注意。此外,注意把同一份问卷装订在一起,防止部分数据丢失。

(八)对初稿的评估、测试、修改与付印

问卷的初稿很可能存在一些潜在的问题,其初稿成型后,要由相关的市场调研人员和聘请的有丰富经验的专家对问卷进行初步的检测、评估和修改,必要时重复检查上述七个步骤,反复推敲每个问题的每个词语。这一阶段,耐心、严谨、认真非常重要。然而,即使经过认真的检查,一些潜在的问题未经实际调查,还是发现不了。因此,在正式使用问卷之前,一般要对它进行充分测试,在与正式调查的环境相同时进行调查,观察调查方式是否合适,向调查者和被调查者询问问卷设计有何问题,对试验调查得到的回答进行编码、试分析,检验问卷是否能够提供需要的信息等。出现问题的,需要立即修改问卷,必要时删除不能提供所需信息的问题。

1. 问卷评估的具体内容

(1)问卷主题是否明确;

(2)问卷是否体现调查目的;

(3)问卷与调查对象类型、特点的适应程度;

(4)问卷与询问调查形式的适应程度;

(5)问卷是否便于被调查者回答;

(6)问卷所设问题是否合理;

(7)问卷是否冗长、杂乱;

(8)问卷所获得的信息是否便于处理;

(9)问卷的编排是否合理;

(10)问卷的形式是否合理美观;

(11)问卷的印刷是否精良等。

2. 问卷的测试

问卷在没有经过充分试答的情况下是不应该被用于正式调查的,所以问卷的测试是不可或缺的步骤。选择拟调查的对象进行试答,拟调查的对象应该与正式调查中的调查对象在背景特征等方面类似。问卷试答能够检验问卷的内容是否被调查对象所理解,能否通过问卷的调查获取所需的市场信息资料,发现问卷中可能存在的问题和不足。

3. 问卷的修改

在评估和测试过程中发现问卷存在缺陷和不足时,应及时进行修改完善,对经过较大修改和完善的问卷最好再进行第二次试答。对问卷进行必要的试答次数越多,所产生的效果越好。

4. 付印采用

上述工作全部完成以后,就可制定一份正式调查所用的问卷,具体涉及制表、打印、印刷。

问卷设计过程是一个创造性的过程,应因人、因时、因条件制宜。上述基本程序可以在问卷设计实践中参考。

四、问卷的整体设计

问卷的整体设计包括问卷内容的编排和问卷格式的编排。

(一) 问卷内容的编排

问卷内容的编排包括问卷题目的设计、问卷开头的设计、问题顺序的编排、致谢语和实验记录。

1. 问卷题目的设计

每份问卷都有一个研究主题。调查问卷的题目要符合调查目的和研究主题,要用简明扼要的语句表述出来,使人一目了然,增强填答者的兴趣和责任感,避免使用冗长的题目。

例如,"中国互联网发展状况及趋势调查"这个标题,把调查对象和调查中心内容和盘托出,十分鲜明。在这里提这个常识性问题并不是多此一举,在实际工作中,有的人不注意问卷的标题。一份调查问卷不能没有标题,也不能列一个放之四海而通用的标题。

例如:××市啤酒市场调查研究;××品牌化妆品消费者行为调查;大学生手机消费行为调查。

2. 问卷开头的设计

问卷开头的设计包括引言、填写说明等。

(1) 引言的设计。

问卷引言的目的在于引起受访者对填答问卷的重视和兴趣,使其对调查给予积极支持和合作,认真填好问卷。

引言主要包括以下几个方面的内容:

首先,引言包括调查的目的、意义、主要内容、调查的组织单位、调查结果的使用者。

其次,说明保密措施。要承诺保密,即对被调查者承诺保守其个人资料,绝不外泄。

最后,说明赠品情况。如果接受调查有赠品(如酬金、礼物、奖券、优惠券、产品试用等),则要说明赠品情况。

问卷的引言必须慎重对待,要以亲切的口吻询问,措辞应精心切磋,做到言简意赅,亲切诚恳,使被调查者自愿与之合作。引言一般放在问卷的开头,篇幅宜小不宜大。访问问卷的开头一般非常简短;自填问卷的开头可以长一些,但一般以不超过两三百字为宜。

例如:

您好!

我是××公司的访问员。我们正在进行一次啤酒市场的调查,希望占用您几分钟时间。我们保证对您的身份和您的回答保密,请您放心。谢谢您的合作,我们将赠送您一份纪念品。

(2)填写说明。

填写说明包括问卷的填写方法和填答要求,以及有关注意事项,有时也包括对问卷中某些概念的解释。填写说明一般放在引言之后、正式问题之前。

例如以下的几种问卷填写说明。

①请在每一个问题后选择适合自己情况的答案,在答案号码上画圈,或者在——处填上适当的内容。

②问卷右边的数码及短横线是录入计算机用的,您不必填写。

③若无特殊说明,每一个问题只能选择一个答案。

④填写问卷时,请不要与他人商量。

3. 问卷主体——问题顺序的编排

问卷的问题设计好之后,调研人员就要考虑如何把这些问题组合成问卷。问题和答案是问卷的主体,是研究主题的具体化,是问卷的核心部分。问卷中问题的顺序和相互之间的关系既会影响到被调查者对问题的回答结果,又会影响到调查的顺利进行。

当调查问卷中前面的问题对被调查者回答后面的问题有明显影响的时候,这种现象被称为顺序偏差。对问题的顺序进行妥善编排,目的就是尽可能地减少这种顺序偏差。问卷中问题的顺序一般按下列规则编排。

(1)用过滤性问题甄别合格的应答者。

许多市场调查运用抽样调查的方法进行,只有合格的应答者才能接受访问,所以在问卷中经常首先提问过滤性问题,在许多时候也会有专门的甄别问卷。过滤性问题(或甄别问卷)太长会大大提高调查的费用,然而过滤性问题(或甄别问卷)可以提供很多关于未使用者、未试用者或对正在调查的产品不了解的人们的重要信息。

例如:您喝啤酒吗?

  A. 是   B. 否

(2)用一个简单的、不具威胁性的问题开始。

这样做有助于建立起亲切感,让被调查者对自己回答这些问题的能力有信心。

例如:您多长时间喝一次啤酒?

  A. 天天喝   B. 一星期一两次

  C. 半个月   D. 一个月   E. 一年几次

(3)问题应该以一种符合逻辑的顺序提出。

例如:(接前例)您在什么场合喝啤酒?

  A. 日常进餐   B. 特别节日   C. 来客人

  D. 周末假日   E. 聚会   F. 郊游

  G. 感到轻松愉快时   H. 其他

(4)先问宽泛的问题,再问具体的问题。

宽泛的问题就是总括性问题,指对某个事物总体特征的提问。具体的问题就是特定性问题,指对事物某个要素或某个方面的提问。从宽泛到具体的询问方法叫漏斗法(funnel approach),它能帮助调查对象把具体问题放在一个大背景当中,能加深他们回答问题时的思考。

例如:在选择冰箱时,哪些因素会影响您的选择?(总括性问题)

您在选择冰箱时,耗电量处于一个什么样的重要程度?(特定性问题)

总括性问题应置于特定性问题之前,否则特定性问题在前会影响总括性问题的回答。

(5)把敏感性问题和难以回答的问题放在最后。

容易回答的问题放前面,较难回答的问题放中间,困窘性问题放后面,个人资料的事实性问题放卷尾。诸如有关收入、学历、能力状况等的问题不应放在问卷的开头。

(6)封闭性问题放前面,自由性问题放后面。

由于自由性问题往往需要时间来考虑答案和组织语言,放在前面会引起应答者的厌烦情绪。

4. 致谢语

为了表示对调查对象真诚合作的谢意,研究者应当在问卷的末端写上感谢的话,如果前面的说明已经有表示感谢的话语,那末端可不用致谢。

例如:谢谢您的合作!

非常感谢您给我们提供的信息!

5. 实验记录

其作用是用以记录调查完成的情况和需要复查、校订的问题,格式和要求都比较灵活,调查访问员和校查者需在上面签写姓名和日期。

以上是问卷的基本项目,是要求比较完整的问卷所应有的结构内容。但通常使用的,如征询意见及一般调查问卷可以简单些,有一个标题、主题内容和致谢语及调查研究单位就可以了。

(二)问卷格式的编排

问卷的格式是指问卷的实体外观。问卷格式的编排也是问卷设计的重要内容。问卷格式的编排好坏会影响到问卷是否吸引人和是否便于使用,因此也会在很大程度上影响调查的质量。

问卷格式的编排主要是指问卷排版、装订,排版应做到简洁、明快,便于阅读,装订应整齐、雅观,便于携带、保存。有些调查问卷卷面排版凌乱,为了节省用纸或为了使问卷显得简短,压缩了一切可以压缩的空间,使卷面显得异常复杂和冗长,容易使被调查者产生反感情绪;有些调查问卷粗糙低劣,装订混乱,类似街头小广告,也易遭拒绝。问卷的排版装订应注意以下几点。

(1)将问卷的问题按信息的性质分为几个部分,每个部分中间以标题相分或用序号标明,如第一、二、三、四部分。这样可以使整个问卷更为清楚也便于后阶段的数据整理与统计。调查信息主要包括三种信息类型:第一类是基本信息,是达到研究目标所必需的信息;第二类是分类资料,即将被调查人按年龄、性别、职业等予以分组归类的资料;第三类是鉴别性信息,如被调查人的姓名、住址等。一般来说,应将最主要问题(基本信息)置于最前面,然后列举后两类问题,只要前面的问题得到回答,那么后面的问题如果被调查者不愿回答或因事中止也就无关大局了。

(2)问卷本身应该有序号,便于在现场对问卷进行审核。问卷的编号使得问卷的计数与确定问卷是否有缺失变得容易。另外,有编号的问卷让被调查者看起来觉得比较正规,会引起他们对答题的重视。

(3)如有需要,问卷中的问题和答案选项应该事先编码。并不是所有问卷都需要编码。在规模较大又需要运用电子计算机统计分析的调查中,要求所有的资料数量化,与此相适应的问卷就要增加一项编码号的内容。

(4)应避免为节省用纸而挤压卷面空间。如多项选择题的选项,应采用竖排形式。竖排虽占用一定的空间,但能使卷面简洁明快,一目了然,便于阅读和理解。问卷中的字体也不要太小,以缓解视觉疲劳。

(5)问卷的外表要力求精美。调查问卷用纸要尽量精良。超过一定的页数,应把它们装订成小册,配上封皮,而不应仅仅用订书钉订在一起而已。这样既可利用纸的双面进行排版,节省用纸,还便于携带和保存;更可使问卷显得庄重、专业,使被调查者以更认真的态度对待调查。

(6)同一个问题及答案选项,应排版在同一页,这样可以避免翻页对照的麻烦,减少漏题现象的发生。

第三节 态度测量问卷设计

在现代市场营销观念下,企业必须设法了解消费者及有关人员对产品、品牌和企业的态度。在长期的调研实践中逐渐形成了一些测量人们态度的特定的方法和技术,即态度测量技术。态度测量设计已经成为问卷设计中非常重要的内容。

一、态度测量设计的基本概念

1. 态度

态度是指"人的举止和神情",又或指"人对人或对事的看法和采取的行动"。在调研中,态度是一种与周围环境的某些方面相关的,包括动机、情感、感觉和认知过程的持久判断,是对某一客体所持有的一种比较稳定的赞同或不赞同的内在心理状况。态度主要有三方面的含义:一是指对某事物的了解和认识;二是指对某事物的偏好;三是指对未来行为或状态的预期和意向。

态度反映的是被调查者的一种心理状态,是基于理解认知、感觉和意识形态取向而形成的对一定事物或人的某方面持有的具有相对稳定和持久的判断。例如,人们对网购的态度因人而异,有人喜欢网购,有人不喜欢网购。通过市场调查了解人们对事、物、人的态度和看法,能够更好地把握调查对象的真实情况,从而得出正确结论,为科学决策提供依据。

2. 测量

测量是指按照特定的规则对测量对象(目标、人物或事件)的某种属性赋予数字或符号,将其属性量化的过程。测量的本质是一个数字分配的过程,即用数字去反映测量对象的某种属性,进而通过属性对应的数字或统计量来研究个体或整体的性质。需要指出的是,要测量的不是对象本身,而是它们的某种属性。在调研中,更多的是测量消费者对某事物或状态的看法、偏好和意向等。在问卷设计时,将需要测量事物的特征和属性转化为具体的问题,问卷中每一个简述题都对应一个或多个变量。

例如,请您对家务事的处理做出评价,将数字 1～5 分配给它们。如果认为非常愿意做家务事,则将数字 1 分配给它;如果不愿意做家务事,则将数字 5 分配给它;按照相应标准,分配数字 2,3,4。

3. 态度测量

态度测量是市场调查中用于对被调查者就特定的对象所持有的态度取向或态度程度进行了解测量的一种技术和方法,最常用的态度测量技术或方法就是应用态度量表获取被调查者态度的信息。

4. 量表

量表又称为测量尺度,是测量的工具,由一系列结构化的符号和数字构成,按照一定的规则分配给适用于量表的个人(包括他们的行为和态度)。实际应用中,由于市场调查需要了解人们态度的深度和精度不同,态度测量所用的态度量表也不同。

态度量表使用的前提是假定被试者意识到并愿意表达他的态度,但是在某些敏感问题上被试者可能不愿意表达自己的态度,这时就需要采用间接方法。间接方法是使被试者没有意识到自己受到评价,或者虽然意识到但不知道评价的是什么。可以假借评价其他方面(如逻辑思维能力)的名义评价态度。态度量表通常是由一系列有关所研究态度的陈述或项目组成,被试者就每一项目表达自己同意或不同意的方向,以及同意或不同意的程度,把反应分数加以整理得出一个表明态度的分数。

二、态度量表的类型

量表的设计包括两步,第一步是设定规则,并根据这些规则为不同的态度特性分配不同的数字。第二步是将这些数字排列或组成一个序列,根据受访者的不同态度,将其在这一序列上进行定位。调查中常用的测量量表有四种基本类型,即类别量表、顺序量表、等距量表和等比量表。

1. 类别量表

类别量表又称名义量表,是根据调查对象的性质做出的分类,即用数据识别不同的物体、群体、个人、事件。表中的数字分配,仅仅是用作识别不同对象或对这些对象进行分类的标记,不具有大小比较含义。例如,在一个调研项目中对每个受访者进行编号,这个编号就是类别量表。当类别量表中的数字是用于识别不同对象时,数字与对象间存在着一一对应的关系。

在市场调研中,类别量表常用来标识不同的受访者、不同的品牌、不同的商品特性、不同的商店或其他对象等。这些对象对于该数字所代表的特征来说是同质的,且这种分类要满足互补性和完备性。例如:

① 您的性别是(　　)。
   A. 男　　B. 女
② 您的职业是(　　)。
   A. 管理人员　　B. 科教人员　　C. 私营业主
   D. 普通职员　　E. 学生　　F. 其他

类别量表的数字不能反映对象的具体特征的性质和数量。对类别量表中的数字,只能计算发生频度以及和频率有关的一些统计量,如百分比、众数、卡方检验、二次检验等。计算数值平均数是没有任何意义的。

上例统计结果如表 5.2 和表 5.3 所示。

表 5.2 性别构成

性别	样本数/人	百分比/%
男	123	61.5
女	77	38.5
合计	200	100

表 5.3 职业构成

职业	样本数/人	百分比/%
管理人员	38	19.0
科教人员	31	15.5
私营业主	12	6.0
普通职员	74	37.0
学生	33	16.5
其他	12	6.0
合计	200	100

2. 顺序量表

顺序量表是一种排序量表,即将不同类别的被调查对象按照一定准则进行顺序排列的量表。顺序量表使表中的数字或符号除了具有对事物进行分类的功能外,还增加了排序的能力。分配给对象的数字表示对象具有某种特征的相对程度。顺序量表可以让我们确定一个对象是否比另一个对象具有较多(较强)或较少(较弱)的某种特征,但并不能确定多多少或少多少。顺序量表规定了对象的相对位置,但没有规定对象间差距的大小。排在第 1 位的对象比排在第 2 位的对象具有更多的某种特征,但是只多一点儿还是多了很多则无从得知。顺序量表的例子有产品质量的等级、足球赛的名次等。例如:

①您认为各种传播媒体的新闻资讯可信程度如何?(最可信的填 5,次可信的填 4,以此类推,最次可信的填 1,并将顺序号填入所选答案前的□内)

□1. 电视　□2. 广播　□3. 互联网　□4. 杂志　□5. 报纸

②您认为各种传播媒体中,新闻资讯可信程度最高的是什么?(只选一项,并在选项前的□内打"√")

□1. 电视　□2. 广播　□3. 互联网　□4. 杂志　□5. 报纸

比较上述两种处理方式,不难发现在该问题上如果采用类别量表来处理,容易使被调查者顾此失彼,调查无法获得较准确和全面的信息。然而,如果采用顺序量表来处理,最后可根据各项答案被选择的顺序情况,由统计分析可以更准确地了解到新闻资讯最可信的媒体是什么。分析方法是先设定各顺序号的分值,如最可信的为 5 分,次可信的为 4 分,以此类推,最次可信的为 1 分,然后根据全部调查样本的统计分析,以总分最大的选项判断为最可信赖媒体。

【案例 5.2】

顺序量表的应用

针对问题:您认为各种传播媒体的新闻资讯可信程度如何?(最可信的填 5,次可信的填 4,以此类推,最次可信的填 1,并将顺序号填入所选答案前的□内)

□1. 电视　　□2. 广播　　□3. 互联网　　□4. 杂志　　□5. 报纸

有 3 个被调查者的答案如下:

5 1. 电视　　1 2. 广播　　4 3. 互联网　　2 4. 杂志　　3 5. 报纸
4 1. 电视　　3 2. 广播　　4 3. 互联网　　1 4. 杂志　　5 5. 报纸
5 1. 电视　　3 2. 广播　　2 3. 互联网　　1 4. 杂志　　5 5. 报纸

从 3 份问卷的答案统计分析可知,按分值由大到小排列分别为电视 14 分、报纸 13 分、互联网 10 分、广播 7 分、杂志 4 分。根据计分结果,调查反映电视的新闻资讯最可信,次可信的为报纸,最次可信的为杂志。

在顺序量表中,和类别量表一样,等价的个体有相同的名次。任何一系列数字都可用于表达对象之间已排定的顺序关系。例如,可对顺序量表施以任何变换,只要能保持对象间基本的顺序关系。因此,除了计算频度,顺序量表还可用来计算百分位数、四分位数、中位数、秩次数等。

3. 等距量表

等距量表也称区间量表,是一种既表示各类别之间的顺序关系,也反映各类别顺序位置之间的差距的量表。在等距量表中,量表上相等的数字距离代表所测量的变量相等的数量差值。等距量表包含顺序量表提供的一切信息,并且可以让我们比较对象间的差别,它等于量表上对应数字之差。等距量表中相邻数值之间的差距是相等的,1 和 2 之间的差距就等于 2 和 3 之间的差距,也等于 5 和 6 之间的差距。有关等距量表最典型的实际例子是温度计。在市场调研中,利用评比量表得到的态度数据一般经常作为等距数据来处理。

等距量表中原点不是固定的,测量单位也是人为的。

例如:您认为各种传播媒体的新闻资讯可信程度如何?(以 10 分为最高可信值,1 分为最不可信值,请根据您的评价在 1~10 分之间给不同媒体评分,并将评分值填入所选答案前的□内)

□1. 电视　　□2. 广播　　□3. 互联网　　□4. 杂志　　□5. 报纸

使用等距量表不仅能反映类别的顺序,而且能反映类别的差距。如某被调查者的答案如下:

9 1. 电视　　3 2. 广播　　4 3. 互联网　　2 4. 杂志　　8 5. 报纸

从评分中反映,各媒体按可信度高低排列,依次是电视→报纸→互联网→广播→杂志。同时,其评分也反映电视与报纸的可信度差距较小,新闻资讯可信度远高于其他的媒体。综合所有被调查者的答案,根据各类型媒体的综合平均分值,既可以排列出各媒体新闻资讯的可信度的高低顺次,又能比较相互间可信度的差距。

但需要指出的是,等距量表的评分值是人为设定的数值,并非客观的标准值,因此在数值之间进行算术上的加减乘除运算是没有意义的。例如,某调查者给电视评分为 9 分,给广播评分为 3 分,只能反映出他认为电视比广播更可信,而不能说明电视的可信度是广播的 3 倍。在实际调查中,被调查者给某类媒体高分值,而给另一类媒体低分值,可能是受到某一突出事件的影响或个人对媒体的认识差异造成的。

4. 等比量表

等比量表是最高层次的度量尺度,除了具有其他量表的尺度功能外,也是一种有绝对零点特性的态度量表。所谓绝对零点是指量表中客观上有真正零点的标准值,数值之间具有算术上的加减乘除运算的意义。在市场调查中,销售收入、生产成本、市场份额、消费者数量等变量都是可用等比量表进行测量的类别。

在等比量表中,我们可以标识对象,将对象进行分类、排序,并比较不同对象某一变量测量值的差别。测量值之间的比值也是有意义的。不仅"2"和"5"的差别与"10"和"13"的差别相等,而且"10"是"5"的2倍,身高、体重、年龄、收入等都是等比量表的例子。所有的统计方法都适于等比量表,包括几何平均数的计算。遗憾的是等比量表对态度测量并没有太大的用处。

以上四种量表(尺度)对事物的测量层次是由一般到具体,由简单功能到复杂功能逐步递进的。高层次的态度测量量表功能包含了低层次的量表功能。例如,等距量表不仅能反映类别的位置差距,而且能反映类别的顺序排列(顺序列表)和进行类别的划分(类别量表)。但是在市场调研的实践应用中,由于态度通常是一种思想性的东西,较难用客观的标准值进行测量。因此,在市场调查中等比量表应用得并不多,最常用的是类别量表和顺序量表。

三、态度测量的基本技术

态度测量技术一般可分为直接量表与间接量表两大类。

直接量表是指由调研人员以直接方式了解被调查者态度的测量技术。这是一种比较常用的态度测量方法,它通常由调查人员向被调查者提出询问态度的问题或语句,根据被调查者的回答或选择的答案测量和了解其态度取向的一类态度测量技术,具体包括评比量表、固定总数量表和语意差别量表等。

间接量表是指通过委婉、隐蔽的方式了解被调查者态度的测量方法。运用间接法了解被调查者态度时,调查人员会用特定含义的语句向被调查者询问,并由其对语句选择的情况,或对语句的反映来判断其态度取向。由于间接法在测量态度时具有委婉、隐蔽的特性,容易发生因被调查者对问题的不理解或误解而放弃作答,或因作答不当而错答等问题。因此,应用间接量表的态度测量技术要格外谨慎,以保证获得接近事实态度的信息。

1. 评比量表

评比量表也叫评价量表,它是由调查人员事先将各种可能的选择标示在一个评比量表上,然后要求应答者在测量表上指出他的态度或意见。根据量表的形式,评比量表又分为图示评比量表和列举评比量表。

一般,图示评比量表要求应答者在一个有两个固定端点的图示连续体上进行选择。如图5.1所示即为一种简单的图示评比量表。

| 非常喜欢 | 喜欢 | 一般 | 不喜欢 | 非常不喜欢 |

图5.1 图示评比量表

根据设定的分值,就可以在调查资料汇总时,计算总分值、评价分值或百分比值,并以相关分值判断人们对某事物的态度取向和态度程度。

列举评比量表则是要求应答者在有限类别的表格标记中进行选择。评比量表获得的数据通常作为等距数据使用和处理。

例如：可口可乐与百事可乐之间，您更喜欢哪一个品牌？（在您喜欢的品牌后面的□内打"√"）

可口可乐□　　百事可乐□

请您根据喜欢的程度对表5.4所列的品牌产品进行评价。（在相应栏内打"√"）

表5.4　可口可乐与百事可乐评比表

序号	品牌名称	您喜欢的程度				
		非常喜欢	喜欢	一般	不喜欢	非常不喜欢
1	可口可乐					
2	百事可乐					

上例是一种典型的列举评比量表，调查者通过给问句的不同答案设定一定的分值，就可以在调查后根据所收集到的资料进行统计分析，了解调查对象的态度类比及态度的程度。

相对来讲，列举评比量表比图示评比量表容易构造和操作，研究表明在可靠性方面也比图示评比量表要好，但是它不能像图示评比量表那样衡量出课题的细微差别。总体上讲，评比量表有许多优点：省时、有趣、用途广、可以用来处理大量变量等，因此在市场调研中被广泛采用。

2. 固定总数量表

固定总数量表是一种由被调查者在一定的固定数值（如100分或10分）内，对所测的项目中一次分配一定数值，作为不同评价的态度测量量表。

例如：请您给以下三个品牌的洗发水评分。（总分为100分，请您将100分在三个品牌的洗发水产品中进行分配，并将所分配的数值填在选项后面的括号里）

品牌A（　　）　品牌B（　　）　品牌C（　　）

3. 语意差异量表

在市场研究中，常常需要知道某个事物在人们心中的形象，语意差异法就是一种常用的测量事物形象的方法。语意差异法可以用于测量人们对商品、品牌、商店的印象。

例如：您如何评价A牌子的饮料产品？（请根据您的看法，在下面的量表上画记号"○"）

```
              非  比  一  比  非
              常  较  般  较  常
喜欢的明星_____○_____不喜欢的明星
昂贵的_____便宜的
有营养的_____没有营养的
合口味的_____不合口味的
有益健康的_____有害身体的
高档的_____低档的
夏天的_____冬天的
```

运动的＿＿＿＿＿＿＿＿＿＿＿＿＿＿休闲的

4. Q 分类法

Q 分类法与上述三种方法截然不同,是一种典型的间接量表技术。其具体操作程序如下:

(1)拟定 1~100 条有关态度调查的语句。例如,调查消费者对某牌子产品的态度可设计的问题如表 5.5 所示。对表中所列的各种说法,您的意见如何?(请在相应栏内打"√")

表 5.5 消费者对某牌子产品的态度表

序号	说法	完全同意	同意	无意见	不同意	完全不同意
1	某牌子产品品质优良					
2	我经常使用某牌子产品					
3	我不会用某牌子产品					
4	某牌子产品品质差、劣					
…	……					
20	某牌子产品信誉高					

上述各种语句一般分为正面态度和负面态度两种。前者反映消费者对某牌子产品正面评价的态度,后者反映消费者对某牌子产品负面评价的态度。

(2)设计评分量表。在上表中,可以将正面态度语句的五个备选答案"完全同意""同意""无意见""不同意""完全不同意"的分值分别设定为 5,4,3,2,1;而与此相反,将负面意见语句中的"完全同意""同意""无意见""不同意""完全不同意"的分值分别设定为 1,2,3,4,5。如果 20 个语句中,正面态度和负面态度的语句各一半,分别为 10 个语句,即最高得分为 100 分,最低得分为 20 分,中位值为 60 分。以此标准,调查统计的分值越高,表明消费者对某牌子产品的评价越高;反之则越低。

(3)根据评分量表的记分规则,以不同的分值为界限将被调查者进行分类。例如,上述调查中可以将被调查者分为以下三类。

第一类:分值在 70~100 分之间的,判断为对某牌子产品有好感的消费者群体。

第二类:分值在 50~70 分之间的,判断为对某牌子产品持中性态度的消费者群体。

第三类:分值在 20~50 分之间的,判断为对某牌子产品没有好感的消费者群体。

四、态度测量表设计中应注意的问题

测量态度的量表可采用不同的形式。在设计研究所需要的量表时,必须考虑以下六个主要的问题:量级层次的个数;采用平衡的还是不平衡的量表;采用奇数层次还是偶数层次;采用强迫选择还是非强迫选择;量级层次的描述方式;量表的形式。

1. 量级层次的个数

在决定量级层次的个数时,要考虑两方面的因素。首先量级越多,对测量对象的评价就越精确;其次,大多数受访者只能应付较少的类别。一般认为合适的量级层次数是七个,或增减两个,即从五层到九层,但是并不能简单地规定几个量级层次是最优的。决定最优的量级层次数要考虑许多因素。如果受访者对调查感兴趣,并且对于要测量的对象拥有足够多的知识,可以采用较多的量级层次;反之,如果受访者对测量对象的知识有限并且对研

究不太感兴趣,就应该用较少的量级层次。测量对象的性质也对量级层次数有影响。有些测量对象本身不太容易做精细的分辨,因此少数几个量级层次就足够了。另一个重要的影响因素是数据收集方法。电话访问中,层次不能多,否则会把受访者搞糊涂;邮寄访问中,层次数要受到纸张大小的限制。数据分析的方法也会影响量级层次的数目。如果只做简单的统计分析,分成五层就足够了;而如果要进行复杂的统计计算,可能需要七个或更多的层次。

2. 采用平衡的还是不平衡的量表

在平衡的量表中,"有利"的层次数和"不利"的层次数是相等的,而在不平衡量表中,它们是不等的。一般来说,为了保证结果数据的客观性,应该采用平衡量表。但在某些情况下,回答的分布很可能向"有利"或"不利"的方向偏斜,这时,就可以采用不平衡的量表,在偏斜的一方多设几个层次。如果采用不平衡的量表,在数据分析时要考虑到量级层次不平衡的方向和程度。

3. 采用奇数还是偶数量级层次

对于奇数层次的量表,中间位置一般被设计成中立的或是无偏好的选项。中立的选项可能会带来很大的反应偏差,因为有许多人在拿不准自己的感觉、不了解被测对象或是不愿意表露态度时倾向于选这种较"保险"的答案。

到底采用奇数层次还是偶数层次取决于是否有反应者会对被测对象持中立态度。即使只有少数持中立态度的反应者,也必须使用奇数层次的量表。否则,如果调研人员相信没有反应者会持中立态度,或是想要强迫受访者做出有利或不利的选择,就应该使用偶数层次的量表。与此相关的一个问题是,是采用强迫性的还是非强迫性的量表。

4. 采用强迫性量表还是非强迫性量表

在强迫性量表中,没有"没有意见"这样的选项,受访者被迫表达有自己的意见。在这种情况下,确定没有意见的受访者不得不选一个答案,通常是靠近中间位置的答案。如果有相当多的受访者对题目的主题没有意见,将会引起测量结果的偏差;而反应者并非没有意见,只是不愿意暴露时,强迫选择将能提高量表测量结果的精确性。

5. 量级层次的描述方式

量级层次有许多种不同的描述方式,这些方式可能会对测量结果造成影响。量级层次可以用文字、数字甚至图形来描述。而且,调研人员还必须决定是标记全部层次、部分层次还是只标记两极的层次。对每个量级层次加以标记并不能提高收集数据的准确性和可靠性,但却能够减少理解量表的困难。对于量级层次的描述应尽可能靠近各层次。

对量表两极进行标记时所使用的形容词的强度对测量的结果会有所影响。使用语气强烈的形容词,如 1 = 完全不同意、7 = 完全同意,受访者不大可能会选择靠边两端的答案,结果的分布将比较陡峭和集中;而使用语气较弱的形容词,如 1 = 基本不同意,7 = 基本同意,将得到较为扁平和分散的结果分布。

6. 量表的形式

同一个量表可以用多种形式表达。量表可以是水平的、垂直的。量级层次可以用方框、线段、数轴上的点表示,各层次可以标记数字,也可以不标。如果用数字标记量表层次,可以使用正数、负数或是都用。

【实训练习二】
【实训项目名称】
市场调查问卷设计。
【实训目的】
通过实训,培养学生利用调查问卷有效收集市场信息资料的基本技能。掌握这一基本技能对学生胜任将来营销工作岗位,或自己创业都是非常重要的。这是一项必需的营销基础性工作。通过实训,培养学生设计市场调查问卷的能力。
【实训要求】
(1)认识到市场调查问卷在市场调研中的重要作用;认识到调查问卷具有时效性强的优势,有利于第一手市场信息资料的收集。它是收集一手资料最常用、最有效的工具。
(2)熟悉调查问卷的基本结构。
(3)能够根据调查要求,动手设计一份市场调查问卷,掌握问卷设计的基本结构、步骤及相关要求等。
【实训任务】
学生以小组形式,自选背景企业或项目进行一份市场调查问卷设计。
【实训知识准备】
(1)问卷的基本类型。
(2)问卷的基本结构和内容。
(3)问卷设计的基本程序。
(4)设计问卷的基本要求和技巧。
(5)附问卷样稿,请学生研究问卷的基本设计思路。
【实训步骤】
(1)由指导教师介绍实训的具体任务、目的和要求,对"市场调查问卷设计"的实际应用价值给予说明,调动学生实训操作的积极性。
(2)由指导教师介绍问卷的基本结构和设计程序,问卷设计的基本内容、方法及要求等。
(3)将学生按实际情况分成若干小组,每组4~6人为宜,确定小组负责人。每组成员深入研讨,确立问卷设计背景或虚拟委托客户。
(4)学生阅读市场调查问卷设计范例,作为操作参考。
(5)以小组为单位设计问卷,撰写问卷成稿和实训报告。
(6)问卷成稿研讨、点评。
【实训考核】
(1)教师对设计成果打分评价。
(2)问卷成稿研讨,根据研讨过程中的同学表现给予适度加分。

【问卷样稿】

消费者信贷调查问卷

消费信贷作为一种新的消费方式,正在全国开展。杭州市有关部门将此作为一种新的产品推向市场,需要了解消费者对这一新消费形式的认知程度与接受程度,为此开展一次较大规模的市场调查,有利于各部门做出正确的营销决策。

本次调查利用当前较为流行的问卷方式进行,有利于资料的广泛收集。

1. 您听说过消费信贷吗?
听说过—1 没听说过—2

2. 您参加过消费信贷吗?
参加过—1 没参加过—2(跳至第4题)

3. 您参加过下列何种消费信贷?
住房—1   汽车—2   助学—3
旅游—4   耐用消费品—5   住房装修—6

4. 我市已推出五大系列的个人消费信贷业务,对此,您的了解程度如何?(多选)
不知道这回事—1   知道,具体不清楚—2
与自己关系不大,不怎么关心—3   知道并参与过—4
也曾有参与的想法,但不知道怎么办—5

5. 如果您进行消费信贷,您会感到?
借钱消费是一种压力—1
有稳定收入,按计划还款,不会有太大心理压力—2
其他(请注明)—3

6. 如果您不准备进行消费信贷,原因是?
有存款,不必进行消费信贷—1
可以向亲朋好友借钱,不必进行消费信贷—2
收入有限,进行消费信贷的压力太大—3
不符合申请消费信贷的条件—4

7. 您认为目前我市开展的消费信贷的种类是否丰富?
不了解—1   比较丰富—2   不够丰富—3

8. 您认为目前我市开展的消费信贷,在贷款的资格、条件方面是否限制过多?
不了解—1   是—2   否—3

9. 您认为目前我市开展耐用消费品消费信贷的商家,在地理位置的分布方面是否能满足您的需要?
不了解—1   能满足—2   不能满足—3

10. 您认为我市消费信贷宣传力度如何?
不了解—1   宣传力度大—2   宣传力度不够—3

11. 请您对我市开展一些消费信贷的贷款期限做出评价。

消费信贷项目	不了解	期限短	期限适中
住房	1	2	3
汽车	1	2	3
耐用消费品	1	2	3
旅游	1	2	3
助学	1	2	3
住房装修	1	2	3

12. 请您对下列银行所开展的消费信贷服务做出评价。

银行	手续上				服务态度上		
	不了解	简便	复杂	不了解	好	一般	差
1. 工商银行	1	2	3	4	5	6	7
2. 农业银行	1	2	3	4	5	6	7
3. 中国银行	1	2	3	4	5	6	7
4. 建设银行	1	2	3	4	5	6	7
5. 交通银行		2	3	4	5	6	7
6. 商业银行	1	2	3	4	5	6	7
7. 中信银行	1	2	3	4	5	6	7
8. 浦发银行	1	2	3	4	5	6	7
9. 华夏银行	1	2	3	4	5	6	7
10. 招商银行	1	2	3	4	5	6	7
11. 广发银行	1	2	3	4	5	6	7
12. 深发银行	1	2	3	4	5	6	7
13. 农信联社	1	2	3	4	5	6	7

13. 请您对下列商家所开展的耐用消费品消费信贷服务做出评价。

商家	手续上				服务态度上		
	不了解	简便	复杂	不了解	好	一般	差
1. 百大	1	2	3	4	5	6	7
2. 杭州大厦	1	2	3	4	5	6	7
3. 解百	1	2	3	4	5	6	7
4. 金龙超市	1	2	3	4	5	6	7
5. 银泰百货	1	2	3	4	5	6	7
6. 家友超市	1	2	3	4	5	6	7
7. 景福百货	1	2	3	4	5	6	7
8. 国际大厦	1	2	3	4	5	6	7
9. 好乐多	1	2	3	4	5	6	7
10. 工联大厦	1	2	3	4	5	6	7
11. 天工艺苑	1	2	3	4	5	6	7
12. 中联百货	1	2	3	4	5	6	7

14. 当您想购买某种商品,而手中的钱又不足时,您将如何选择?(多选)

因钱不够而暂时不购买——1　　　向亲戚朋友借款购买——2

通过信贷消费的方式,向银行贷款购买——3

15. 当您想购买某种商品,而一时钱又不足,您是否希望商家提供延期付款的服务?

希望——1　　无所谓——2

16. 您喜欢用哪种信用卡?

工行:牡丹卡——1　农行:金穗卡——2

中行:长城卡——3　建行:龙卡——4

交行:太平洋卡—5   浦发:东方卡—6

商行:一卡通—7   华夏:华夏卡—8

广发:广发卡—9   深发:发展卡—10

17. 您是否习惯用信用卡消费?

习惯—1   不习惯—2

其他—3

18. 您不习惯用信用卡消费的原因是?(多选)

手续复杂—1   特约商家少—2   其他(请注明)—3

19. 根据您的收入状况及未来收入的预期,您能否按时偿还消费贷款?

能—1   不能—2

20. 您认为是否需要建立个人消费信贷信用登记制度?

需要—1   不需要—2   可有可无—3

21. 如果消费信贷手续比较简单的话,在下列消费中,您会选择信贷消费吗?(多选)

项目选择 请画"O"	住房	汽车	住房装修	旅游	家电	结婚	教育	其他(请注明)
	1	2	3	4	5	6	7	8

22. 您认为购买耐用消费品的金额在多少元以上时,就应该能够获得消费信贷?

1 000元以上—1   2 000元以上—2   3 000元以上—3

4 000元以上—4   5 000元以上—5

23. 您对住房贷款的看法及评价:(多选)

不了解—1   手续烦琐—2   贷款审批时间长—3   贷款条件苛刻—4   贷款期限短—5   贷款利率高—6   各种规费高—7

您对住房消费信贷的建议:(请写出)
_____
_____

24. 您对汽车贷款的看法及评价:(多选)

不了解—1   手续烦琐—2   贷款审批时间长—3   贷款条件苛刻—4   贷款期限短—5   贷款利率高—6   各种规费高—7

您对汽车消费信贷的建议:(请写出)
_____
_____

25. 您对耐用消费品贷款的看法及评价:(多选)

不了解—1   手续烦琐—2   贷款审批时间长—3   贷款条件苛刻—4   贷款期限短—5   贷款利率高—6   各种规费高—7

您对耐用消费品消费信贷的建议:(请写出)
_____
_____

26. 您对旅游贷款的看法及评价:(多选)

不了解—1　　手续烦琐—2　　贷款审批时间长—3　　贷款条件苛刻—4　　贷款期限短—5　　贷款利率高—6　　各种规费高—7

您对旅游消费信贷的建议:(请写出)

_____

_____

27. 您对住房装修贷款的看法及评价:(多选)

不了解—1　　手续烦琐—2　　贷款审批时间长—3　　贷款条件苛刻—4　　贷款期限短—5　　贷款利率高—6　　各种规费高—7

您对住房装修消费信贷的建议:(请写出)

_____

_____

28. 您对助学贷款的看法及评价:(多选)

不了解—1　　手续烦琐—2　　贷款审批时间长—3　　贷款条件苛刻—4　　贷款期限短—5　　贷款利率高—6　　各种规费高—7

您对助学消费信贷的建议:(请写出)

_____

_____

29. 请您对下列各种消费做出选择。

	已经消费	想消费但目前经济条件不允许	有经济能力,打算在一年内消费	有经济能力,但在一年内不想消费
汽车	1	2	3	4
住房	1	2	3	4
住房装修	1	2	3	4
省内旅游	1	2	3	4
跨省旅游	1	2	3	4
出国旅游	1	2	3	4
其他(请注明)	1	2	3	4

30. 如果您收入增加,对于增加的部分,您会怎样安排?比如说,您会用多少去消费?用多少去储蓄?用多少去投资?(投资是指购买股票、债券、保险等。)

	各部分比重%(请注明)
用于消费	
用于储蓄	
用于投资	
合计	100

31. 您对消费信贷有何建议及意见？（请附纸）

32. 您的年龄？
20 岁以下—1　　　21～30 岁—2　　31～40 岁—3
41～50 岁—45　　51～60 岁—5　　61 岁以上—6

33. 您的性别？
男—1　　女—2

34. 您的职业？
各类专业技术人员—1　　商业工作人员—2
机关、企事业单位负责人—3　　办事人员和管理人员—4
服务性工作人员—5　　农林牧渔劳动者—6
生产性工人—7　　个体经营者—8
离退休人员—9　　待业下岗人员—10
家务劳动者—11　　其他(请注明)—12

35. 您的文化程度？
大学以上—1　　　大专—2　　　高中及中专—3
初中—4　　　　　小学—5　　　小学以下—6

36. 您的婚姻状况？
已婚—1　　未婚—2　　其他—3

37. 请问您的本人年收入大约为？
5 000 元以下—1　　5 000～10 000 元—2
10 000～15 000 元—3　　15 000～20 000 元—4
20 000～30 000 元—5　　30 000～50 000 元—6
50 000 元以上—7

38. 请问您家庭年收入大约为？
5 000 元以下—1　　5 000～10 000 元—2
10 000～15 000 元—3　　15 000～20 000 元—4
20 000～30 000 元—5　　30 000～50 000 元—6
50 000 元以上—7

39. 请问您属于下列哪种情况？
××市区居民—1　　　外来地××人员—2
××市属七县市城镇居民—3　　农村居民—4
其他—5

40. 本人的联系方式：
姓名：
身份证号码：
通信地址：
邮政编码：
联系电话：

问题：分析该表的优劣势是什么？

【本章小结】

问卷就是以书面的形式系统地记载调查内容,了解调查对象的反应和看法,以此获得资料和信息的载体,也称调查表或访问表格。一份设计得体、完整的问卷通常由问卷题目、问卷说明、问卷主题内容、被调查者基本资料及编码等组成。问卷按问题答案不同,分为结构式、开放式和半结构式三种基本类型;按调查方式不同,问卷可分为自填问卷和访问问卷;按问卷用途不同,问卷可分为甄别问卷、调查问卷和回访问卷。

问卷表的一般结构有标题、说明、筛选、主体、编码、背景资料、结束语等。

一份完整合理、设计得体的调查问卷应该具备如下条件:语言简单扼要;内容全面周到;包括数条过滤性问题;便于被调查者无顾忌地回答;方便评价,易于分析及将问卷回答误差控制到最小;问卷应该简洁、有趣味性、内容明确,具有结构性和逻辑性。

问卷设计程序包括:明确所需获取的信息,确定问卷类型,确定问卷中各问题的内容,决定各个问题的形式,决定每个问题的措辞,安排问题的顺序,确定问卷的版面格式,对初稿进行评估、测试、修改与付印。

问卷的整体设计包括问卷内容的编排和问卷格式的编排。问卷内容的编排包括问卷题目的设计、问卷开头的设计、问题顺序的编排和实验记录;问卷格式的编排主要是问卷的排版装订,排版应做到简洁、明快,便于阅读,装订应整齐、美观,便于携带和保存。

态度测量设计已经成为问卷设计中非常重要的内容。量表的设计包括两步,第一步是设定规则,并根据这些规则为不同的态度特性分配不同的数字。第二步是将这些数字排列或组成一个序列,根据受访者的不同态度,将其在这一序列上进行定位。调查中常用的测量量表有四种基本类型,即类别量表、顺序量表、等距量表和等比量表。

【案例分析】

消费行为调查帮助企业确定广告形式

汉密尔顿动力工具公司吞并了一家生产经营链锯的小企业而扩大了自身的经营项目。20世纪80年代初期,美国西部的链锯行业也经历着急剧变化。变化是挑战,也是机遇,可就链锯产销而言,汉密尔顿公司等于是白手起家,困难很多。顾客是什么人,销量如何,产品质量怎么样,主要市场在哪,选择何种广告形式,全部心中无数。在这种情况下,公司主管聘请了芝加哥消费者评估公司进行两项市场调查。

第一项是对链锯主顾的一般情况进行调查,以便公司建立长期合作关系与开发新的潜在用户提供基本信息。第二项是"图片测试(简称TAT)",这种测试运用消费心理学知识和营销研究成果,用以揭示人们的购买动机。

汉密尔顿动力工具公司的主要销售范围在美国西部,那里由于气候、地形等客观条件早就形成了门类齐全、分布合理的各种木工用品的零售网店和维修店家,所以很适合该公司扩大业务。第一项调查主要是在过去两年内购买了汉密尔顿手提式动力链锯的人中间进行抽样。抽样的依据是两年中收到的产品保修卡回执,但是其中把只有单位名称而没有个人姓名的买主排除在外,因为这次调查的目的是链锯消费的购买行为,并不单单限于了解使用情况。总共寄出问卷463份,回收问卷201份,占43.4%,第一项调查即以整数200份为基数进行。这项调查共涉及15项内容。

第(1)~(5)项与顾客个人情况有关,主要有:

(1)链锯买主的年龄层。
(2)被调查者的年收入。
(3)被调查者的受教育程度。
(4)被调查者使用链锯的目的,有的作为谋生手段而使用,有的在自己农场使用,而70%以上的使用者是"偶尔使用者",另外还对用户的职业和单位进行了调查。
(5)调查顾客对汉密尔顿链锯的质量和服务的满意程度。
调查表将满意程度分为优、良、中、差四个等级。
第(6)~(8)项调查了零售方式,其目的仍是研究顾客。这三项内容可以帮助零售商调整广告促销手段,增加针对性。
(6)零售地点的调查,主要分为链锯专门商店、设备和工具店、五金店、百货店、农用具店、运动器材店以及邮购等其他方式。
(7)询问链锯买主在购买链锯之前光顾链锯商店的次数,试图分析顾客的购买决定时间。
(8)询问顾客购买链锯前光顾不同零售店的次数。
第(9)~(15)项围绕顾客的购买行为进行调查。
(9)研究买主如何获知经销链锯的商店,分为亲自光顾、朋友亲属推荐、通过报刊广告了解、电话黄页查号簿提供、广播电视广告、零售店家招牌和其他等项目。
(10)此项调查探讨潜在链锯买主在购买之前,对此用具的熟悉程度。
分为完全熟悉、只听说过和根本不了解几项进行。
(11)调查实际购买前考虑购买的具体时间。
(12)~(13)在顾客购买时对某一特点品牌认可的情况进行调查,从而结合第8,11两项研究产品的市场知名度和顾客的喜好程度。
(14)调查链锯零售商对链锯实际买主的影响程度,主要指标分为很大、较大、有些、无所谓、几乎没有、毫无影响几种。
(15)调查潜在的买主第一次走进商店时的表现或反应。主要的反应或表现有:与店主或售货员谈论链锯、观看陈列的链锯、询问价格、了解有关链锯的情况、询问适合自己用的某一型号、观看链锯的使用实况表演、租赁或借用链锯等。

以上是对顾客一般情况的调查,从中可以看出相当有价值的市场情况。第二项调查是就链锯的潜在买主进行"图片测验"。

这种测验提供一系列图画或相片,要求受测人就画中人物面临的问题提出自己的看法,根据回收的材料可以归纳出一系列来自不同职业、背景、收入的人们对同一问题的各种看法,从而发现解决这一问题的最佳途径。

我们以芝加哥消费者评估公司为汉密尔顿动力工具公司进行的测验为例。评估公司的专业人员设计了4张漫画式的图画。第一幅画:有个男人面对一棵或几棵树发愣。要求答题人就下列问题提出看法:(1)画中的男人可能在想什么?(2)假设此人出于某种理由需要砍倒这棵树,如果是你,或者如果此人向你寻求建议,你是否会想到并推荐他购买一台动力链锯?(3)你会不会建议他设法不要砍倒这棵大树?(4)仅为一棵树购买一台链锯是否划得来?(5)如果不用或不买链锯,有无别种方式砍倒它?如可以使用手锯,雇佣林木工人或租用链锯等。第二幅画:这个男子正在链锯商店里与售货员讨论链锯的性能、价值、使用方法、链锯重量、马力大小、注意事项、保修条件、使用年限、是否安全等问题。要求回答人依据自己的重视程度依次谈谈看法。第三幅画：这个男人正在用链锯整理锯倒的大树。问题涉及画中男人使用链锯时的想法。第四幅画：画中男人正与妻子坐在壁炉跟前，享受温暖的炉火和舒适的家居生活。这两幅画中各附许多问题，当然也收到了五花八门的猜测、解释和评判意见，其中包括使用链锯节省了时间；亲自动手显示了男人的阳刚之气；家中炉火正旺反映了购买链锯带来的成就；妻子看到成果必然认为这笔钱花得值等。

对调研人员及链锯生产厂家来说，这一调查至少有两大好处。一是了解了潜在买主的购买心理和一般决策过程及影响购买的各种因素；二是收集了消费者关于链锯的生动语汇，可以吸收用于日后的广告宣传。

【思考与练习】

一、名词解释

调查问卷　问卷设计　开放性问题　封闭性问题　态度　态度量表

二、判断题

1. 调查问卷是市场调查中唯一的一种调查工具。（　　）
2. 问卷中的问题设计得越多越有利于企业收集更全面的市场信息。（　　）
3. 问卷中的问句表述要清晰，用词要通俗易懂。（　　）
4. 类别量表是最低级别的量表。（　　）
5. 问卷设计应尽善尽美。（　　）
6. 语意差别法就是意思相反的问题调查。（　　）

三、简述题

1. 调查问卷有哪些基本特征？
2. 调查问卷有哪些功能？
3. 问卷设计的基本步骤有哪些？
4. 开放性问题与封闭性问题的优缺点分别有哪些？
5. 问卷设计时要注意哪些问题？
6. 一份完整的调查问卷有哪些基本结构？各部分的主要内容是什么？

第六章 市场调查的方法

【案例导读】

"灯光观察法"选址

一次,SOHO中国有限公司董事长潘石屹乘坐飞往北京的飞机,当飞机在北京上空飞行时,临窗而坐的他俯视北京夜景。突然,他灵机一动,利用夜晚灯光的密集度,对SOHO现代城项目进行选址。利用这种直接便利的"灯光观察法",潘石屹选择了原来的北京红星酒厂,这个地方发出酒糟的臭味连斜对面的国贸商厦都能闻到,在没有一个同行看好的地方建造SOHO现代城。SOHO现代城在开盘后的三个月便销售一空,创造了5.43亿的销售额,成为房地产界的神话。

案例思考:
1. SOHO中国公司董事长潘石屹依靠"灯光观察法"选址对你有什么启示?
2. 市场调查中观察法有什么特点,如何利用观察法完善市场营销工作?

本章在介绍五类市场调查方法的含义、内容、优缺点的基础上,重点介绍各种市场调查方法的具体应用,并结合案例加深学生对知识的理解。

第一节 文献资料调查法

一、文献资料调查法的概念

(一)文献资料调查法的定义

文献资料法也称间接资料调查法,是指通过搜集各种历史和现实的动态文献资料,从中获取与市场调查主题有关的信息,并对调查内容进行分析和研究的一种调查方法。

(二)文献资料调查法的特点

1. 文献资料调查法的优点

(1)资料搜集方便、灵活。

与其他调查法相比,文献法比较容易开展,只要找到相关文献资料就能够开展调查,受外界的干扰较少,尤其是对企业内部及外部文献开展市场调查时,具有较强的灵活性,能够随时根据企业经营管理的需要搜集各种市场信息。

(2)没有时间和空间的限制。

文献法搜集的信息可以是历史的,也可以是现在的;可以是国内的,也可以是国外的,这是其他调查方法难以实现的。

(3)资料搜集成本较低。

文献法搜集的是历史和现实的各种动态文献资料,而不需要调研人员通过观察和实地调查获得,因此资料搜集消耗的人力、物力、财力都相对较低。

2. 文献资料调查法的缺点

(1) 时效性较差。

与其他调查法相比,文献法搜集的资料大多是历史资料,而市场是在不断地运动、发展和变化的,这会使通过文献法获得的数据资料在时效性上受到一定的限制。

(2) 直接应用性不强。

文献法搜集的数据信息通常对调查问题不能够完全直接应用,需要进一步加工和整理后才能够与调查目的相结合。

(3) 对调查人员要求较高。

文献调查人员需要具有比较广泛的理论知识和针对调查主题的、较深的专业技能,否则会感觉无从下手。

(三) 文献法的作用

鉴于文献法具有资料搜集灵活、方便、超越时间和空间限制、成本相对较低的优点,常常作为市场调查的首选方法。只有当现有资料不能解决实际问题时,才进行实地调查。因此,文献法可以作为一种独立的调查方法来使用。虽然这种方法往往不能完全、准确地提供调查主题所需的所有资料,但文献法有助于确定问题、定义问题、拟定问题的研究框架、阐述研究设计、回答研究问题、解释原始数据等。

文献法对企业进行市场调查的作用主要表现在以下几个方面:

1. 为实地调查奠定基础

当企业面临的调查问题比较复杂时,可以通过文献法对现有资料进行分析,帮助调查人员初步了解调查对象的性质、范围、内容和重点,找出问题的症结和确定调查方向,明确调查主题,为正式开展调查奠定基础。

2. 减少实地调查误差

将通过文献法搜集的数据资料与实地调查资料进行对比,鉴别实地调查结果的准确性和可靠性,从而减少实地调查的误差。

3. 为正式调查提供丰富信息

文献法搜集的数据资料可以用来证实各种调查假设,即可以通过对以往类似调查资料的研究来指导实地调查的设计。

二、文献调查的资料来源

文献调查的资料来源非常广泛,从企业经营管理的角度讲,文献调查资料的搜集渠道可以分为企业内部资料和企业外部资料。

(一) 企业内部资料

企业内部资料主要是反映企业生产经营活动和企业市场经济活动的多种记录,主要包括企业生产经营活动资料和市场环境资料两方面内容。

1. 企业生产经营活动资料

(1) 业务经营资料。

业务经营资料是指反映企业生产经营业务活动的一些原始记录资料,主要包括企业在经营活动中积累的发票、销售记录、购销合同、订货单、进货单、出货单、存货单、业务员访问报告、顾客反馈信息、促销资料等。通过对各种业务资料的收集和分析,可以了解本企业主要经营的活动内容、市场对企业经营商品的需求状况和变化趋势等。

(2)财务资料。

财务资料是指由各财务部门提供的各种财务、会计核算和分析资料,是企业加强管理、研究市场、反映经济效益的重要依据,主要包括企业资产、负债、权益、收入、成本、费用、利润等。通过各种财务资料的收集和分析,有利于掌握本企业的经济效益和各类商品的经营状况。

(3)生产技术资料。

生产技术资料是指企业生产技术部门在生产活动中积累的各种资料,主要包括各种台账、开发设计方案、总结、报告等。通过对生产技术资料的收集和分析,有利于了解企业生产状况、产品状况以及技术进步状况等。

(4)统计资料。

统计资料是指对企业各项经济活动的综合反映,主要包括企业各类统计报表、各种统计分析资料、反映企业生产经营活动的各种数据。例如,工业企业的产品产值、产量、销售量、库存量、单位成本、原料消耗量等统计数据;贸易企业的商品购、销、存统计数据等,以及在企业经营中的各种计划、日报、月报、季报、年报等。这些资料可以直接用于企业市场调研和营销预测。

(5)档案资料。

档案资料是指企业文书、档案部门长期积累的各种规章制度、计划总结、合同文本等资料。通过对这些资料的收集和分析,能够全面反映企业的概貌。

(6)其他资料。

其他资料是指企业积累的各种调查报告、工作总结、上级文献资料、政策法规、顾客意见、照片、录音、录像、剪报、档案卷宗等资料。这些资料对企业市场调查具有一定的参考作用。

2.市场环境资料

(1)市场容量资料。主要包括市场大小、增长速度、市场变化趋势等。

(2)顾客资料。主要包括购买者、购买动机、购买数量、使用人群等。

(3)分销渠道资料。主要包括阶段渠道成本、中间商情况等。

(4)竞争者资料。主要包括同行业竞争者和同类可替代产品生产制造企业的产品结构、目标市场、营销策略、企业优势及劣势等。

(5)宏观环境资料。主要包括经济形势、社会环境、政府政策等。

(二)企业外部资料

企业外部资料是文献调查法的主要资料来源,主要包括:统计部门、政府机构公布的资料;各类信息咨询机构、行业协会提供的相关情报;各种媒体、展会提供的资料等。

1.各级统计部门公布的相关统计资料

国家统计局和各地方统计局定期或不定期公布的统计公报、年鉴等,内容包括人口、国民经济发展状况、就业、生活、文化、财政、教育环境、行业发展等。这些信息是市场调研必不可少的重要资料。

2.各级政府部门发布的相关资料

它主要包括各级计委、工商、财政、税务、银行、贸易等主管部门和职能部门定期或不定期公布的有关法规、政策、价格、市场供求等信息。这些信息具有综合性强、辐射面广等特点。

3. 各类信息中心、专业信息咨询机构、行业协会提供的市场信息和相关行业资料

它的内容包括行业统计数据、市场分析报告、市场行情报告等。这些专业机构的信息系统资料齐全、信息灵敏度高,具有较强的专业性和可靠性。为了满足各类用户的需要,这些机构通常还提供资料代购、咨询、检索等服务,是获取资料的重要来源。

4. 各类书籍、报纸、杂志等公开出版物所提供的资料

它的内容包括统计资料、市场行情、广告资料、预测资料等,这些资料具有信息及时、容量大等特点。

5. 各类电台、电视台等新闻媒体提供的相关市场信息

各国电台或电视台为适应市场经济形势发展的需要,都开设了经济信息栏目,这些资料具有信息量大、涉及范围广、信息速度快、成本低等特点。

6. 各级公共图书馆、专业院校图书馆、档案馆收藏的信息资料

这些图书馆、档案馆是各类文献资料的集中地,提供的资料具有真实性强、可信度高等特点。

7. 各类国际组织、商会提供的国际市场信息

它主要包括国际贸易中心(ITC)、国际货币基金组织(IMF)、外国使馆等提供的各类国际市场资料。

8. 各类博览会、展会、交易会、订货会等提供的专业性资料

通过参加这些会议可以搜集到大量有关新产品、新技术、新材料等生产供应信息,有时还可以直接获取产品。

9. 互联网提供的各类相关信息资料

通过互联网和在线数据库可以搜集到世界各地的数据资料,具有范围广、信息量大、传输方便、使用方便等特点。

【案例6.1】

口腔仪器的外部资料来源

某医疗器械生产企业研发了一种能够对口腔中的假牙活动情况进行三维检测的仪器。在将这种仪器批量生产之前,为确定其市场潜力,决定开展市场调查。根据调查目的所需调查资料如下:

(1)国内牙科诊所数量;
(2)全国每10万人所拥有的牙医数量;
(3)即将开业的牙病诊所数量;
(4)未来10年新增的牙医数量;
(5)现有牙医年龄结构;
(6)国内牙病诊所的分布情况。

为获得上述相关资料,经分析确定出各类资料来源的途径:国家卫生部门的年度统计资料;全国牙医卫生状况普查资料;牙科医学发展动态的相关学术会议、论文等;牙医行业协会的调查和研究报告。

三、文献调查的方法

（一）筛选法

筛选法是指从各类信息资料中分析和筛选出与企业生产经营有关的信息数据的一种方法，主要是从印刷资料中筛选。印刷资料主要有图书、报纸、杂志、论文集、专利资料、会议资料、政策文件、各类报告等。采用筛选法搜集资料通常需要根据市场调查项目的要求，有针对性地查找相关数据。筛选法具有获得数据方便、传播广泛、便于长期保存和直接利用等特点。

（二）剪辑分析法

剪辑分析法是指从各类信息资料中，通过剪辑的方式搜集和分析信息数据的一种方法。这种方法主要是从各类报刊或杂志刊登的文章中搜集和分析信息，因此也称为报刊剪辑分析法。在信息化社会，市场情况的瞬息万变经常会在各类新闻报道中体现，只要用心搜集和分析，就能够获得与企业生产经营相关的重要数据信息。

（三）情报联络网法

情报联络网法是指企业在一定范围内设立情报联络网，使资料搜集工作可延伸到企业想要涉及的地区。企业可在重点地区设立固定情报点，派专人负责情报搜集工作，在一般地区可与同行业、同部门及有关情报资料部门挂钩，定期互通情报，以获取各自所需的资料。互联网的普及使这种方法成为文献调查的有效方法。

（四）购买法

购买法是指通过购买信息资料，搜集和分析信息数据的一种方法。很多重要的信息资料（如统计年鉴、企业名录等）通常面向社会公开发行，企业可以通过订购这些资料获得相关数据。除此之外，各类专业信息咨询机构和市场调研机构也会提供一些重要市场调查报告的有偿服务。

四、文献调查的步骤

为提高文献调查的效率，节省调查的人力、物力、财力，应遵循一定的调查步骤。

（一）确定调查目的

采用文献法进行市场调查首先要明确调查的目的，即将文献调查作为主要的调查手段还是作为其他调查手段的补充；是为提高企业经营管理效率提供帮助还是为制定企业经营策略提供依据。

（二）确定资料搜集的内容

在正式开始调查之前，要根据调查目的确定具体调查内容，并根据调查内容进一步明确应搜集哪些方面的信息资料，包括企业内部资料和企业外部资料。

（三）评估企业现有内部资料

评估企业现有内部资料主要包括评估企业内部已取得或已积累的统计资料、财务资料、业务资料等是否能够满足本次市场调查的需要。如果不能满足本次调研需要，则需要进一步分析还缺少哪些方面的资料，并通过其他途径进行搜集。

（四）确定企业外部资料的来源

外部资料的来源很多，企业要根据所需外部资料的内容，综合考虑资料提供方的信誉、专业化程度和服务水平，确定资料搜集的方向和渠道，明确向谁获取资料、获取什么资料、何时获取资料等问题。

（五）制订调查实施计划

调查实施计划的内容包括以下几个方面：
(1)按优先级详细列出具体调查目标；
(2)详细列出可能使用的资料、资料的搜集方法及其来源；
(3)详细列出调查人员名单及其具备的专业素质能力；
(4)详细列出调查日程安排；
(5)调查成本预算与控制；
(6)调查人员工作分配与培训计划。

（六）调查实施与评估

根据制订的调查实施计划进行数据资料的搜集。在这一阶段，调查者要随时注意调查实施是否与计划有偏差，如果有偏差，要分析其原因，并根据分析结果进行适当调整。

（七）数据整理和分析

对搜集到的零星数据资料进行归纳、分类，并进行相关分析。

（八）撰写调查报告

调查报告的内容主要包括调查主题、调查目的、采用的具体调查方法、调查结果和建议等内容。

第二节　访问调查法

一、访问调查法的含义及特点

（一）访问调查法的含义

访问调查法又称询问调查法，是指调查人员将所要调查的问题，以当面、电话或书面等不同的形式，采用访谈询问的方式向被调查者了解情况以获得所需要的调查资料的一种方法。访问调查法属于实地调查法的范畴，是市场调查收集资料最基本、应用最广泛的方法之一。

（二）访问调查法的特点

访问调查法的特点是通过直接或间接的问答方式来了解被调查者的看法和意见，因此其特点主要表现在以下两方面。

1. 访问调查法的整个实施过程是调查者与被调查者相互作用、相互影响的过程

访问调查法一般是通过访问者直接或间接地向被访问者以一对一或一对多的方式交流，获取信息资料。在访谈中，不仅是访问者向被访问者询问，而且被访问者要回答访问者的询问，因此访问调查是一个双向沟通的过程。

2. 访问调查法的实施过程是一个特殊的人际关系交往过程

由于被访问者是有思想感情、心理活动的社会成员,所以访谈过程中访问者与被访问者的关系十分重要。访问者必须具备建立良好人际关系的能力,在获得被访问者信任,消除被访问者紧张和疑虑的情况下才能使其愉快、顺利地回答问题。因此,访问调查要取得成功,不仅要求访问者事先做好准备工作,熟练掌握访问技巧,还要求访问者根据被访问者的具体情况采取恰当的方式进行访问。

二、访问调查法的分类

(一)根据访问人数的多少,可分为个别访问和集体访问

个别访问是指每次访问只有一个被访问者,访问者对每个被访问者的回答分别记录,然后对收集的资料进行整理、汇总和分析,得出访问结果。

集体访问又称小组座谈,是指每次访问把两个或两个以上被调查者邀请到一起,以座谈的方式来针对某一主题进行交谈。访问过程中,访问者与被访问者之间相互作用、相互影响。因此,要求访问者不仅要做好各种调查准备工作,还要发挥双重互动,发挥组织协调能力。个别访问与集体访问的特点及适用范围如表6.1所示。

表6.1 个别访问与集体访问的比较

调查方法	优点	缺点	适用范围
个别访问	回答率高 准确性高 灵活性高	调查成本高,时间长 对调查者的素质要求比较高	调查范围较小 需要通过访问找到差异性
集体访问	效率高,能够探讨原因 获取资料广泛深入 灵活性高	被访者选择不当会影响调查结果的准确性 容易受主观影响造成误判 对调查者的素质要求比较高	调查范围较大 需要通过访问寻找深层次原因

(二)根据访问者与被访问者交流方式的不同,可分为直接访问和间接访问

直接访问是指访问者与被访问者面对面地交谈,被访问者一一回答问题,访问者将答案如实地记录下来的统计分析方法。直接访问又可以分为入户访问、街头拦截访问、电话访问和计算机辅助个人访问四种。

间接访问是指访问者将要访问的内容以书面形式交给被访问者,被访问者根据访问内容一一回答问题。邮寄访问是间接访问中的典型方式。直接访问与间接访问的特点及适用范围如表6.2所示。

表6.2 直接访问与间接访问的比较

调查方法	优点	缺点	适用范围
直接访问	调查深入性强 准确性高 回答率高 灵活性强	调查成本高 调查时间长 易受其他因素的干扰	调查范围较小 调查项目比较复杂的情况
间接访问	节省时间 调查成本低	调查内容有限制 真实性较差	调查范围较大 调查项目相对简单

（三）根据访问内容是否在访问前进行统一设计，可分为标准化访问和非标准化访问

标准化访问也称有结构访问，是指调查者按照事先设计好的、有一定结构的访问问卷进行访问，整个访问过程是在高度控制下进行的。标准化访问常用于研究不直接观察的市场现象，如消费者的愿望、倾向、态度等，这些现象不能直接看见，但可以通过交谈反映出来。标准化访问的标准化主要体现在选择访谈对象的方法一致、访谈的内容一致、访谈的方式一致、访谈问题的顺序一致、对被访者回答问题的记录方式一致等。

非标准化访问也称为无结构访问，是指访问者事先不制定访问问卷，只是根据访问目的列出大致的访问提纲，访问者与被访问者根据提纲进行自由交谈。在整个访谈过程中，访谈双方都不受严格的约束。标准化访问与非标准化访问的特点及适用范围如表 6.3 所示。

表 6.3 标准化访问与非标准化访问的比较

调查方法	优点	缺点	适用范围
标准化访问	便于资料整理和分析 有利于研究现象的总体特征	灵活性较差 不利于发挥调查双方的主动性 调查内容不能更改	调查不适宜直观观察的市场现象 调查总体较大
非标准化访问	有利于发挥调查双方的积极性和主动性 可以进行深入调查 灵活性较强	调查结果整理和分析工作量大	事先无法设想调查结果的问题 调查项目相对简单

三、访问调查的具体方法

（一）面谈调查

面谈调查属于直接调查范畴，是指访问者将制定好的访问提纲或问卷直接向被调查者进行面对面的口头提问，并当场记录被调查者回答内容的一种调查方法。

根据调查地点和使用调查工具的不同，面谈调查可分为入户访问、拦截访问和计算机辅助面访。

1. 入户访问

入户访问是指访问者到被访问者家中进行访问的一种调查方法。入户访问是目前最常用的一种面谈调查法。

入户访问具有回答完整率高、调查结果准确性高、资料收集量大、易于复核等优点，同时也具有调查费用高、拒绝访问率高等缺点，并且入户访问在访问过程中对访问人员的控制性较差，容易出现访问人员弄虚作假的情况，对访问人员的专业素质要求较高。

2. 拦截访问

拦截访问是指在特定场所（如超市、商场等）拦截符合条件的访问对象进行访问的一种调查方法。拦截访问也是面谈调查普遍使用的一种方法。

拦截访问具有访问效率高、访问费用低、便于对访问人员进行监控等优点，同时也具有样本代表性差、拒绝访问率高、调查时间受限制等缺点。由于拦截访问一般是在公共场合进行访问，因此访问后复核难度很大。

【案例 6.2】

蒙牛的市场调查

蒙牛乳业威海分公司为全面了解威海市场信息,更好地进行市场定位和制定更为合理的营销策略,委托山东大学威海分校在威海市区范围内进行一次专项市场调研。

此次市场调研的主要目的如下:

(1)对蒙牛牛奶在威海市的品牌进行分析,包括蒙牛牛奶的知名度、美誉度、主要竞争者分析等;

(2)了解消费者购买行为的特点,包括购买动机、购买渠道、一次购买量、平均消费量等,为今后更加优化产品组合,提出更切合消费者的促销方式等提供依据;

(3)探查消费者对蒙牛乳业公司"超级女声"广告的认知程度、接受程度,并探究广告对其消费决策的影响;

(4)了解店堂营销及渠道经销中存在的问题,并与主要竞争对手进行比较,分析蒙牛在这个方面的竞争优势和劣势。

因为此次调查内容包括调查消费者对奶制品的消费习惯、日消费量、购买渠道、喜欢的促销方式等,调研小组在进行样本选择时,采用如下标准甄选被访目标。

(1)15~25周岁的威海市区区域内常住居民。

(2)本人及其家属不从事相应的与奶制品有关的工作。

(3)在过去六个月未接受或参加过任何形式的相关市场调研。

此次调研除了采用街头拦截访问之外,还设了小组座谈会。小组座谈成员由随机选取的消费者及蒙牛渠道成员组成,依据调查目的围绕主要问题进行充分的讨论。蒙牛渠道成员通过与消费者的交谈,总结问题并不断提出新的话题进行讨论,产生出了许多对于蒙牛乳业威海分公司今后发展大有帮助的建设性意见,找出了经营中存在的问题,总结出了更迎合消费者心理的促销方式,有助于开拓威海市场。

3. 计算机辅助面访

计算机辅助面访是指访问人员以笔记本电脑为调查工具,将事先设计好的调查提纲或问卷存入电脑内,按照电脑屏幕上的提示问题向被访问者进行面谈调查的一种方法,可应用于入户访问和拦截访问调查。

(二)电话调查

电话调查属于直接调查的范畴,是指访问者通过电话向被访问者提出有关问题,以获得所需信息资料的一种调查方法。随着现代科学技术的进步,电话调查法可分为传统电话调查和计算机辅助电话调查两类。

1. 传统电话调查

传统电话调查是指使用传统电话为主要调查工具进行访问调查。通常情况下,经过培训的调查人员会利用现有的电话号码簿作为样本框,利用随机数生成器或随机数码表拨打电话号码,或按照等距抽样的方法抽取号码;也可以根据调查地区的具体情况和抽样方案先确定拨打号码的前几位,然后按照随机原则确定后几位进行调查。

传统电话调查要求访问人员发音准确、口齿清楚、语速适中、听力良好。在电话调查过程中还需注意的是,如果被抽中的访问者暂时联系不上时,应该记住该号码,另选时间再打,不要连续追打多次。

2. 计算机辅助电话调查

计算机辅助电话调查是指在一个装有计算机辅助电话调查设备的中心地点，访问员坐在计算机终端或个人计算机前，在电话被接通后，根据计算机屏幕上提示的问题和选项向被调查者提问，并将被调查者的答案直接记录在计算机中的一种调查方法。

计算机辅助电话调查省略了数据编辑和输入的步骤，也避免了部分输入误差。例如，某问题有四个备选答案：A，B，C，D，若访问人员输入 E，则计算机会发出错误提示，并要求访问人员重新输入答案。

3. 电话调查的特点

电话调查是一种使用非常广泛的访问调查方法，它的优点包括以下几点：

(1) 获取信息资料的速度快。由于电话调查不需要登门访问，因此访问人员在单位时间里的访问量比入户访问量大得多。

(2) 调查费用较低。对于调查公司而言，需要支付给每位电话访问员的劳务费要比入户访问人员低。

(3) 调查范围广。电话调查可以对任意有电话的地区进行调查。

(4) 氛围轻松。由于被访问者与访问者不见面，被访问者不会受到访问者在场的心理压力，可以比较自由地回答问题，双方交谈气氛轻松。

(5) 适宜访问不易接触到的被访问者。有些被访问者由于工作繁忙等原因不容易接触到，短暂的电话访问比较适合。

电话调查的缺点主要表现在以下几方面：

(1) 只能调查简单问题。由于通话时间有限，访问者只能向被访问者提出便于回答的简单问题，难以对问题进行深入交谈。

(2) 拒绝回答率高。由于电话访问对被访问者的状态无法判断，因此拒绝回答率较高。

(3) 调查获得的信息资料精确度不高。被访问者有时会由于不了解访问者的意图而无法回答。

(4) 被访问者只限于在通电话的地区。

(5) 访问时间有限。由于访问者与被访问者只能通过声音进行沟通和交流，无法面对面进行情感交流，因此访问时间不宜过长，否则会导致中断访问情况的发生。

【案例6.3】

电话调查样本的确定

先将各城区电话号码的全部区号找到，按所属区域分类排列，此为样本的前三位或前四位电话号码，后四位电话号码则利用随机数生成器随机抽取出来。然后将前三位或前四位电话号码与后四位电话号码相互交叉汇编，组成不同的电话号码。

例如，××城市的电话号码区域号有 3811，3812，3813，…后四位电话号码库有 1893，2894，3895，…则抽样出的电话号码为：38111893，38112894，38113895，38121893，38122894，38123895，38131983，38132894，38133895，…依此类推。

(三) 邮寄调查

邮寄调查是指通过邮寄的方法将设计好的调查问卷寄给选定的被访问者，请被访问者按照调查问卷的填写要求填好后寄回的一种调查方法。这种调查方法可以通过四种不同方式来实施：一是通过邮局邮寄；二是利用媒体，如报纸、杂志等；三是在特定场地发放问卷;四是通过网络以电子邮件形式邮寄。

1. 邮寄调查的特点

邮寄调查的优点主要体现在以下几方面:

(1)调查成本低。邮寄问卷无需向访问人员支付劳务费,调查投入的人力、物力、财力相对较小。

(2)调查范围广。所有邮政或网络能够到达的地方都可以进行调查。

(3)调查时间充分。由于不受时间的限制,被访问者可以有充足的时间来回答问题。

(4)干扰因素少。由于被访问者回答问题时访问者不在场,所以不会受到访问人员倾向性意见的干扰。

(5)无访问人员误差。邮寄调查的答案由于不用访问人员记录,所以避免了来自访问人员记录的误差。

邮寄调查的缺点主要体现在以下几方面:

(1)回收率较低。对于邮寄问卷而言,回收率为30%称为高回收率,回收率为15%~20%称为中等回收率,但实际调研过程中,回收率往往低于10%。

(2)调查时间长。被访问者由于这样或那样的原因可能不会收到问卷后立即作答,即使立即作答可能不会立即寄回,因此调查的回收期长,在一定程度上也会影响调查数据的时效性。

(3)对被访问者的要求较高。由于被访问者不在现场,被访问者可能会对调查内容的理解出现偏差,因此要求被访问者具有一定的文字理解能力和表达能力,不适用于文化程度较低的被调查者。

(4)无法判断被访问者回答的可靠性。由于访问者不在访问现场,因此无法判断被访问者的性格特征和回答态度,从而无法判断被访问者回答的可靠性。

2. 邮寄调查的技巧

邮寄调查面临的主要问题就是回收率低,因此可以通过一些技巧提高邮寄调查的回收率。

(1)催收提醒。可以通过跟踪信、跟踪电话、邮寄明信片等方式来提醒未邮寄问卷的被访问者。相关研究表明,催收提醒一般可以将问卷回收率提高10%。

(2)奖励刺激。如果在邮寄调查中附赠一些小礼物或在问卷回收之后对寄回问卷的被访问者邮寄一些小礼物,既有利于提高问卷的回收率,又有利于问卷答案的准确性。

(3)邮资保障。对于使用传统邮寄方式寄出的问卷,在回邮信封上贴足邮资,减少被调查者的经济负担,有利于提高邮寄调查的回收率。

(4)提高调查主题的趣味性。如果被访问者对调查主题非常感兴趣,调查项目又容易回答,可以提高被访问者的填答几率,从而提高邮寄调查的回收率。

(四)留置调查

留置调查是指将事先设计好的调查问卷当面交给被访问者,并说明填写要求,留下问卷,待被访问者填好后由访问人员在规定时间统一收回的一种调查方法。这种调查方法介于面谈调查和邮寄调查之间,比邮寄调查更灵活、具体。

1. 留置调查的优点

(1)回收率高。由于访问者当面将调查问卷交给被访问者,并说明填写要求和方法,解释被访问者的疑问,因此只要在回收时确认填答情况就可以减少误差,提高回收率。

(2)时间自由、充分。被访问者可以有比较充分的时间来安排填答时间,不受调查人员的影响,做出比较准确的回答。

(3)成本较低。由于问卷填答过程中不需要访问人员在场,因此在一定程度上降低了调查的成本。

2. 留置调查的缺点

(1)调查范围有限。由于访问者需要当面将调查问卷交给被访问者,并要在规定的时间取回问卷,因此使调查范围受到一定限制。

(2)调查时间较长。由于被访问者不能将调查信息立即反馈,一般至少需要一周时间才能取回反馈信息。

(3)无法控制调查过程。由于调查问卷是由被访问者自行填答,访问者不在现场,因此被访问者是否按照调查说明要求填写问卷无法控制。

(五)日记调查

日记调查是指对作为固定连续样本的被调查者发放日记本,由被调查者逐日逐项进行记录,并由调查人员定期加以整理汇总的一种调查方法。

日记调查法的优点主要有以下两点:

(1)能够使调查者与被调查者建立长期合作的关系,因此样本回收率较高;

(2)能够及时反映被调查者的情况,及时进行资料整理和分析。

日记调查法的缺点主要有以下两点:

(1)有些调查内容需要被调查者每天进行记录,因此记录的工作量较大;

(2)记录过程中存在许多被调查者的主观因素,影响调查的准确性和客观性。

【案例6.4】

日记调查在广告媒体中的应用

日记调查常用于电视收视率的调查。其操作步骤是通过一定的抽样设计抽取被调查的家庭,然后将调查问卷送到被调查家庭中,一般是请被调查家庭主妇将每天看电视的人按性别、年龄分别记录在问卷上。选择家庭主妇是因为他们通常比较仔细和认真,得到的调查结果相应地也会比较准确。

例如,调查沈阳影视频道、沈阳新闻频道、辽宁都市频道和辽宁新闻频道的收视率时,将这些频道全天的所有节目印在调查问卷上,一般一个调查回收期为一周,所以要准备一本七份的调查问卷。

等到周末,由访问员上门回收调查问卷,并且送上下一周的调查问卷。然后将收回的调查问卷进行整理和分析,得到各节目频道收视的频数和频率。

第三节 观察调查法

一、观察调查法的含义及特点

(一)观察调查法的含义

观察调查法简称观察法,是指观察者根据调查目的,有组织、有计划地运用自身的感觉器官(视觉、听觉、味觉、嗅觉、触觉)或借助科学的观察工具和手段,直接收集当时正在发生的被调查者活动和现场事实的相关资料。

(二)观察调查法的特点

1. 观察调查法的优点

(1)可靠性较高。由于被调查者与调查者不直接接触,因此被调查者没有心理压力,完全是一种自然的表现,调查结果可靠性较高。

(2)直观性较强。观察法收集的资料是被调查者的自然行为,因此直观性较强。

(3)干扰性较弱。观察法是调查者的单方面活动,不依赖于语言交流,因此不会受到被调查者意愿和回答能力等问题的干扰。

2. 观察调查法的缺点

(1)观察法调查需要大量调查人员进行现场调查,因此调查只适合小范围。

(2)观察法通常需要长时间观察,因此调查费用较高。

(3)观察法要求调查人员具有敏锐的观察力,因此对调查人员的技术水平要求较高。

二、观察调查法的分类

(一)按照观察内容的标准化程度,可分为结构式观察和非结构式观察

1. 结构式观察

结构式观察是指事先制订好观察计划,规定观察范围、对象、内容、程序等,并在观察过程中严格按照计划执行。结构式观察的特点是观察过程标准化程度高,因此得到的调查资料比较系统,容易整理。

2. 非结构式观察

非结构式观察也称无结构式观察,是指事先对观察内容、程序、手段等不做严格的规定,只要求观察者有一个总的观察目的和原则,观察内容和范围不做严格的限定,在观察过程中采取随意的方式进行记录。非结构式观察的特点是灵活性较强,能够发挥观察者的主观能动性,但收集的资料整理和分析难度较大。

(二)按照观察形式的不同,可分为直接观察和间接观察

1. 直接观察

直接观察是指调查人员直接深入到调查现场,对正在发生的行为和市场活动进行观察和记录。

直接观察法要求事先规定观察对象、范围、过程、地点等,并采用适合的观察方式来进行观察。直接观察法具有简单、直接、受限制较少等优点。直接观察法具体包括顾客观察法和环境观察法。

(1)顾客观察法是指观察者作为一个旁观者,冷静地观察现场所发生的情况。这种观察方式要求观察者选择一个适当的位置把自己隐藏起来,使自己的观察工作不会引起被观察者注意,以保证观察结果的可靠性。

(2)环境观察法也称为伪装购物法,是指以普通顾客身份对被调查者的所有环境因素进行观察,以获取调查资料的方法。如观察者充当售货员观察顾客的购买行为。这种观察方式要求观察人员具有较强的注意力和良好的记忆力。

2. 间接观察

间接观察是指调查者对自然物品、行为痕迹等现场遗留下来的事物进行观察,以便间接反映调查对象的状况和特征,获取相关信息。在一些不适合调查人员亲临现场进行调查的情况下,可以根据调查目的和要求,在调查现场设置摄像机、红外探测器等设备自动采集有关调查信息。采用这种调查方式一次性投资较大,应用范围较小。

(三)按照观察手段的不同,可分为人员观察、仪器观察和痕迹观察

1. 人员观察

人员观察是指调查人员通过感觉器官或借助机器设备进行观察。例如,调查人员想要了解某产品的市场销售状况,可以到销售现场进行观察,或到用户群体中进行观察。这种方式要求观察者具有敏锐的观察力,较好的应变力和记忆力,以及迅速的笔记能力。人员观察的感觉和观察工具如表6.4所示。

表6.4 感觉及辅助工具汇总表

感觉	感觉器官	在市场调查中的作用	辅助工具
视觉	眼睛	行为观察	望远镜、显微镜、照相机等
触觉	手	表面检查	触式测试仪、金相仪
嗅觉	鼻子	食品、香料检验	味料分析仪
听觉	耳朵	谈话观察	助听器、录音机、噪声测量仪
味觉	舌头	品味	化学分析仪、味料专用分析仪

2. 仪器观察

仪器观察是指通过仪器设备来观察被调查者。例如,在超市里安装摄像装置观察顾客行为。仪器设备是人感官的延长,在特定的环境中,仪器观察比人员观察更经济、准确。

3. 痕迹观察

痕迹观察是指调查者不直接观察被调查者行为,而是通过一定的途径来了解他们行为的痕迹。例如,通过摩托车修理厂可以了解摩托不同零件的损坏率,从而反映出摩托车在产品设计或制造中存在的问题。

(四)按照观察对象是否参与调查活动,可分为参与性观察和非参与性观察

1. 参与性观察

参与性观察是指调查者参与到被调查群体中,并成为其中一员,直接与被调查者接触,收集资料的一种调查方法。在参与性观察中,调查者要隐瞒自己的身份,长时间置身于被调查群体之中。参与性观察常常通过"伪装购物法"或"神秘购物法"来组织实施。

2. 非参与性观察

非参与性观察是指调查者以旁观者的身份,置身于调查群体之外对被调查者进行观察、记录,以获取所需信息的一种调查方法。在非参与性观察中,调查者不参与被调查者的任何活动,只是像记者一样记录调查者的行为过程。为保证调查的准确性,应尽量保证调查者的隐蔽性。

(五)按照观察进行的时间不同,可分为纵向观察、横向观察和纵横结合观察

1. 纵向观察

纵向观察又称时间序列观察,是指在不同时间对调查对象进行观察,获得一连串的观察记录的一种调查方法。通过纵向观察,可以了解调查者在时间发展变化的过程和规律。例如,要了解某娱乐场所的生意是否兴隆,可以利用纵向观察,通过人员观察或仪器观察,记录下不同时间段进出该场所的人数。

2. 横向观察

横向观察是指在某特定时间内对若干个调查者同时进行观察记录,将观察结果进行比较,从而全面地了解被调查者情况的一种调查方法。例如,某调查机构要了解某客运企业服务水平,该调查机构同时选取了不同线路的多台客车的服务过程进行观察,通过对多台客车服务过程进行比较和评价,得到客运企业服务水平的一个整体评价。

3. 纵横结合观察

纵横结合观察是指在时间上有延续,同时选取多个调查对象进行调查的一种调查方法。这种方法较横向观察和纵向观察,能取得更全面、可靠的资料,但调查时间和调查费用较大。例如,某新产品进入市场,要了解其在市场上的销售情况,就要在较长时间内,从销售量、顾客反映情况、售后反馈等多方面进行观察。

三、观察法的记录技术

记录技术的好坏直接影响调查结果。科学的记录技术能够准确、及时地记录观察信息,为资料整理和分析提供方便。常用的记录技术包括:观察卡片记录、速记、头脑记忆、机械记录、符号记录。

(一)观察卡片记录

观察卡片记录是指在卡片上列出观察项目和每个项目可能出现的各种情况。使用观察卡片记录时,观察人员可以直接在卡片上填写观察记录。客流量观察卡片如图6.1所示。

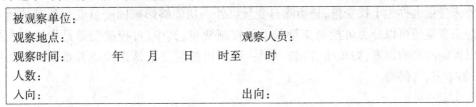

图6.1 客流量观察卡片

(二)速记

速记是指用简便易写的线段、圈点等符号系统来代表文字记录的方法。在文字记录中,也可以用符号代表在观察中可能出现的各种情况。在记录时,调查人员根据调查内容记下相应的符号,或在事先写好的符号上打钩即可,速记可以加快记录的速度。

(三)头脑记忆

头脑记忆是指在调查中,采用事后追忆的方式进行的记录,这种记录方法多用于调查时间急迫或不宜现场记录的情况。由于人的记忆力有限,在回忆时容易出现遗漏重要信息的情况。

(四) 机械记录

机械记录是指在调查中,运用录音机、录像机、照相机等专用仪器进行记录。这种记录方法能详尽记录所要观察的现象,减轻调查人员的负担。

(五) 符号记录

符号记录是指在记录时根据出现的各种情况记录下相应的符号,不需要用文字叙述。符号记录能够加快记录速度,便于资料整理。

第四节　实验调查法

一、实验调查法的概念及特点

(一) 实验调查法的含义

实验调查法是指在既定条件下,调查人员有目的、有意识地改变或控制一个或几个影响因素,通过实验对比,对调查现象中的因果关系及其发展变化过程进行分析的一种调查方法。因此,实验调查法也称为因果关系调查法。

(二) 实验调查法的相关概念

1. 自变量

自变量也称为实验变量或独立变量,是指在实验过程中引入的变量,实验者在实验过程中可以进行控制、处理,并且效果可以测量和比较的变量,如产品的价格、包装等。

2. 因变量

因变量也称为相应变量,是指实验过程中通过测量自变量改变对实验对象产生效果的变量。例如,在商品价格与销售量的关系中,销售量就是因变量。

3. 外来变量

外来变量也称为干扰变量,是指除自变量以外一切能够影响因变量变化的其他所有变量。外来变量还可以分为可控制变量和不可控制变量,其中,可控制变量是指调查人员能够加以控制的影响因素,如价格、广告、包装等;不可控制变量是指调查者难以控制的影响因素,如季节、气候等。

4. 实验对象

实验对象也称为实验单位,它可以是个人,也可以是组织或其他实体。

5. 因果关系

因果关系即某个起因 A 影响或引起某个结果 B。A,B 之间存在因果关系应至少符合以下三个条件:存在相关关系;存在适当的时间顺序;不存在其他可能的原因性因素。在实验调查法中,A 与 B 存在因果关系,最多只能推断 A 是 B 的起因中的一个,而不能证明 A 是 B 的起因。

6. 实验组

实验组是指一组被实验的对象,可以是人,也可以是物。

7. 控制组

控制组也称为对比组,是指在实验过程中由自变量保持不变的个体所组成的组。

(三)实验调查法的特点

1. 实验调查法的优点

(1)能够检验市场环境中不明确的因果关系。这是其他调查方法不能提供的。

(2)实验结果客观性、可靠性高。实验调查法是在一种真实的或模拟真实环境下进行的,因此结果具有较强的真实性。

(3)实验主动性强。实验调查法可以主动进行变量控制,观察各种影响因素之间的相互关系,因此实验主动性较强。

(4)实验结果说服力较强。在实验调查中,实验变量、实验设计、实验环境都基本相同,因此实验结果具有较强的说服力。

2. 实验调查法的缺点

(1)实验成本较高。为保证实验的实现,有的实验需要有多个控制组合对照组,因此实验调查法在费用和时间方面比其他调查法费用高。

(2)保密性差。现场实验容易暴露实验者的商业机密,使竞争对手做出对应措施。

(3)实施难度大。在实验交叉中,既要考虑不影响被调查企业日常工作,又要考虑取得实验对象的合作,同时还要控制外来因素的影响,因此实施难度较大。

(4)实验局限性较大。实验调查法只能识别特定实验变量与影响因素之间的关系,而不能解释众多影响因素,也不能分析过去或未来的情况,因此实验局限性较大。

二、实验调查法的分类

根据实验场所的不同,可以将实验调查法分为实验室实验和现场实验。

1. 实验室实验

在模拟的人造环境中进行实验,容易操作,所需时间较短,费用较低。

2. 现场实验

在实际环境中进行实验,操作性较差,所需时间较长,费用较高。现场实验又可以分为产品实验和销售实验。

(1)产品实验是指对产品的质量、性能、色彩等方面的市场反应进行调查。

(2)销售实验是指产品在大量上市之前,以有限的规模在有代表性的市场内试销,得出销售效果。

三、实验调查的基本方法

(一)无控制组事前事后对比实验

无控制组事前事后对比实验是一种最简便的实验调查方法,是指在没有控制组进行对比的情况下调查人员只选择一组实验对象作为实验组,先对实验组的正常情况进行测量,然后再测量实验后实验组的结果,将实验前后的测量情况进行比较,通过对比分析了解实验变化的结果。

例如,某饮料公司生产三个品种的饮料,用无控制组事前事后对比实验的方法对饮料调价后的销售量的变化情况进行分析,具体做法如下:

(1)选定实验对象 A,B,C;

(2)对实验对象在实验前一季度的销售量进行统计;

(3) 对实验对象改变价格后一个季度的销售量进行统计；
(4) 比较实验前后不同时期销售量的增减情况。

实验情况如表 6.5 所示。

表 6.5 饮料调价实验汇总表

饮料品牌	每瓶售价/元		销售量/箱	
	实验前 x_1	实验后 x_2	实验前 y_1	实验后 y_2
A	4	3.8	200	250
B	3.8	3.5	215	260
C	3.5	4	230	210
总计			645	720

通过表 6.5 可以看出，改变 3 种饮料的价格以后，每种饮料的销售量都发生了变化。其中，饮料 A 的价格降低了 0.2 元，销售量增加了 50 箱，饮料 B 的价格下降了 0.3 元，销售量增加了 45 箱，饮料 C 的价格上升了 0.5 元，销售量下降了 20 箱。通过对比和计算，不难发现，改变价格对总体销售量和销售收入的增加是有效的。

(二) 实验组与控制组对比实验

在无控制组事前事后对比实验中，由于不能排除其他非实验因素的影响，只能粗略地估计实验结果，如果要排除其他非实验因素的影响，就需要进行实验组与控制组的对比实验。实验组与控制组对比实验是指将实验组与控制组的实验对象在同一时间内进行对比。在同一实验期间内，把两组情况相同或相近的实验对象分别指定为实验组和控制组，两组按照一定的实验条件进行实验，然后对两组的实验结果进行比较和分析。

例如，某企业想了解店内海报对其销售量是否具有促销作用，决定采用实验组与控制组的对比实验来进行调查。该企业从其经销商中选择了 10 家卖场，其中 5 家卖场作为实验组，5 家卖场作为控制组，实验期为一个月。实验组自实验开始日起在店内张贴商品宣传海报，而控制组不张贴店内海报。实验期间，分别记录两组的销售量。实验结束后，实验组的销售量为 5 000 件，控制组的销售量为 3 200 件。由此可见，在店内张贴宣传海报可以增加销售量。

采用这种实验方法需要注意的是，实验组和控制组必须在相同的时间内进行实验，并且实验组和控制组的情况应当相同或相近。

(三) 有控制组事前事后对比实验

无控制组事前事后对比实验和实验组与控制组对比实验都具有简单易行的特点，但都无法排除非实验因素对因变量的影响。如果想要消除非实验因素的影响，就必须先确定非实验因素对实验效果的影响程度，再将其从实验结果中剔除。采用有控制组事前事后对比实验能够获得较好的效果。

有控制组事前事后对比实验是指在实验对象中挑选两组，一组指定为实验组，一组指定为控制组，实验组按照实验条件进行实验。在事前事后两段相同的实验期内，分别对实验组和控制组情况进行测量，然后对两组的实验结果进行比较和分析。

例如，某糕点公司决定采用有控制组事前事后对比实验来调查该公司经营的某品牌糕点采用新包装后的效果，具体做法如下：

(1) 选定实验组和控制组,在 1 个月内,不改变包装进行销售,分别用 x_1, x_2 表示;

(2) 进行为期一个月的实验,实验组采用新包装进行销售,用 y_1 表示,控制组不改变包装进行销售,用 y_2 表示;

(3) 测量两组实验情况,如表 6.6 所示。

表6.6 糕点新包装实验汇总表

组别	实验前销售量/盒	实验后销售量/盒	销售量变动/盒	变动率/%
实验组	100	140	40	40
控制组	110	120	10	<10

通过表 6.6 可以看出,采用新包装后,实验组的销售量增加了 40 盒,提高了 40%,而没改变包装的控制组的销售量增加了 10 盒,提高了不到 10%,所以实验效果提高了 30%。由此可见,采用新包装对增加糕点的销售量是有效果的。

(四) 完全随机对比实验

完全随机对比实验是指随机地选取一个影响因素,对同一个实验对象在该因素的不同状态下进行实验,将实验结果进行比较和分析。

例如,选取两家超市对不同季节的销售额进行对比,具体做法如下:

(1) 选取两家销售额相同或相近的超市作为实验对象;

(2) 分别对这两家超市在不同季度的销售额进行记录,并进行比较分析,如表 6.7 所示。

表6.7 不同季节销售实验汇总表

季度	超市 A	超市 B
1	50	60
2	90	85
3	75	80
4	20	30
合计	235	255

(五) 分组随机对比实验

调查人员除了可以对自变量的影响因素进行实验以外,还可以就某个主要因素单独进行研究,进行分组随机对比实验。例如,将商店规模和价格条件单独孤立起来进行实验,对其销售量进行对比,具体做法如下:

(1) 将商店规模按照销售额大于 10 万元、6 万~10 万元、小于 6 万元进行划分;

(2) 对销售价格按照 4.5 元、5 元、5.5 元进行划分;

(3) 对不同商店规模和价格下的销售量进行对比分析,如表 6.8 所示。

表6.8 不同商店规模和价格条件下销售量对比

商店规模/万元	不同价格下的销售量/件		
	4.5万	5万	5.5万
大于10万元	500	400	350
6万~10万元	400	350	300
小于6万元	350	320	300
合计	1 250	1 070	950

四、实验调查法的实施步骤

1. 根据调查目的和要求,提出研究假设和相关变量

例如,某种新产品在哪个地区销售量好,不同的广告设计方案对促销的效果是否具有显著性差异等。

2. 根据实验要求,确定实验方法

根据实验要求,选择恰当的实验方法对实验效果至关重要。

3. 选择实验对象

根据确定的实验方法,对实验组、控制组等进行选择。

4. 实施实验

在实验过程中,应对实验结果进行认真测量和记录,并运用统计方法进行分析和推断。

5. 撰写实验报告

实验报告应包括实验目的的说明、实验方法、实验实施过程,以及实验事实结果,并根据实验结果提出有价值的分析和推断。

第五节 网络调查法

一、网络调查法的含义

网络调查法是通过在互联网上针对调查问题进行调查的方法。它是企业整体营销战略的一个组成部分;是建立在互联网基础上,借助于互联网的特性来实现一定营销目标和调查目的的一种手段。网络调查法主要有两种:一是利用互联网直接进行问卷调查,收集第一手资料,称为网上直接调查;二是利用互联网的媒体功能,从互联网收集第二手资料,称为网上间接调查。

二、网络调查法的特点

1. 优点

(1)可靠性、保密性和客观性。由于网络的特殊性,被调查者容易打消顾虑,真实地回答问题,使调查的可靠性大大提高。同时,网上调查可以避免访问调查时因人为错误而导致的调查结论偏差,从而保证了调查结果的客观性。

(2)高效性与简单性。网络调查不存在地域的限制、报送程序的影响、纸质填写的麻

烦、手工输入的失误等。例如，Motorola公司如果利用传统方式在全球范围内进行市场调查，就需要各国各地区代理的配合，耗资耗时，并且难以实施。但是，其与搜狐零点调查公司联合，在短短的三个月内就成功地完成了调查项目。

(3)可检验性和可控性。网络调查可以对收集信息的质量实施系统的检验和控制。

(4)及时性和共享性。网上调查可以迅捷地实施调查方案，时效性大大提高。由于网上调查的结果是公开的，被调查者可以和调查者一样使用调查结果。比如关于某新产品能否被大众接受的调查，只需点击"查看"，即可看到统计分布图显示有78%的人认为"能"，15%的人认为"说不准"，而7%的人认为"不能"。

(5)便捷性和低成本。实施网上调查节省了传统调查中耗费的大量人力和物力，调查成本低，调查结果更便捷。

(6)更好的接触性。网上调查可能访问到高收入、高地位和调查员无法进入的生活小区中的群体，大大提高了访问率。通过网上邀请，还可以方便地请到国内外的名人、要人，或平时难以接触到的人士做客聊天室，进行"面对面"交流或进行深层访谈，这些都是传统调查方法无法做到的。如新浪、搜狐等大型网站日访问量高达千万人次，这也是传统面访调查方式可望而不可即的。

2.缺点

(1)调查对象受到限制，网上可调查样本的数量少，代表性较差。我国当前网络普及率低，在不能上网的地区或人群中，不能进行网络调查。

(2)内容的真实性很难检验。网络调查因不能确定被调查者的确切身份，也就很难确定被调查者是否是在真实地填写问卷，也很难确定是否有虚假信息的存在。

(3)调查问卷回收率低。在美国，网络调查问卷的回收率只有15%，在我国则更低。为了提高回收率，必须对调查问卷的设计技巧提出更高的要求。

(4)抽样框难以界定。在电子邮件调查中是以E-mail地址清单作为抽样框的，但是一般网民都不只有一个邮箱，此时将会产生复合连接问题而影响估计的精度。

(5)专业化、商业化程度还很低。市场调查所要解决的不仅仅是Who、When、Where、What的问题，还要解决Why的问题，但我们目前的网上调查关于Why的问题很少，深层次的探讨还没有展开，一些大型的专业性问题仍是沿用传统调查方式。

三、网络调查法的分类

1.按调查者组织调查样本的行为可分为主动调查法和被动调查法

(1)主动调查法，即调查者主动组织调查样本，完成统计调查的一种调查方法。如美国消费者调查公司(American Opinion)是美国的一家网上市场调研公司，通过互联网在世界范围内征集会员，申请者只要回答一些关于个人职业、家庭成员组成及收入等方面的问题即可成为会员。该公司每月都会寄出一些市场调查表给符合调研要求的会员，询问诸如"你最喜欢哪些食品，你最喜欢哪些口味，你最需要哪些家用电器"等方面的问题，并在调查表的下面注明完成调研后可获得的酬金，根据问卷的长短以及难度的不同，酬金的范围在4~25美元之间，除此以外每月还会从会员中随机抽奖，奖金至少为50美元。因此，该公司会员注册十分积极，目前已有网上会员50多万人。

(2)被动调查法，即调查者被动地等待调查样本造访，完成统计调查的方法。例如，CNNIC(中国互联网络信息中心)每半年进行一次的"中国互联网络发展状况调查"采用的就是被动问卷调研法。在调查期间,为达到可以满足统计需要的问卷数量,CNNIC 一般与新浪、搜狐、网易等国内著名的 ISP(网络服务提供商)或 ICP(网络媒体提供商)设置调查问卷的链接,进行适当的宣传,以吸引大量的互联网浏览者进行问卷点击,感兴趣的人会自愿填写问卷并将问卷寄回。

2. 按其采用的技术可以分为站点法、电子邮件法、随机 IP 法和视讯会议法

(1)站点法。这是将调查问卷的 HTML 文件附加在一个或几个网络站点的 Web 上,由浏览这些站点的网上用户在此 Web 上回答调查问题的方法。站点法属于被动调查法,这是目前出现的网上调查的基本方法,也是近期网上调查的主要方法。

(2)电子邮件法。这是通过给被调查者发送电子邮件的形式将调查问卷发给一些特定的网上用户,由用户填写后以电子邮件的形式再反馈给调查者的调查方法。电子邮件法属于主动调查法,与传统邮件法相似,大大地提高了邮件传送的时效性。

(3)随机 IP 法。这是以产生一批随机 IP 地址作为抽样样本的调查方法。随机 IP 法属于主动调查法,其理论基础是随机抽样。利用该方法可以进行纯随机抽样,也可以依据一定的标志排队进行分层抽样和分群抽样。

(4)视讯会议法。这是将分散在不同地域的被调查者通过互联网视讯会议功能虚拟地组织起来,在主持人的引导下讨论调查问题的调查方法。这种调查方法属于主动调查法,其原理与传统调查法中的专家调查法相似,不同之处是参与调查的专家不必实际地聚集在一起,而是分散在任何可以连通国际互联网的地方。因此,网上视讯调查会议的组织比传统的专家调查法简单,适合于对关键问题的定性调查研究。

四、网络调查的步骤

(1)选择合适的搜索引擎。搜索引擎是指能及时发现需要调研对象内容的电子指针。如国外的谷歌、雅虎,国内的百度等,它们能提供有关的市场信息,阅读分析存储数以万计的资料。

(2)确定调查对象。网络调查的对象可以是产品的消费者、企业的竞争者、企业的合作者和行业内的中立者等。

(3)查询相关调查对象。

(4)确定适用的信息服务。

(5)信息的加工、整理、分析和运用。

五、网络调查的应用

根据网络调查方式的优势和目前国内国际互联网的应用现状,现阶段网上调查主要应用在针对网上群体有效的实验性调查和民意调查项目上。具体讲可以应用在如下几个方面:

(1)市场调查。针对地区 IT 产品性能改进与服务的调查项目,与电子商务(EC)用户密切相关的调查项目以及 IT 客户资料调查项目等都可以实施网上调查。由于网上用户在这些调查项目上具有代表性,因此这种方式最合适、最经济快捷。

(2)实验性调查。一些关于城市年轻人群调查项目的辅助设计可以采用网上调查,其特点是简单、快捷、费用低廉,且符合城市年轻人的阅读习惯。

(3)民意调查。如国家进行大剧院建设方案的论证就可以采用民意调查,因为国家大

剧院是一个文化品位很高的建设项目,应该体现年轻知识阶层的想法,反映当代青年知识群体的意向,采用网上调查就很合适。在调查过程中还可以将国家大剧院设计方案及相关背景资料一同展示在互联网上,由网上用户投票,同时也可以提出建设性意见。

【本章小结】

企业进行市场调查必须要选择合适的调查方法。一般来说,市场调查方法主要包括文献调查法、访问调查法、观察调查法、实验调查法、网络调查法。每种调查方法中又包含多种不同的调查方式。每种调查方法均具有各自的优缺点和适用范围。企业在进行市场调查时,应根据调查目的和要求以及企业自身条件选择调查方法。通常情况下,一次调查以一种调查方法为主,并辅助其他几种调查方法。

文献调查法是指通过搜集各种历史和现实的动态文献资料,从中获取与市场调查主题有关的信息,并对调查内容进行分析和研究的一种调查方法。文献法具有资料搜集方便、灵活、没有时间和空间的限制、资料搜集成本较低等优点,但同时也具有时效性较差、直接应用性不强、对调查人员要求较高等缺点。

访问调查法是指调查人员将所要调查的问题,以当面、电话或书面等不同的形式,采用访谈询问的方式向被调查者了解情况以获得所需要的调查资料的一种方法。访问调查法属于实地调查法的范畴,是市场调查收集资料最基本、应用最广泛的方法之一。

观察调查法是指调查者根据调查目的,有组织、有计划地运用自身的感觉器官(视觉、听觉、味觉、嗅觉、触觉)或借助科学的观察工具和手段,直接收集当时正在发生的被调查者活动和现场事实的相关资料。观察调查法具有可靠性较高、直观性较强、干扰性较弱等优点,但也存在一些不足。

实验调查法是指在既定条件下,调查人员有目的、有意识地改变或控制一个或几个影响因素,通过实验对比,对调查现象中的因果关系及其发展变化过程进行分析的一种调查方法。通常,实验调查法的基本方法包括无控制组事前事后对比实验、实验组与控制组对比实验、有控制组事前事后对比实验、完全随机对比实验和分组随机对比实验。

【案例分析】

消费市场现状的网上调查

一、案例介绍

由北京亚运村汽车交易市场主办,8家互联网网站和7家媒体共同协办了一次"全国汽车消费市场现状网上调查"活动。此次调查活动的时间为2000年3月27日至4月25日,为期一个月。调查内容涉及当前汽车消费现状以及今后汽车消费趋势等很多方面。接受本次调查的人员遍及全国32个省、市、自治区,有效调查问卷3 268份。

因为此次调查活动采取的是网上调查方式,因此接受调查的人员有以下特点:

1. 以男性为主,在3 268份有效的答卷中男性占了2 906份,占89%;
2. 学历普遍较高,其中大专以上学历者有2 816人,占86%;
3. 以年轻人为主,40岁以上的只有252人,只占总人数的7.7%。

二、调查结果

1. 北京私车超过公车

通过本次调查发现,全国接受调查人员当中个人拥有私车的比例达26%,而使用公车的比例为28%,无车人员占47%。在北京、上海、天津三地的比较中,北京的私车拥有比例最高,并且是唯一私车比例超过公车的地区。根据北京亚运村汽车交易市场2005年以来的销售统计看,虽然受私车购证、出租更新等相关证件的影响,但私车购买比例在2010年前4个月仍保持在60%以上。上海接受调查的人员中,汽车拥有量的比例最低,这与上海作为占据我国轿车生产半壁江山的上海大众汽车生产所在地形成鲜明反差。

2. 买车成为大多数受访者的奋斗目标

在本次调查中,94%的人员表示希望购买私车。调查显示,购买汽车作为交通工具和改变家庭生活质量的占69%,纯作为经营工具的只有1%。虽然调查结果反映出人们的购车观念已经发生改变,但现实生活中要真正实现这一目标,还需要一个长期的过程。

3. 何时购车,各有想法

在回答制定购车计划问题上,有17%的被调查者表示年内购车,40%表示会在3年内购车,选择在3~5年内购车的占66%。这表明3年后可能是我国私人购车的最佳时间的开始。5年后,按照中美在WTO谈判中签订的协议,中国的汽车进口关税将下降到25%,汽车的价格将会大幅度下降。由于私人购车者普遍持有这种观点,因此,除了一部分急于用车者外,大部分购买者仍将持币待购。这将给2010年、2011年国内生产厂家及经销商带来巨大压力。另外,在对购买国产车还是进口车的调查上,有66%的受调查人员选择了国产车,而在广东、福建、辽宁三地选择购买进口车的比例则较高。

案例分析:

通过这次市场调查,可以大致了解到我国汽车市场的需求状况,了解消费者的消费状况及未来的消费趋势,揭示了消费者需求(包括现实的需求和潜在的需求)与当前能从市场获得商品之间的差距,为汽车行业内的企业提供了一种决策的依据。

案例思考:

1. 该案例为何采用网络调查法?在该案例中,网络调查法与其他调查方法相比,其优缺点是什么?

2. 网络调查适用于哪些类别的调查活动?

【思考与练习】

一、名词解释

文献资料调查法　访问调查法　观察调查法　实验调查法　筛选法　情报联络网法　面谈调查　电话调查　邮寄调查　留置调查　网络调查　结构式观察　非结构式观察

二、判断题

1. 文献调查法搜集资料的时效性较强。(　　)

2. 访问调查法的整个实施过程是调查者与被调查者相互作用、相互影响的过程。(　　)

3. 电话调查属于间接调查的范畴,是指访问者通过电话向被访问者提出有关问题,以获得所需信息资料的一种调查方法。(　　)

4. 计算机辅助电话调查是指在一个装有计算机辅助电话调查设备的中心地点,电话接通后,根据计算机屏幕上提示的问题和选项向被调查者提问,无须访问员配合。(　　)

5. 留置调查具有回收率高的特点。(　　)

6. 观察法调查需要大量调查人员进行现场调查,因此调查只适合小范围。(　　)

7. 机械记录是指在调查中,运用录音机、录像机、照相机等专用仪器进行记录,这种记

录方法能详尽记录所要观察的现象,减轻调查人员的负担。(　　)

8.实验调查法可主动进行变量控制,观察各种影响因素之间的相互关系,因此主动性较强。(　　)

三、简述题

1.文献资料调查法的特点是什么?

2.分别从调查时间、费用、回收率三个方面对访问调查法、观察调查法、实验调查法进行比较和评价。

3.如何在实验调查中控制外来因素的影响?

4.简述企业内部资料来源和外部资料来源主要包括哪些方面的内容。

5.简述直接访问与间接访问各自的优缺点。

6.简述电话调查的特点。

7.比较横向调查、纵向调查、纵横结合调查的特点和适用范围。

8.实验调查法的特点是什么?

9.比较三种基本实验调查方法的适用范围。

第七章　市场调查资料的处理与分析

【案例导读】

杜邦公司的市场"瞭望哨"

杜邦公司创办于1802年,是世界上著名的大企业之一。经过200多年的发展,杜邦公司今天所经营的产品包括:化纤、医药、石油、汽车制造、煤矿开采、工业化学制品、油漆、炸药、印刷设备,近年来又涉足电子行业,其销售产品达1 800种之多,年研究开发经费达10亿美元以上,每年研究出1 000种以上的新奇化合物——等于每天有2~3件新产品问世,而且每一个月至少从新开发的众多产品中选出一种产品使之商业化。

杜邦公司200多年来长盛不衰的一个重要原因,就是围绕市场开发产品,并且在世界上最早设立了市场环境"瞭望哨"——经济研究室。成立于1935年的杜邦公司经济研究室,由受过专门培训的经济学家组成,以研究全国性和世界性的经济发展现状、结构特点及发展趋势为重点,注重调查、分析、预测与本公司产品有关的经济、政治、科技、文化等市场动向。除了向总公司领导及有关业务部门做专题报告及口头报告外,经济研究室还每月整理出版两份刊物,一份发给公司的主要供应厂家和客户,报道有关信息;另一份是内部发行,根据内部经营全貌分析存在的问题,提出解决措施,研究短期和长期的战略规划、市场需求量,以及同竞争对手之间的比较性资料。另外,每季度还会整理出版一期《经济展望》供总公司领导机构和各部门经理在进行经营决策时参考。正是由于他们重视对调查资料的整理、分析和利用,才使杜邦公司200多年兴盛不衰。

案例思考:

调查资料的处理与分析在企业中的重要作用是什么?

市场调查资料的整理与分析是保证资料完整性与真实性的必要步骤,同时也是提炼有效信息的重要手段。市场调查收集的数据难免出现虚假、差错、冗余等现象,若简单地把这些数据投入分析,可能会导致错误结论。所以必须对搜集的信息资料进行去粗存精、去伪存真,由此及彼、由表及里的处理,并在此基础上进行分析。

第一节　市场调查资料处理的含义、内容和步骤

一、市场调查资料处理的含义

对市场调查资料进行处理,就是运用科学的方法,对调查取得的原始资料信息进行审核、编码、分组、汇总等初步加工,形成系统化和条理化的信息,在此基础上进行分析,以集中、简明的方式来反映调查对象的总体特征的工作过程。

二、市场调查资料处理的内容

市场调查资料处理的内容主要包括资料数据处理与资料数据管理两个方面。数据处

理是指对资料的审核、编码、分组、汇总、制表和绘图等一系列工作。数据管理则是指对初步整理后的信息资料的传输、更新与输出等工作,如图7.1所示。

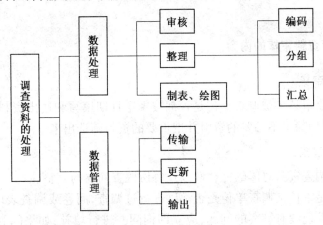

图7.1 调查资料处理的内容

三、市场调查资料处理的步骤

对调查资料进行处理的步骤如图7.2所示。

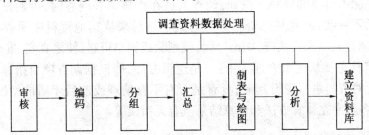

图7.2 调查资料处理的步骤

(1)设计调查资料处理方案,能保证统计资料的处理有计划、有组织地进行。其具体内容主要包括:确定具体的分组、汇总指标以及综合统计表;选择资料汇总的方式;确定资料审核的内容和方法;确定与历史资料衔接的方法和组织工作;安排时间进度的具体内容等。

(2)调查资料的审核。资料的审核是对获取的各种资料进行核实与校对。对二手资料的审核侧重于来源、出处、真实性的审核,对原始资料的审核侧重于逻辑性、客观性、数字准确性等方面的校核。

(3)调查资料编码、分组与汇总。通过编码、分组与汇总,使大量的、分散的、零星的和无规律的资料变成系统的、有规律的资料。

(4)制表与绘图。通过对调查资料分组整理之后,再运用统计表和统计图的形式来表达调查资料,使枯燥的信息资料变得生动、形象,便于对比分析和理解。

(5)资料的分析。对收集到的各类信息进行分类计算和分析,得出有价值的信息。

(6)资料的系统积累。建立资料信息数据库,便于今后分析历史问题、掌握变化规律,把握未来发展趋势。

第二节 市场调查资料的审核工作

一、市场调查资料审核的内容

(一)及时性审核

及时性审核是审核各被调查单位是否都按规定日期填写和送出资料、填写的资料是否是最新资料、是否剔除了不必要的资料并把重要的资料筛选出来。

(二)完整性审核

完整性包括调查资料总体的完整性以及每份调查问卷的完整性。

完整性审核是审核被调查单位是否都已进行过调查,问卷或调查表内的各个项目是否填写齐全。如果发现没有答案的问题,应立即询问并进行填补;如果问卷中出现"不知道"的答案所占比重过大,应适当加以处理说明。此外,应确保调查表中的资料清楚易懂。

(三)正确性审核

正确性审核又叫真实性审核,主要是审核资料调查的口径、计算方法、计量单位等是否符合要求并剔除不可靠的资料。例如,调查人员在审核调查问卷时,可能发现某一被调查者的回答前后不一致,或者某一资料来源的数字与后来从其他资料来源收集的数字不一致,这就需要调查人员深入调查,探询原因,或剔除或调整资料,使之真实、准确。

正确性审核主要从两个方面入手:一是逻辑方面,即根据调查项目指标之间的内在联系和实际情况对资料进行逻辑判断,看看是否有不合情理或前后矛盾的情况;二是计算方面,主要是看各数字在计算方法和计算结果上有无错误等。

二、市场调查资料审核的基本步骤

(1)接收核查问卷(又称一审)。接收问卷时对所有的问卷都应检查一遍,将无效的问卷剔除。

(2)编辑检查(又称二审)。这是对问卷进行更为准确和精确的检查,主要检查回答问题的完整性、准确性、一致性以及是否清楚易懂等。

三、审核时应注意的问题

(一)开始的时间

审核工作应在资料搜集工作结束后立即开始。如果发现错误,应该及时纠正并采取必要的补救措施,越早消除资料中的错误,对后期的资料分析工作越有利。

(二)调查的准确性

审核者应直接、及时地与信息源取得联系,核对调查得到的信息资料的准确性,以判断信息资料在传递过程中是否有失误,尤其应注意是否存在调查的片面性错误。片面性错误主要有两种:一种是根本性的,即从一开始工作就走错了路,选择了错误的资料来源;另一种是非根本性的,即虽然选择了正确的资料来源,但最终却引出了错误的推论。调查的各道工序都可能潜藏着片面性错误。常见的有:

(1) 错误地选择了没有代表性的样本;
(2) 与找错的被访者接洽;
(3) 调查者经验不足;
(4) 因提问方式(如措辞)不当而导致对方不自觉地做出某种过于肯定或否定的回答;
(5) 调查的回收率低(常见于邮寄调查);
(6) 过分相信了某些不够确实的文案资料来源。

(三) 实际调查中的审核

调查资料的审核,除了在整理资料时进行资料审核以外,更重要的是在实地调查时,由调查人员及时进行审核,标明资料的可靠程度,在具体引用文案资料时,可酌情加以处理。

第三节 市场调查资料的编码、分组与汇总

一、市场调查资料的编码

编码是将调查数据以简单的符号或文字加以简化、分类或代替,便于计算机录入和分析。例如,对性别进行编码,可以简单地用1代表女性,用2代表男性。

(一) 编码的主要作用

(1) 减少数据录入和分析的工作量,节省费用和时间,提高工作效率。
(2) 将定性数据转化为定量数据,把整个问卷的信息转化为规范标准的数据库,进而可以利用统计软件,采用统计分析方法进行定量分析。
(3) 减少误差。

(二) 编码的原则

编码的原则如图7.3所示。

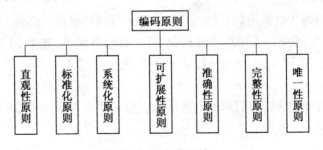

图 7.3 编码原则

(1) 直观性原则。编码应尽量使用简洁、易懂的符号。例如,可以用产品名字拼音的第一个字母代表这种产品,用1,2,3,…来代表顺序上承接的流程等。
(2) 标准化原则。编码必须做到标准规范。一般来说,每一个代码只能代表一个或一类数据,不能同时指代多个量,避免混淆和误解;代码设计要尽量等长。
(3) 系统化原则。编码要以整体目标为基准,与整个数据处理系统相适应。
(4) 可扩展性原则。编码应具有可扩展性和通用性,以便与其他分析系统连接。
(5) 准确性原则。设计的代码要能准确有效地替代原信息。
(6) 完整性原则。在转换信息形式的同时尽量不丢失信息,或者减少信息的浪费。

(7)唯一性原则。设计的编码应该是唯一的,不能有重复存在的编码。

(三)常用的编码方法

1. 顺序编码法

顺序编码是指按照一定的顺序用连续数字或字母进行编码的方式。这种编码方式简单,易于管理;但不适用于分组处理。

2. 分组编码法

分组编码法又称为区间编码法。它是根据事物特性和信息资料分类处理的要求,把具有一定位数的代码单元分成若干个组(或区间),每一个组(或区间)的数字均代表一定的意义,所有项目都有同样的数码个数。这种方法使用广泛,容易记忆,处理简单;但若位数过多,可能造成系统维护上的困难。

3. 信息组编码法

这种方法是把信息资料区分为一定的组,每个组分配一定的组码。如对公司职员工作状况的调查可用此法,如表7.1所示。

表7.1 公司职员工作状况调查编码表

组别	名称码
生产部成员	000～030
财务部成员	031～060
市场部成员	061～090
管理部成员	090～120
⋮	⋮

这种编码法能以较少的位数进行分组;但一旦编码体系确定,当遇到某些组内资料增加时,处理起来就比较困难。

4. 表意式文字编码法

表意式文字编码法就是用数字、文字、符号等表明编码对象的属性,并按此进行市场信息资料的编码方法。例如,用20TVC表示20英寸彩色电视机,其中20表示规格,TV代表电视,C代表彩色。这种方法比较直观,易于理解,便于记忆。

5. 缩写编码法

这种方法是直接把人们习惯用的一些字母或数字用来表示大家都知道的意思。例如,用kg表示千克;用mm表示毫米等。

二、市场调查资料的分组

分组是指按照一定的原则或标志将收集的资料进行分类,将性质相同或本质上有联系的同类信息资料放在一起来分析。通过分组,调查者能直观地对整个调查的情况进行总体把握。

(一)分组原则

(1)互斥原则。分好的各个组应该是互相排斥的,不能交叉混乱。

(2)穷尽原则。分组要包括所有的样本数据,不能遗漏。

(3)目的原则。分组标志应尽量从调查的目的出发。

(二)分组步骤

1. 选择分组标志

正确选择分组标志(即分组标准)是进行分组的关键。选择分组标志的依据是：

(1)根据研究的目的选择分组标志。例如,如果目的是研究职工素质及其对提高生产率的影响,则可以按职工的文化程度、技术等级等标志分组；如果是为了了解居民收入对可能购买的需求量的影响,则可按居民收入等标志进行分组。

(2)选择反映事物本质的标志。例如,我国各级各类型图书馆普遍使用的分类方法就是"中国图书馆图书分类法",简称"中图法"。"中图法"是我国于1975年正式出版编制的一部大型综合性的图书分类法。它采用五分法的分类体系,把图书资料所包括的知识内容划分为"马列主义毛泽东思想""哲学""社会科学""自然科学"和"综合性图书"五大基本部类。

2. 确定分组界限

对于按品质标志分组编制的数列来说,分组较易确定；而对于按数量标志分组编制的变量数列来说,就要确定分组的界限。分组界限,是指组与组之间相区别的界限。确定分组界限,包括组数、组距、组限、组中值的确定和计算等内容。

(1)组数。组数的确定,应以能明确显示总体分布趋势为原则。在数量标志的变动幅度不大的情况下,可直接将每个标志值列为一组,如要调查某1 000户居民中拥有电脑的数量情况,由于数量少,变动较小,就可以把每个标志值列为一组,如表7.2所示。

表7.2 居民拥有电脑的台数调查

电脑的数量/台	0	1	2	3	总计
家庭数/户	18	434	515	33	1 000

当数量标志的变动幅度很大时,只按一个标志值分组很难看出各组的分配规律,这时就要根据研究的目的,把变量数列依次划分为几个区间,以减少组的数量。如调查某超市月平均人流量,就可按300人为组间距离分组,如表7.3所示。

表7.3 某超市月平均人流量

月平均人流量	天数
700以下	1
700~1 000	3
1 000~1 300	4
1 300~1 600	10
1 600~1 900	5
1 900~2 100	3
2 100以上	4
合计	30

一般来说,在数量标志的变动范围较大,标志值项数又较多的情况下进行分组,以分成5~7组较为适宜。如果分组过多,不易看出项数分配的规律性；如果分组过少,也不能突出各组之间的差异。

(2)组距。组距是组与组之间的距离,即各组中最大值与最小值的差。它分为等距分组和不等距分组两种。组距相等的,叫等距分组;组距不相等的,叫不等距分组。一般来讲,标志值的变动比较均匀,现象性质差异与数量绝对数的关系较均衡时,就用等距分组;现象性质差异与数量绝对值的关系不均衡,全组距范围较大时,用不等距分组。

(3)组限。限是组距的两个端点。每组的最小值为组的下限,每组的最大值为组的上限。只有上限没有下限或只有下限没有上限的组称为开口组,如700人以下和2 100人以上;上限与下限齐全的组称为闭口组,如700～1 000人。各组频数的计量不能重复,每一总体单位只能记数一次,恰好重叠在组限上的变量值一般归入下限的一组,即遵循"上限不在内"原则。如果需要放入上限组,应加以说明。为避免误会,有时应在表下面加以文字说明或写成如下形式:

$$70 \sim 80 \text{ 可写成 } 70 \sim \text{不足 } 80 \text{ 或 } 70 \leqslant x < 80$$

(4)组中值。组中值是上限与下限之间的中点数值,它是各组标志值的代表值。

$$组中值 = (上限 + 下限)/2$$

在开口组,只有上限无下限的组中值的计算公式为:

$$组中值 = 上限 - 相邻组的组距/2$$

在开口组,只有下限无上限的组中值的计算公式为:

$$组中值 = 下限 + 相邻组的组距/2$$

3. 编制变量数列

编制分配数列是资料整理中常用的方法。下面以编制变量数列为例,说明编制分配数列的方法。在选择分组划分的方法,并确定分组界限之后,就可把标志值汇入适当的组中,编制变量数列了。一般来说,主要是编制组距式数列。

例如:假设某企业30个工人的月工资额(元)如下:

1 060,990,850,1 210,840,940,1 060,1 050,1 100,1 190,1 010,950,910,870,1 050,1 060,1 090,1 180,960,1 280,910,970,1 050,1 110,1 100,1 070,1 030,1 010,1 070,1 060

编制步骤如下:

(1)将原始资料按大小顺序依次排好如下。

840,850,870,910,910,940,950,960,970,990,1 010,1 010,1 030,1 050,1 050,1 050,1 060,1 060,1 060,1 060,1 070,1 070,1 090,1 100,1 110,1 110,1 180,1 190,1 210,1 280

资料的最小值为840元,最大值为1 280元,全距为440元(1 280-840=440)。

(2)确定组距和组数。以上资料中的数值分布较均匀,因工人月工资是连续变量,故应编制连续性等距分布数列。本列可分5组,组距是全距除以分组数目,得数向上取整。本例组距为100(440÷5=88)。

(3)确定组限。将收入为900元以下的定为低收入者,最低组下限应小于最小值840,因组距为100,则第一组下限取800元,这样各组的组限分别为:800～900,900～1 000,1 000～1 100,1 100～1 200,1 200～1 300。

(4)编制分布数列,计算每组次数,如表7.4所示。

在确定组距时,应遵循下列三个原则:①必须把原始资料全部变量值都包括在所分组内,不能有任何遗漏;②组距尽可能取整数,不要小数;③各组的组距尽可能相等,少用不等距分组,因为等距分组便于后阶段的分析。

表7.4 工人月工资调查分组表

月工资额/元	人数/个	各组人数占总人数百分比/%
800~900	3	10
900~1 000	7	23
1 000~1 100	13	43
1 100~1 200	5	17
1 200~1 300	2	7
合计	30	100

三、市场调查资料的汇总

汇总就是将分组后的资料数据按组别进行累加或分析,从总体上把握事物的性质和特征。汇总一般是通过编制表格和绘图来完成的。

(一)汇总方法

汇总可以由手工汇总也可以通过计算机处理汇总。手工汇总技术的特点是所需工具少,方便灵活。但随着调查课题范围的拓展,调查深度也不断加深,所需处理的数据量越来越大,计算机处理技术成为调查人员进行资料分析的主要方式。

(二)汇总步骤

1. 制表与绘图

(1)制表。市场调查资料的制表方式主要分为单栏表和多栏表。

①单栏表。在单栏表里只有一项调查资料。以某市2016年学校升学率调查为例来说明单栏表,如表7.5所示。

表7.5 某市2016年学校升学率调查表

学校升学率预测	绝对数/家	比重/%
增幅较大	2	10
略有增加	5	25
大致持平	8	40
略有减少	2	10
难以预测	3	15
合计	20	100

②多栏表。多栏表是表示两种或两种以上调查项目的表格,又称交叉表,如表7.6所示。

(2)制图。图示法能使复杂的调查数据简单化、通俗化、形象化,它具有直观、形象、生动、具体等特点,具有较强的说服力和吸引力。图示的种类很多,主要有线图、条形图、直方图、圆面图、饼图、环状图、动态曲线图、散点图、圆形图、曲线图和统计图等。

2. 分析

在制表和绘图后,所有的数据资料都直观地反映出来。这时可以很容易对调查数据进行具体的分析。分析方法主要有定性与定量分析两类。

表 7.6　婚姻、性别与时装购买选择分布表

时装购买选择	男性			女性		
	小计	已婚	未婚	小计	已婚	未婚
高档时装	171	125	46	169	75	94
中档时装	219	164	55	203	135	68
低档时装	130	101	29	108	90	18
被调查者人数	520	390	130	480	300	180

第四节　市场调查资料分析

调查资料分析是指根据市场调研的目的,运用多种分析方法对市场调查收集整理的各种资料进行对比研究,得出调研结论,并撰写调研报告。

一、市场资料分析的原则

(一)客观性原则

调查的一系列过程都是在遵循客观性原则下获得资料数据的,不客观的分析结果用作经营决策的依据,将导致严重的后果。客观性原则也同时体现了准确性原则,在保证客观的同时,还要求分析、处理的资料必须是真实的,而分析的时候也要尽量减少其误差和模糊度。

(二)全面性原则

分析不能只针对问卷上的那些资料单独地进行,要全面考察各相关因素的现状及趋势,综合地分析。如果孤立地研究问题,就可能以偏概全,使分析结果产生很大的偏差。

(三)预测性原则

市场调查的目的不仅是了解现在的市场情况,更是要通过当前的市场预测未来,以制定合理的经营战略。因此,在资料分析时,要注意考察各相关因素的变化趋势,用发展的眼光、动态的观点来把握事物的纵向发展轨迹,从而准确地引导企业的经营决策。

(四)及时性原则

及时性原则是指在资料分析过程中要强调时间性,尽量提高其速度。信息资料都具有一定的时效性,而在现代社会经济条件下,市场环境变化非常快,这就需要及时地处理市场信息,并通过分析得出有用的结论。

(五)适用性原则

适用性原则,一是指采用的资料分析方法要适当,二是指处理和分析后形成的信息要符合实际需要。

(六)经济性原则

任何经济工作都要考虑经济效益,实行经济核算;资料分析也必须遵循经济性原则,即用尽可能少的分析费用,形成尽可能多的有用的市场信息资料。

二、市场资料分析的方法

(一)定性分析方法

定性分析方法是指对资料数据从理性上进行非量化的分析,依据科学的哲学观点、逻辑判断及推理,对事物的本质、趋势及规律的性质方面进行判断。

1. 定性分析的原则

(1)坚持以正确的理论为指导。定性分析者要善于运用辩证唯物主义和历史唯物主义的具体理论,包括归纳、演绎、对比、联系的观点等。

(2)定性分析必须以调查的原始资料为基础,将分析结果用到实际中加以验证。

(3)分析要全面,注意联系历史和未来,用发展的眼光看问题。

2. 常用的定性分析方法

(1)归纳分析方法。在市场调查中,将整理后的资料进行归纳,就可以概括出一些理论观点。归纳法分为完全归纳法和不完全归纳法,市场调查中一般只能用到不完全归纳的方法。

(2)演绎分析法。演绎分析是把调查资料的整体分解为各个部分、方面、因素,形成分类资料,并通过对这些分类资料的研究把握其特征和本质,然后将这些通过分类研究得到的认识联结起来,形成对调查资料整体认识的逻辑方法。

(3)比较分析法。比较分析方法是把两个或同类事物的调查资料相对比,确定它们之间的相同点和不同点,通过比较,就能在其众多的属性中找出其本质的内在规律。

(4)结构分析法。在市场调查的定性分析中,通过调查资料,分析某现象的结构及其各组成部分的功能,进而认识这一现象本质的方法,称为结构分析法。

(二)定量分析方法

定量分析是指从事物的数量特征方面入手,运用一定的数据处理技术进行数量分析,从而挖掘出数量中所包含的事物本身的特性及规律性的分析方法。

1. 交叉列表分析

交叉列表分析是指同时将两个或两个以上的具有有限类数目和确定值的变量,按照一定的对应原则排列在一张表上,从中分析变量之间的相关关系,得出科学结论的方法。变量之间的分项必须交叉对应,从而使得交叉表中每个节点的值反映不同变量的某一个特征。进行交叉列表分析的变量必须是离散变量,并且只能有有限个取值,否则要进行分组。

例如:对某企业工人工资增长与工作年限长短之间的相关关系所进行的研究中,把所有被调查的工人按工作年限的长短分为三个档次,小于5年、5~10年和10年以上;对工人工资的增长情况分为增长快和增长慢两类。表7.7是采用交叉列表法列出的该项目分析结果。

表7.7 工人工资增长与工作年限长短之间的相关关系调查表

工资增长	工作年限			总计
	小于5年	5~10年	10年以上	
增长慢/人	45	34	55	134
增长快/人	52	53	27	132
总计	97	87	82	266

交叉列表分析中,尤其要注意变量的选择。交叉列表分为双变量列表、三变量列表等。表 7.7 所示的例子就是一个双变量的交叉列表,表 7.8 就是一个三变量列表的示例。

表 7.8　文化程度、收入水平与购买商品房意向之间的关系

购买商品房意向	收入水平			
	低收入		高收入	
文化程度	低于大学	大学及以上	低于大学	大学及以上
有购买意向	17%	28%	54%	63%
无购买意向	83%	72%	46%	37%
总计	100%	100%	100%	100%
被调查者人数	500	500	500	500

2. 集中趋势分析

集中趋势分析主要通过计算和运用集中趋势值来进行。集中趋势值包括众数、中位数和平均数。

(1) 众数。众数是指总体中各单位在某一标志上出现次数最多的变量值。比如,对大学生进酒吧次数的调查资料显示,大多数学生每周进酒吧的次数为 3 次,"3"即为众数。

(2) 中位数。中位数是指总体中各单位按其在某一指标数值上的大小顺序排列后,居于中间位置的变量值。比如,在对大学生进酒吧的调查中,随机抽查的 10 名大学生,其进酒吧的次数依次排列为:1,4,2,3,5,3,4,2,1,6,则这组数的中位数为 3。

中位数的计算方法是:首先对未经分组的资料数据按大小顺序进行排列,假设一共有 N 项,中位数位置$=N/2$。如果 N 为奇数,则数列中间一项为中位数;如果 N 为偶数,则取数列中间两项的算术平均值为中位数。

(3) 平均数。平均数是指总体标志值总和与总体单位总量之间的比值。

利用平均数可以将处于不同地区、不同单位的某些现象进行空间对比分析,或将不同时间内某现象进行时间对比分析等,从而拓宽分析的范围。

例如:分析某超市两个规模、地段相当的分店的经营情况。资料显示,甲分店的年销售收入为 40 万元,乙分店的年销售收入为 60 万元。分析这两个平均值,发现两个分店销售收入差距较大,为此,有必要做进一步的调查研究。

在运用平均数进行集中趋势分析时,应注意以下问题:

① 由于平均数的计算涉及每个变量值的大小,一般只适用于按数量标志划分的市场现象。对于按品质标志划分的现象,可以先将其数量化,再计算平均值。例如,在调查顾客对某一产品的喜爱程度时,可以先将其按 5 分制赋值后再计算,如表 7.9 所示。

表 7.9　对品质性描述进行 5 分制打分

喜好程度	非常喜欢	喜欢	无所谓	不喜欢	很不喜欢
赋值为 x	1	2	3	4	5
人数为 f	18	27	13	11	8

这样,就可以用算术平均数 $\bar{x} = \dfrac{\sum xf}{\sum f}$ 来分析顾客对此产品喜好程度的一般水平。

②由于算术平均值是根据全部标志值计算出来的,因此在标志值有极端数值(特别大或特别小的数值)时,它易受极端值的影响。例如:28,29,31,37,98 这五个数值的平均值是44.6,而实际上前四个数值的平均数为 31.25,只因为增加了一个特大值 98 就使平均值发生了很大的变化。因此,在遇到这种情况时,不宜用算术平均值分析。如果用算术平均值分析,则应将最大或最小的那个值去掉再计算。

3. 离散程度分析

集中趋势分析是对数据规律性研究的一个方面,另一个方面是对离散程度的分析。集中趋势反映的数据是一般水平,它是用一个数据来代表总体;若要较全面地掌握总体的变动规律,还需要用计算反映数据差异程度的数值,如极差、标准差以及离散系数等,用以平衡平均数的代表性和反映社会经济现象发展变化的均衡性。

数据的离散程度越大,则集中趋势测度值对该组数据的代表性越差;离散程度越小,则其代表性就越好。

(1)极差。极差也称全距,是数据中两个极端值的差值。

$$极差 = 最大值 - 最小值 \tag{7.1}$$

极差取决于最大值与最小值,与总体单位数无关,它说明总体标志值的变动范围。如果因特殊原因出现特别大或者特别小的数值,极差就不能确切反映标志值真实的变异程度,它就只是一个较粗略的测量离散程度的指标。

(2)标准差和方差。标准差又叫均方差。标准差和方差是反映数据离散程度最常用的指标。它们反映所有观测值对均值的离散关系,其数值大小与均值代表性的大小呈反方向变化的关系。方差(σ^2)即标准差(σ)的平方。标准差公式如下:

资料未分组时

$$\sigma = \sqrt{\frac{\sum(x-\bar{x})^2}{n}} \tag{7.2}$$

资料分组时

$$\sigma = \sqrt{\frac{\sum(x-\bar{x})^2 f}{\sum f}} \tag{7.3}$$

式中　x——各单位标志值;
　　　$\bar{x}$——算术平均数;
　　　n——总体单位数;
　　　f——各组的频数。

标准差反映各单位标志值离差的绝对水平。标准差数值越大,反映各单位标志值的离散程度就越大;反之,离散程度越小。标准差不仅取决于离差的大小,同时也取决于平均数的大小。

4. 相对程度分析

相对程度分析是指通过对比的方法反映现象之间的联系程度,表明现象的发展过程,使利用总量指标不能直接对比的现象找到可比的基础。

市场调查分析中常用的相对指标主要有结构相对指标、比较相对指标、比例相对指标、强度相对指标和动态相对指标,如表 7.10 所示。

表7.10 常用相对指标

名称	含义	计算公式
结构相对指标	总体各组成部分与总体数值对比求得的比重或比率,用来表明总体内部的构成情况	结构相对指标=各组总量指标数值/总体总量指标数值×100%
比较相对指标	不同总体同类现象指标数值之比	比较相对指标=某条件下的某项指标数值/另一条件下的同项指标数值×100%
比例相对指标	同一总体内不同部分的指标数值对比得到的相对数,它表明总体各部分的比例关系	比例相对指标=总体中某部分指标数值/总体中另一部分指标数值×100%
强度相对指标	两个性质不同而有联系的总量指标对比得到的相对数;强度相对指标反映现象的强度、密度和普遍程度	强度相对指标=某一总量指标数值/另一性质不同但与之有联系的总量指标数值×100%

(三)定量分析方法二——解析法

市场调查的目的,一方面是对被调查总体表层现状的了解,另一方面是对事物内部隐藏本质的规律性进行深入的剖析。解析性统计分析的方法则是解决第二方面的问题。

1. 假设检验

在市场调查中,主要采用统计检验来分析和识别调查对象的各种特征、结构和变化。统计假设检验简称假设检验,是在总体的分布函数未知或只知其形式不知其参数的情况下,为推断总体的某些性质,先对总体提出假设,然后根据样本资料对假设的正确性进行判断,决定是接受还是拒绝这一假设。

假设检验包括参数假设检验和非参数假设检验。如果进行假设检验时总体的分布形式已知,仅需对总体的未知参数进行假设检验,则这种假设检验为参数假设检验;如果事先对总体分布形式所知甚少,而要假设其分布形式的假设检验称为非参数假设检验。

假设检验的基本思想是小概率原理,即发生概率很小的随机事件在一次检验中几乎不可能发生。根据这一原理并根据样本数据判断原假设 H_0 是否成立。但这种判断有可能是错误的。可能 H_0 为真时,拒绝了 H_0,这类"弃真"错误称为第Ⅰ类错误;也可能 H_0 不真时接受了 H_0,这类"取伪"错误称为第Ⅱ类错误。因此,在确定检验法则时应尽量使犯这两类错误的概率都小。一般控制犯第Ⅰ类错误的概率,使它小于等于 α。这种只对犯第Ⅰ类错误的概率加以控制的检验问题,称为显性检验问题。

假设检验的一般步骤如下:

(1)根据实际问题,提出原假设 H_0 和备假设 H_1。一般把需要通过样本去推断其正确与否的命题作为原假设。

(2)确定显著性水平 α,α 取值视具体情况而定,通常取 0.1,0.05,0.01 等。

(3)确定适当的统计量以及拒绝域的形式。

(4)根据样本观察值计算检验统计量的值。

(5)根据显著性水平统计量的分布,找出接受域与拒绝域的临界点,比较临界点与检验统计量的值,做出是拒绝 H_0 还是接受 H_0 的决策。

单个正态总体均值假设检验的原假设形式可能是:
$H_0: \mu = \mu_0$ 或 $H_0: \mu \geq \mu_0$ 或 $H_0: \mu \leq \mu_0$
但其检验统计量的选择取决于总体方差是否已知以及样本量的大小。

在总体方差已知的情况下采用 Z 检验, $Z = \dfrac{\bar{X} - \mu_0}{\sigma/\sqrt{n}}$。它利用在 H_0 为真时,服从标准正态分布的统计量来确定拒绝域。

在总体方差未知的情况下采用 t 检验, $t = \dfrac{\bar{x} - \mu_0}{s/\sqrt{n}}$。它利用在 H_0 为真时,服从 t 分布的统计量(自由度 $=n-1$)来确定拒绝域。

例7.1 某食品公司开发了一种新的食品,委托某市场调查公司进行市场调查,以检验消费者的偏好情况。根据该公司管理者的判断,除非该食品有20%以上的消费者喜欢,否则不能投入生产。因此,为检验喜欢该食品的消费者比例是否低于20%,要求利用假设检验对625人进行一次市场调查。

解 (1)确定调查目的。如果喜欢该食品的消费者比例(用 π 表示)超过20%,应投入生产。因此定义原假设 $H_0: \pi \leq 0.2$;备选择假设 $H_1: \pi > 0.2$。

(2)对于公司来说,最重要的是控制第Ⅰ类错误 α,即喜欢该食品的消费者实际不到20%,却拒绝 H_0,因为一旦决策失误,可能导致公司陷入危机。最终决定显著性水平 $\alpha = 0.05$ 可以接受。

(3)在原假设为真时,理论上 π 服从正态分布,而且样本量 $n=625$,统计量 $Z = \dfrac{P - \pi}{\sigma_P}$,其中 σ_P 为 P 的标准差, $\sigma_P = \sqrt{\dfrac{\pi(1-\pi)}{n}} = 0.016$, P 为喜欢该食品的消费者比例。

(4)根据市场调查,结果有140人表示喜欢该食品,则 $P = 140/625 = 0.224$, $Z = (0.224 - 0.2)/0.016 = 1.5$。

(5)判别方法一:因为临界值 $Z_{\alpha/2} = 1.96$,所以 $Z = 1.5 < Z_{\alpha/2} = 1.96$,不能拒绝 H_0。

判别方法二:查阅正态分布表, $P(Z<1.5) = 0.9332$,即当 $\pi = 0.2$ 时, $P(Z>1.5) = 1 - 0.9332 = 0.0668$。由于 $0.0668 > 0.05$,则不能拒绝 H_0,不能投入生产。

2. 方差分析

(1)含义。方差分析是比较若干个总体均值是否相同时常用的统计方法。传统的方差分析主要用于分析实验数据。实际上,它们同样适用于调查数据与观察数据。方差分析应用时一般假定所比较的总体都服从正态分布,而且具有相同的方差。例如,完成每个因素的变化对营销影响程度的鉴别,就是方差分析的任务。

(2)类型。在方差分析中,将可以控制的条件称为因素,将因素变化的多个等级状态称为水平。若所研究的问题只涉及一个因素,则称为单因素方差分析,若涉及一个以上的因素,则称为多因素方差分析。

方差分析中有三种类型的方差:
①总差异。这是指所有被观察的个体值相对于总平均差的平方和,是所有个体的平均。
②组间差异。这是指每组样本平均值和总均值之差的平方之和。
③组内差异。这是指每个个体值和其所在组的均值差的平方和(相对于单组平均)。

(3)基本原理及运用的前提条件。方差分析的基本原理是将数据总方差中的随机误差和系统误差加以分离,赋予它们数量表示,并将二者在一定条件下加以比较。如差异不大,则认为系统误差对指标的影响不大;如系统误差比随机误差大得多,则说明所考察的条件对指标的影响很大。

在运用方差分析法时,要十分注意方差分析的几个前提条件:①因素的每个水平是可以严格控制的,可以把因素的每个水平都看成是一个自变量;②各个总体的概率分布均服从有相同方差的正态分布;③观测结果可以看作是相互独立地抽自各个总体的简单随机样本。

3. 相关分析

相关分析是对现象间的相互关系的密切程度和变化规律,有一个具体的数量观念,找出相互关系的模式,以便做出准确的判断,并进行统计和测算,为制定经营计划和运筹远景规划提供资料。

对于相关的测定,一般包括相关关系的判断、相关系数的计算以及相关指数的计算。其中,相关关系的判断一般包括一般判断、相关表和相关图几种形式。

相关系数一般根据以下公式计算:

$$r = \frac{\sum(x-\bar{x})(y-\bar{y})}{\sqrt{\sum(x-\bar{x})^2 \sum(y-\bar{y})^2}} = \frac{n\sum xy - \sum x \sum y}{\sqrt{n\sum x^2 - (\sum x)^2}\sqrt{n\sum y^2 - (\sum y)^2}} \quad (7.4)$$

式中　r——简单相关系数;

　　　x——自变量;

　　　y——因变量;

　　　$\bar{x}$——x 的平均值;

　　　$\bar{y}$——y 的平均值。

相关指数是为了度量非线性相关程度的统计分析指标,用 R 表示,计算公式为

$$R = \sqrt{1 - \frac{\sum(y-\hat{y})^2}{\sum(y-\bar{y})^2}} \quad (7.5)$$

式中　$\hat{y}$——因变量 y 的理论值。

4. 回归分析

相关分析只是表明变量间的一种关系,并不一定含有因果关系的意思,不反映变量间的关系性质。在实际的分析中,常常需要寻找有关联的变量之间的规律性,将它们的依存关系用数学表达式描述出来。这类统计规律称为回归关系。有关回归关系的计算方法和理论称为回归分析。回归分析主要用来考察变量之间的关系,相关分析则是用来度量这种关系的强度。

回归分析所研究的数学模型主要是线性回归模型和可化为线性模型的非线性回归模型。

回归分析在研究变量之间的回归关系时,一般分为以下五个步骤:

(1)确定因变量和自变量;

(2)绘制散点图;

(3)根据散点图选择适当的回归模型;

(4)进行相关检验;

(5) 预测和控制。

【本章小结】

市场调查中,信息资料的整理和分析是一个非常重要的环节,也是一项比较复杂的工作。基本原理是通过对收集到的原始数据的整理,使其在一定程度上显现出一定的含义,并通过分析、研究,在揭示不同数据间关系的基础上,得出某些市场研究结论或推断。市场信息资料整理要坚持系统性原则、可比性原则、真实性原则。信息资料整理的步骤分为信息资料的审核、信息资料的编码、信息资料的分组、信息资料的汇总和信息资料的显示五个步骤。

运用统计方法,可以从定量与定性结合的角度研究收集到的资料。实践中对资料的统计分析可以采用定性的方法,包括比较分析和推理分析等;也可以采用定量的方法,包括统计数据的集中与离散趋势分析、相对程度分析及数据的多变量分析等。

数据的集中趋势分析是指数据分布趋向集中于一个中心分布,其表现是出现分布中心附近的变量值的次数较多,而出现相距分布中心较远的变量值的次数较少。常用的指标有平均值、众数和中位数。数据的离散程度分析用来反映单位标志值之间的差异程度,从而更全面、深刻地认识事物的特征。离散趋势是指数据分布偏离其分布中心的程度。离散趋势通常由全距、平均差、平均差系数和标准差等指标反映。

数据的相对程度分析是统计分析的重要方法,是反映现象之间数量关系的重要手段,可以利用相对指标说明现象的水平、速度和变化情况。通过对比的方法反映现象之间的联系程度,表明现象的发展过程,还可以使那些利用总量指标不能直接对比的现象找到可比的基础。市场调查分析中经常使用的相对指标主要有结构相对指标、比较相对指标和强度相对指标等。数据的多变量分析包括相关分析、聚类分析、判别分析和因子分析。

【案例分析】

某市家用汽车消费情况调查分析

随着居民生活水平的提高,私车消费人群的职业层次正在从高层管理人员和私营企业主向中层管理人员和一般职员转移,汽车正从少数人拥有的奢侈品转变为能够被更多普通家庭所接受的交通工具。了解该市家用汽车消费者的构成、消费者购买时对汽车的关注因素、消费者对汽车市场的满意程度等对汽车产业的发展具有重要意义。

本次调研活动中共发放问卷400份,回收有效问卷368份,根据整理资料分析如下:

一、消费者构成分析

1. 有车用户家庭月收入分析

表7.11 有车用户家庭月收入

家庭收入	比重/%	累积/%
2 000元以下	28.26	28.26
2 000~3 000元	33.70	61.96
3 000~4 000元	10.87	72.83
4 000~5 000元	18.48	91.31
5 000元以上	8.69	100.00

目前该市有车用户家庭月收入在2 000~3 000元间的最多;有车用户平均月收入为2 914.55元,与该市市民平均月收入相比,有车用户普遍属于收入较高人群。61.96%的有车用户月收入在3 000元以下,属于高收入人群中的中低收入档次。因此,目前该市用户的需求一般是每辆10~15万元的经济车型。

2. 有车用户家庭结构分析

表7.12 有车用户家庭结构

家庭结构	比重/%	累积/%
夫妻	36.96	36.96
与子女同住	34.78	71.74
与父母同住	8.70	80.44
单身	17.39	97.83
其他	2.17	100.00

Dink家庭(double income no kid),即夫妻二人无小孩的家庭,占有车家庭的比重大,为36.96%。其家庭收入较高、负担较轻、支付能力较强、文化层次高、观念前卫,因此Dink家庭成为有车族中最为重要的家庭结构模式。核心家庭,即夫妻二人加上小孩的家庭,比重为34.78%。核心家庭是当前社会中最普遍的家庭结构模式,因此比重较高不足为奇。联合家庭,即与父母同住的家庭,仅有8.70%。单身族占17.39%,这部分人个人收入高,且时尚前卫,在有车用户中占据一定比重。另外,已婚用户比重达到了81.5%,而未婚用户仅为18.5%。

3. 有车用户职业分析

调查显示有29%的消费者在企业工作,20%的消费者是公务员,另外还有自由职业者、机关工作人员和教师等。目前企业单位的从业人员,包括私营业主、高级主管、白领阶层仍是最主要的汽车使用者。而自由职业者由于收入较高及其工作性质,也在有车族中占据了较高比重。

4. 有车用户年龄及驾龄分析

在我们所调查的消费者中,年龄大多在30~40岁或是30岁以下,所占比重分别为43%和28%,也有23%的年龄在40~50岁,仅有6%的消费者年龄在50岁以上。可见,现在有车一族年轻化的趋势越来越明显,这是因为大多数年轻人没有太多的家庭负担,正处于购买力和消费需求同样旺盛的时候,而越来越低的购车门槛,也给了他们足够的购车理由。

该市有车用户的驾龄平均为5.294年,而在本次接受调查的消费者中,有61.94%的用户驾龄在3年以上,由此可见,本次调查的有车用户驾龄普遍较长,因而对汽车也比较熟悉,对汽车相关信息掌握的也相对全面,这就使得我们对有车用户青睐的品牌的调查有了较高的可信度,而他们在汽车使用方面的经验,也能够为今后该市家用汽车市场营销策略的制定提供一定的帮助。

二、消费者购买汽车时关注的因素分析

调查显示,消费者在购车时最关注的因素首先还是汽车的价格和性能,所占比例分别达到了19%和16%,因此,性价比越高的汽车越能受到消费者的青睐。其次在消费者对汽车的关注因素中排在前列的还有油耗、品牌和售后服务等几项,所占比重分别为14%,13%

和13%,由此可见,汽车自身的品质与经销商所提供的售后服务保证是同等重要的。因此,在对消费者最终选购汽车起主导作用的因素中,油耗经济性好、性价比高、售后服务好这三项占据了前三名,所占比重分别为22%、21%和15%。

消费者在购车前获取信息的渠道主要有哪些呢?通过汽车报纸杂志获取信息的消费者占总数的27%,还有23%的消费者是通过电视、广播获取信息的,此外,上网查询和广告等也都是消费者获取信息的主要渠道。由此可见,在传媒业越来越发达的今天,任何媒介都能够加以利用,成为推动营销的帮手。

在大型汽车市场、品牌专卖店、综合销售点和其他销售点这几种汽车销售点中,目前消费者最为信赖的还是品牌专卖店,选择在品牌专卖店购买汽车的消费者比重竟高达74%,相信这与品牌专卖店舒适的购车环境、良好的信誉、有保障的售后服务都是分不开的。而目前消费者在支付方式的选择上大多还是选择一次付清,也有33%的消费者选择分期付款,但选择向银行贷款买车的消费者仅为7%,这一方面反映出大部分消费者的购车计划是在对自身收入合理估算后的可行选择;另一方面也说明了目前我国信贷业的不发达与不完善。

三、用户使用情况特点分析

本次调查中男性用户的汽车品牌排名前三位的分别是:捷达、宝来、本田,所占比例分别为37%、14%和11%;女性用户的汽车品牌前三位的分别是:宝来、本田、捷达,所占比例分别为44%、13%和13%。由此可见,该市家用汽车市场上消费者使用的品牌的前三位毫无疑问的是捷达、宝来和本田,所占比重分别是33%、20%和11%。而消费者所认为的该市家用汽车市场上数量最多的汽车品牌前四位也分别是:捷达、宝来、本田和丰田,这与实际情况也较为相符。由此可见,目前最受有车一族青睐的无疑是经济车型。

本次调查从购车用途来看,仅有1%的消费者是为了家用方便,98%的消费者买车是为了上下班方便或作为商业用途。

对车主保险情况调查来看,有81%的人都会给爱车投保,以减少用车风险,但也有4%的消费者认为给爱车投保没有必要。

目前,油价的不断上涨,已成为有车族关心的问题,在他们用车的过程中也产生一定影响,有46%的消费者已经考虑更换小排量、低油耗的车,还有18%的消费者选择减少用车频率,但也有36%的消费者认为基本没有影响。可见,未来的几年内,低油耗的车型仍会成为消费者青睐的对象。此外,还有交通设施不足,塞车现象严重和停车难问题占据日常行车困扰的榜首,这表明我国交通设施建设仍需进一步改善。

四、用户满意度分析

目前该市家用汽车消费者使用最多的三种品牌分别是捷达、宝来、本田,这三种品牌的汽车到底具有哪些优势呢?通过比较发现:捷达车用户对本车最满意的地方在于车的性能和燃油经济性,所占比重分别是53%和30%。捷达车的动力性和品牌知名度也是比较令他们满意的因素;宝来车的用户对本车最满意的地方在于车的舒适性、品牌知名度和燃油经济性,所占比重分别是34%、24%和24%,该车的动力性和整体性也较出色;而本田车最令用户满意的地方除了舒适性、品牌知名度和性能外,还有车的外观,这几项所占比重分别是30%、20%、20%和20%。由此可以看出,消费者较为满意的车型除了经济舒适外,还必须具有较高的品牌知名度。

在上面的分析中,我们曾提到售后服务也是消费者选车时较为关注的因素之一,那么对消费者使用最多的几款车型来说,他们的售后服务情况如何呢?通过比较,捷达车的用户中有13%的用户非常满意,44%的人表示较为满意;宝来车有6%的用户表示非常满意,50%的人表示较为满意,还有44%的人认为一般;本田车的用户中有30%的用户非常满意,40%的人表示较为满意。总体来说,这几种品牌汽车的售后服务都比较令用户满意。而在售后服务过程中,用户最为看中的服务指标就是技术等级,占到43%,接下来依次是收费标准、返修率和服务态度,分别占22%,20%和15%,这反映了大多数用户心目中质量和价格仍是衡量服务好坏的根本标准。

近几年来关于汽车的投诉比例在逐年上升,其中汽车质量、安全隐患及维修保障等问题突出。在解决纠纷的过程中,有28%的消费者认为最令他们头痛的是缺乏硬性的检测标准,27%的消费者认为是找不到相关的投诉机构,22%的消费者认为检测程序太过复杂,还有15%的消费者认为检测费用过高,另外8%的消费者则认为还存在其他方面的问题。这表明我国政府职能机构还需要进一步改进工作,相关程序需要进一步简化,相关检测设施需要进一步完善,使其更好地为大众服务。在遇到问题需要解决时,消费者最希望得到哪些维护消费者权益的援助呢?46%的消费者希望能设立相关部门以方便检查质量问题,28%的消费者希望能够专设部门判定是非,18%的消费者则希望媒体能对问题车辆进行曝光,还有7%的消费者希望能有专业的律师提供法律咨询。这一方面反映了我国公民维权意识的提高,也反映了相关职能部门的服务不到位。

通过对本次调查结果的分析,就反映出的问题和现象特提出以下建议:

(1)在家用汽车消费群体中,女性消费者中还具有很大的市场潜力,汽车生产商可以在汽车的整体设计中加入一些符合女性需求的细节设计,使汽车设计更富人性化,也更能受到女性消费者的青睐。

(2)从目前家用汽车市场的实际情况来看,经济实用型汽车是最受欢迎的,但消费者在选购实用汽车的同时,也会考虑到汽车的外观能否体现其身份、地位,因此生产商应加强对经济实用型汽车在外观、内饰上的提高,以争取更多消费者。

(3)在购车地点的选择上,大部分消费者选择了品牌专卖店,因为那里的环境、服务等都比别处更胜一筹,但综合销售点实际上更有利于消费者进行实地考察,从而客观地对汽车品牌进行对比。但目前该市的几个综合销售点的经营状况都远不如品牌专卖店,综合经销商应考虑如何采取对策。

(4)目前通过银行贷款的方式买车的消费者还是少之又少,这与中国人的消费观念有关,但就目前中国的形势来看,通过贷款的方式买房、买车都是非常合适的选择,虽然我国仅在北京等少数大城市提供了不超过货物本身的14.3%的低息贷款,但经销商若能做足这方面的"文章",也可促进家用汽车消费市场的长足发展。

(5)消费者在维权方面达成的共识就是希望国家能够设立专门的部门,制定出硬性的指标以判定汽车质量问题,维护汽车消费者的合法权益,有待国家相关政策的出台。

【思考与练习】

1. 调查资料的整理分为哪几个步骤?具体阐述每一步应注意的问题。
2. 市场调查资料分析应遵循哪些规则?
3. 常用的资料分析方法有哪些?
4. 市场调查报告的撰写要求有哪些?

5. 根据某城市 500 户居民家庭调查的结果,将居民户按其食品开支占全部消费开支的比重(即恩格尔系数)分组后,得到的资料如表 7.13 所示。

表 7.13 居民恩格尔系数分布表

恩格尔系数/%	居民户数/户
20 以下	6
20～30	38
30～40	107
40～50	137
50～60	114
60～70	74
70 以上	24
合计	500

要求:

(1)根据上表资料估计该城市居民恩格尔系数的算术平均数、众数和中位数,并对该城市居民生活水平进行分析。

(2)估计该城市居民恩格尔系数的方差、标准差和变异系数,并对该城市居民生活水平的差异进行分析。

第八章 市场调查报告

【案例导读】

大学生出国留学意向调查

中国学生出国留学的历史可以追溯到清朝末年,至今共经历了三个阶段。清政府维新变法时,派遣了一批青年志士去西方学习工业技术,以此达到"师夷长技以制夷"的目的。20世纪30年代至中华人民共和国成立前,一批青年远渡重洋,求知域外,这里面也包括一些共产党的早期革命家。新中国成立后,由于中国在冷战格局中的阵营地位,出国留学以苏联为主。1978年以后,出国留学进入了一个新的高潮期。据统计,1978至1996年间,我国前往世界各地的留学人员累计达27万人,这其中国家公派的有4.4万,单位公派8.6万,剩下的13.9万人属于自费出国。自20世纪90年代起历年在美国取得理工科专业博士学位的中国学者人数已经超过中国自己授予的博士。只1995年一年,就有2 751名中国学生在美国取得博士学位,占了当年各国留美学生所获博士总数的10%,高居各国留美学生之首。

北京世纪蓝图市场调查有限公司于某年在北京大学、清华大学、北京师范大学、北京交通大学和北京航空航天大学5所高校随机抽取了301位大学生进行面访调查,了解他们自身对于出国留学的意向及看法。

一、你问我要去何方,我指着大海的方向

在我们对5所大学301名大学生的面访调查中,有211名有意向出国,比例超过了70%,表明出国留学已经成为大学生的一种主流选择。相关分析显示,理工科学生有出国意向的明显多于文科生。

据调查,在北大物理系,近年来排名前三分之一的学生都已出国,目前该系有500多人在美国。清华的水木清华BBS在调查当年的夏天发布了一条消息,清华计算机系该班35人今年共拿到了89个国外大学的奖学金名额(大部分是美国高校,而且大多都是名校),这意味着,如果他们都想走的话,几乎都可以走。我们注意到,清华、北大、中国科大等名校的一些系,出国已经成为本科生毕业后的常规选择,就像到北京来读书就要争取留京一样。

二、首选之地——美国

这次调查中,在有意向出国的211名大学生中,最想去美国者达166人,占四分之三以上。除美国独占鳌头外,居二、三、四位的分别为日本、加拿大和英国,不过它们都不足总数的1/10。

历史资料显示,从1978至1996年的18年间,中国共有13.5万留学生去往美国,占此期间中国出国留学生总数的50%。美国历史虽短,但学府林立,其大学教育以其高度开放的姿态,得天下英才而育之。而且,美国是一个移民国家,所以在完成学业后就业相对容易,因此,美国理所当然地成为中国留学生的首选。每年的七八月份,到秀水东街的美国大使馆门口站一会,你就能体会到这种和夏天一样的热浪。

表 8.1 大学生出国留学准备前往的国家

国别	人数	百分比(人数/234)
美国	166	70.9
日本	19	8.1
法国	2	0.9
英国	12	5.1
新加坡	8	3.4
加拿大	13	5.6
瑞士	1	0.4
荷兰	2	0.9
澳大利亚	5	2.1
德国	5	2.1
俄罗斯	1	0.4
总计	234	100

注:该表中有的同学想去的国家不止一个。

三、去留之际

开阔视野和国外较好的学习条件成为大学生选择出国的主要原因。国外大学先进的教育设备、良好的教学气氛,深深地吸引着大学生们,特别是理工科的学生。国外发达的经济条件和对自身专业前途的选择,也是部分大学生出国的理由,值得一提的是,认为国内就业环境较差的只占1.9%,可以看出,现在的大学生出国是一种往更高处走的主动寻求发展性的选择。

表 8.2 大学生出国学习的主要原因

出国学习的主要原因	人数	百分比(人数/364)
想去国外看一看,开阔视野	127	34.9
国外的学习条件较好	105	28.8
所学专业在国外更有前途	49	13.5
国外的经济较发达,有吸引力	46	12.6
受同学、朋友、父母的影响	16	4.4
其他	14	3.8
国内就业环境较差	7	1.9
总计	364	100

在选择不想出国的大学生中,国内发展并不比国外差是比较多的学生的观点,另外联系学校,签证,准备一些必要的生活费,买生活用品都需要不菲的费用,承受能力不足使一些同学望而却步。签证的道路也充满了艰难险阻。

表8.3 大学生不打算出国学习的主要原因

不打算出国学习的主要原因	人数	百分比(人数/143)
在国内发展并不比国外差	53	37.1
家庭环境不允许	21	14.7
成本较高,且成功与否有一定随机性(如签证)	19	13.3
文化差异较大,很难融合	15	10.5
考托、考G难度较大	14	9.8
专业不适合在国外发展	7	4.9
其他	14	9.8
总计	143	100

四、归去来兮

调查结果显示,明确表示如果出国了,毕业后肯定会回国工作的占44.1%。据统计,在1978至1996年自费出国留学的13.9万留学人员中回国者仅有3 000人,比例仅为2%,希望调查对象在国外留学毕业的那一天依然做出这样的决定。

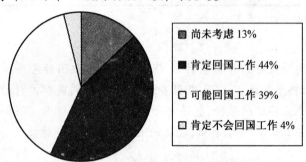

图8.1 毕业后,是否回国工作

五、利弊之辩

这次调查中,所有被调查对象都对出国对于国家的利弊发表了自己的看法,认为很有利或有利的总共占61.1%,认为很不利或不太有利的总共占16%。

表8.4 出国学习对国家的利弊

是否有利	人数/人	百分比/%
很有利	23	7.6
有利	161	53.5
一般	69	22.9
不太有利	46	15.3
很不利	2	0.7
总计	301	100

在这次调查中,设置了一道开放题让被访者谈一谈对出国留学的看法,结果统计发现:大学生们倾向于从个人和国家两个方面探讨出国的价值和意义。这大概和我们的教育方

向有关。很多的学生强调出国是件好事,但学成后应回国为祖国做贡献,正如北大的周同学所说,"良禽择木而栖,但不应忘本";有的同学认为国家也应创造良好的条件,吸引海外学子学成归来;也有同学认为人各有志,不可强求。

中国和其他发展中国家一样,存在着"出去的多,回来的少"的状况,人才外流的现象比较严重。这些留学生们,接受世界一流的教育,对发达资本主义经济的实际运作有着切身的了解,实为国家发展所必需。但是怎样才能回来,什么情况下会回来应该是着重考虑的问题。为了让他们回来,政府能够、应该做些什么?人才的保有是国家间竞争的一种形式,在全球化热浪的推动下,人才的跨国界流动将会越来越频繁,出国学习对个人来说是自我发展的应有之义。中国也确实从来没有这样迫切地被世界接纳的需要。如果我们想留住人才,空洞的国家、民族观念对留学生来说已经没有太多的吸引力,应该考虑切实改革国内的竞争环境。如果我们真的能够培养出适合人才生存、发展的土壤,留学生回流是自然而然的事情,中国人才流动的出超转变为入超也并非不可能。

市场调查的结果往往是预测性结论,而市场预测的基础多是市场调查得来的材料。本章首先介绍调查报告的特点、类型及内容,其次介绍市场调查报告的撰写格式及撰写原则,最后介绍市场调查报告的沟通技巧。

第一节　市场调查报告概述

一、市场调查报告的含义

市场调查报告是以一定类型的载体、载荷反映市场状况的有关信息,并包括某些调查结论和建议的形式,是市场调查工作的最后环节,是整个市场调查工作最终成果的集中表现。没有预测结论的市场调查报告会使人感到意图不明,对现实指导不力;而没有调查基础的预测也往往令人感到结论犹如空中楼阁,缺乏客观坚实的基础,难以使人信服。因此,无论市场调查报告还是市场预测报告,其结构安排大致相同,只是内容的侧重点有所不同而已。

二、市场调查报告的主要特点

1. 针对性与目的性

市场调查报告选题具有很强的针对性,且报告使用者具有明确的目的性。一方面,任何市场调查报告都是以解决一定的理论问题或现实问题为目的的,调查者要针对某一思想倾向、某一具体事件或实际问题展开调查活动,只有针对性强的选题才能使市场调查发挥其作用;另一方面,不同的报告使用者关心的角度不同,也会造成市场调查报告的内容有所区别。例如,企业决策者非常关心社会动态,希望得到企业如何面对环境变化的意见和建议,而科研工作者可能更加关心社会现象的原因和发展趋势。

针对性是市场调查报告的灵魂,针对性不强的市场调查报告必定是盲目的和毫无意义的。

2. 求实性与科学性

一方面,市场调查报告建立在大量的事实材料上,以调查事实为依据,通过大量的数据和事实材料来说明具体问题,如实反映客观事物及其之间的内在联系,具有求实性的特点;

另一方面,市场调查报告中运用的调查资料和数据是采用科学的方法得到的,其引用的事例和数据都要经过反复核实,采用的分析方法要根据实际情况进行筛选,以求科学合理。

3. 创新性与时效性

市场调查报告反映的是市场现象中的主要矛盾和市场活动中的新问题,这就要求调查者要善于观察新事物,用全新的视觉去发现问题、看待问题,用有效的方法去解决问题,使之形成的报告既反映对现有认识的广度和深度,又反映对求知领域广度和深度的探索,具有创新性。

同时,市场问题的解决在很大程度上取决于企业经营者能否及时掌握市场变化信息,采取有效的应变对策,而要做到这一点,调查者就必须及时且迅速地将从调查中获得的有价值的信息提供给企业经营者。因此,市场调查报告时效性很强。

三、市场调查报告的重要作用

市场调查报告是市场调查人员对特定市场的某一方面的问题进行深入细致的调查之后,通过书面形式表达市场调查结果的书面报告,是市场调研活动的最终成果。一篇优秀的市场调查报告,能够透过调查对象的现象看本质,能够使市场主体更加深入而系统地了解市场,掌握和驾驭市场规律,分析适当的有关问题,制定正确的市场决策,编制科学有效的经营管理计划。相反,一份拙劣的市场调查报告会使好的调查资料黯然失色,甚至可能使整个调查工作前功尽弃。市场调查报告的重要作用体现在如下三方面:

(1)市场调查报告是调查活动的产品,是调研过程的历史记录和总结。通过阅读市场调查报告,读者能够了解调查活动的整个过程,从而增强所报告这一产品的客观性和说服力。

(2)市场调查报告是管理决策的重要依据,调查项目之所以得以确立,就是因为企业在管理决策过程中遇到了新问题,调查报告必须能够针对这些问题提供有价值的信息,从而指导企业更好地适应环境,解决问题。通过调查得来的资料是零散的,而经过整理后形成的报告是将这些零散的、杂乱的信息资料进行高度概括和总结,便于用户阅读和理解,它能把枯燥乏味的数字变成活的信息,有利于用户掌握市场行情,为企业决策服务。一份好的调研报告,能对企业的市场活动起到有效的导向作用。

(3)市场调查报告是委托人评价调查活动的重要指标。用户对调查活动的了解绝大部分来源于调查报告,如果调查活动前面的各个步骤都做得很好、很到位,而唯独没有认真地撰写结论报告,委托人拿到报告后,对这次调查活动的评价也不会太高。

四、市场调查报告的种类

市场调查报告属于应用型的报告。根据不同的标准,市场调查报告可以分为多种类型。

1. 按调查的范围和内容不同分类

(1)综合性报告。即全面系统地反映调查对象市场运作基本情况的调查报告。其主要目的是通过比较详细地记录调查结果,较系统地描述调查对象市场运作方面的综合情况,使人们对调查对象有较全面的了解。如"A 公司市场营销情况调查报告"即属于此类。

(2)专题性报告。即就某一专门的市场问题进行调查而撰写的报告。其主要目的是及时了解和反映急需解决的具体问题,并根据调查和预测的结果提出建议和对策。如"广州市场B产品价格调查报告"即属于此类。

2. 按调查的表达形式分类

(1)书面报告。即用文字、数据和图表等表达出来的调查报告。随着当今科学技术的发展,书面报告以无纸形式表现出来的情形日益多见(如电子版的报告、因特网上的报告等),尤其是因特网上的报告。一方面,企业希望其员工能看到调查的结果,分享数据和信息,故借助于公司内部网登出报告;另一方面,企业也可通过因特网上的信息技术来设计问卷、实施调查、分析数据,并以陈述的形式分享结果。

(2)口头陈述。即将调查的结论和建议用口头方式陈述给报告使用者。事实上,除极少数比较简单的调查结果只需口头报告外,大多数调查报告在书写的同时,也要进行口头陈述。

3. 按调查报告的用途分类

(1)基础报告。即调研人员撰写的供自己使用的报告,它是为取得调研结果而准备的第一份报告,这类报告的内容包括工作文件和报告草稿,是最后报告的基础,在最后报告完成后,就作为档案保存起来。正因为如此,在调研实践中往往忽视这类报告,实际上这类报告很有必要,可以为将来需要参考其研究方法和资料时,提供完整的工作记录和研究成果。

(2)供出版用的报告。即调查人员撰写的登载于专业报纸、杂志、书刊和专著等公开的调研报告。根据刊物和读者的不同内容有所差异,一般具有语言简练、条理清楚、观点鲜明、启发性和可读性强的特点。

(3)技术报告。即多是供培训业务人员使用的报告。对调查研究中有关技术环节的问题,如抽样方法、调查方法、误差的计算、客户的回访等情况的说明;对报告产生过程的介绍;有推导结论的逻辑过程和统计上的细节,如假设检验;有复杂的附录,如使用的研究方法和完整的参考文献,以反映调研结论客观的可靠性,为读者提供进一步的资料来源和证明。

(4)供决策者使用的报告。即最常见的报告形式,也是本章研究的重点,属于综合性报告,要反映整个调查活动的全貌,考虑到决策者日常工作繁忙,他们更加关注调查项目的核心内容,即主要的结论和建议,而不需要关注更多的有关报告的技术细节,最好将研究方法等资料放在附录中,以备他们需要时参考。

五、市场调查报告的基本格式与内容

市场调查报告是整个调查工作,包括调查计划的制订、调查计划的实施、资料的收集与整理、资料分析等一系列过程的总结,以文字、数字和图标的形式对调查结果进行分析和说明,并以书面形式提交给客户。其目的是将调查结果、结论和建议等信息传递给企业管理决策者。虽然每一份市场调查报告都是为其所代表的具体项目而定做的,可能形式上会有所不同,但是它们都有一个惯用的参考格式,这一格式说明了一份好的报告在其必要部分及排序上的共识。总体上说,一份完整的市场调查报告包括扉页、目录、执行性摘要、介绍、正文、结论与建议、补充说明、附件等八个部分。

1. 扉页

扉页包括报告的题目、报告的使用者、报告的撰写者及提交报告的日期等内容。其中,题目是市场调查报告内容的浓缩点,必须让报告的使用者通过题目就能对报告想表达的内容一目了然。

2. 目录

目录写明市场调查报告各部分的标题及其所在的页码,主要有章节标题和副标题、表格、图形和附件及其页码。通过目录,可以对报告的结构有一个清晰的了解。

3. 执行性摘要

许多报告使用者(特别是高层管理人员)通常只阅读报告的这一部分。因此,执行性摘要显得特别重要。它主要包括:为什么要调查、如何开展调查、有什么发现、其意义是什么、如果可能的话应该在管理上采取什么对策和措施等。一般情况下,执行性摘要是在报告完成之后写的。

执行性摘要不仅为报告的其余部分规定了明确的方向,同时也使得报告使用者在评审调查的结果与建议时有了一个大致的参考框架,它是报告撰写者必须精心考虑的部分。

4. 介绍

介绍即在执行性摘要之后,对实施调查的背景及参与人员情况做一下介绍,并对本次调查做出过贡献和给予过帮助的有关方面表达谢意。

5. 正文

正文是市场调查报告的核心部分,主要是在对已经成为事实的客观情况做出回顾和说明的基础上,利用精心筛选的典型资料,运用科学合理的调查分析方法,用文字、数据、图表和图像等来叙述和分析调查结果,并据此做出科学的推论,进行市场发展变化趋势和规律的预测。

如果说执行性摘要的读者主要是企业高层管理人员的话,那么,正文则是一些需要更深入、更详细了解调查信息的部门经理们(如产品经理、营销经理等)所密切关注的部分。

6. 结论与建议

结论即为调查的结果,一般根据调查的问题、目标和所获得的结果,进行合乎逻辑的叙述。它是一种归纳过程,是对调查目标所提出问题的回答,或者为调查目标提供支持。建议则是市场调查人员根据所得的结论,进行理性分析后提出的见解或解决问题的对策。它是一种演绎过程。

结论与建议是分析和计算的目的,也是市场调查报告的落脚点。这部分内容要求具有可行性和可操作性,且有应用价值。

7. 补充说明

补充说明是对所使用的市场调查的方法及局限性做一下详细的介绍。一方面在市场调查报告成文的过程中,为使正文内容紧凑,往往将涉及的调查和预测的具体方法,以及使用这些方法时的处理手段或考虑单独列放在一起,形成对正文内容的补充说明;另一方面,由于时间、预算、组织限制等因素的制约,加上调查样本规模和选择等方面的约束,所有市场调查项目都有其局限性。因此,这一部分要谨慎小心地说明项目的局限性所在,以避免报告使用者过分依赖报告或怀疑报告。

8. 附件

附件即将市场调查报告成文过程中一些比较重要的原始资料和为得到调查信息而设计的调查问卷、统计数据和图表、参考资料等作为附件集中附在报告的后面,以在保持报告完整性的同时,作为报告可靠、结论正确、建议可行的佐证,故必不可少。

值得一提的是,如果市场调查项目是由客户委托的,则往往会在报告的目录前面附上提交信(一封致客户的提交函)和委托书(在项目正式开始之前客户写给调查者的委托函)。

一般地说,提交信中可大概阐述一下调查者承担并实施的项目的大致过程和体会(但不提及调查的结果),也可确认委托方未来需要采取的行动(如需要注意的问题或需要进一步做的调查工作等)。委托书则授权调查者承担并实施调查项目,并确认项目的范围和合同的时间等内容。有时候,提交信还会说明委托情况。

需要说明的是,虽然作为一份好的市场调查报告应该包含八个方面的内容,但并不是说每一份报告都必须分为八个部分,每一份报告均可根据自己的特点和要求进行调整,如将其中若干个部分合并在一起。

第二节　市场调查报告的撰写

市场调查报告的撰写是指将市场调查分析的结果用书面形式表达出来,为企业的市场营销决策提供书面依据。事实上,明确了一份好的市场调查报告的格式与主要内容,并不意味着就能写出一份好的市场调查报告,还必须关注其他要素,如报告拟定的程序和技巧。本节将对此进行讨论。

一、市场调查报告撰写的基本要求

(一) 明确市场调查报告的目的和阅读对象

首先,市场调查报告具有很强的针对性,是为了特定的调查目的和解决特定问题而展开的,所以撰写调查报告时必须目的明确,围绕市场调查主题展开论述和说明;其次,任何市场调查报告都是为了特定的读者而撰写的,他们一般是管理层的决策者,因此必须考虑报告的阅读对象的技术水平、阅读环境和阅读习惯,以便提高调研报告的使用效果。如果有必要,可以对同一调查内容撰写几个不同组成部分的报告,满足不同读者的需要,或者干脆完全针对不同的读者分别撰写不同的调研报告。

(二) 市场调查报告的内容要客观、准确、完整

调查报告应当客观地反映进行市场调查与分析的结果,准确地表达市场调查、整理、分析和预测的方法和结论,不能有任何应付客户或管理决策者期望的倾向。报告中引用的资料要准确,调查分析的结果和语言表述要准确无误。调查报告中应根据项目开始所提出的问题,提供回答问题所必需的全部信息,特别是最重要的信息不能遗漏,报告应该简明扼要,内容有所取舍,围绕调查目标,突出重点。写作语言要简洁明快,直截了当,避免使用冗长的句子。

报告的结构要清晰有条理,说明和论述符合逻辑,语言表达应该清楚易懂。报告的主体部分有关技术细节方面的讨论和介绍应该避免,尽量少用专业术语,可以使用表格、图形和照片等简洁明快、新颖直观的表达方式以增强表达效果。

(三) 市场调查报告要注意定量与定性分析相结合

在市场调查报告中,数据资料具有重要的作用。用准确的数据证明事实真相往往比长篇大论更具有说服力。然而,市场调查报告不是流水账或数据的简单堆砌,过多地堆砌数据会使人感到眼花缭乱、不得要领。因此,在报告中要以明确的观点统领数据资料,把定量分析和定性分析结合起来,这样才能透过数据本身的表面现象,把握市场现象的本质属性和发展变化规律。

(四)市场调查报告要正规且专业化

市场调查报告的外观与其内容具有同样重要的地位。一份干净整齐、组织良好的有专业水准的调研报告比那些外观不专业的调研报告更具有吸引力,更能引起读者的兴趣。因此,最后呈交的报告应当用质地良好的纸张打印和装订,印刷格式、字体选择、空白位置等编辑方面都应给予充分的重视。

二、市场调查报告的撰写程序

市场调查报告的撰写一般包括选题、资料整理、拟定提纲、撰写成文和修改定稿五个步骤。

(一)选题

成功的选题不仅能使作者用较少的时间和精力,积累充实的材料,有目的、有计划地调整自己的知识结构,确定必要的分析方法和手段,而且还是调研报告适时对路的前提条件。选题失误,即使调查报告表述完美也会影响其使用价值。

选题的途径一般分为外单位委托和作者自选两种。选好题的关键是处理好调研对象的分析、服务对象的需求和作者的主观条件三者之间的关系。在确定主题时应该注意:调查报告的主题要和调研主题相一致;要根据调研结果确定观点并重新审定主题;调查报告的主题不宜过大。标题是画龙点睛之笔,好的标题,一名既立境界全出。标题必须准确揭示报告的主题思想,做到题文相符。标题要简单明了,高度概括,具有较强的吸引力。

选题即确定市场调查报告的主题,是发现、选择、确定和分析论题的过程。论题就是对调研对象和目的的概括,所有选题一般表现为调查报告的标题。

报告标题的形式一般有以下三种:

1. 直叙式标题

直叙式标题是指能够反映调查意向或指出调查地点、调查项目的标题。如 TCL 液晶电视市场占有率调查、中国联通市场竞争态势调查等。这种标题的特点是简明、客观,但略显呆板。

2. 表明观点式标题

该种形式的标题是直接阐明作者的观点、看法,或对事物做出判断、评价的标题,又叫主题式标题。例如,对当前的需求不旺不容忽视、高档羊绒大衣在北京市场畅销、技术落后是 A 公司销售额下降的重要原因等标题。这种标题既表明了作者的态度,又揭示了主题,具有很强的吸引力,但通常要加一个副标题才能将调查对象和内容等表达清楚。

3. 提问式标题

提问式标题是以设问、反问等形式,突出问题的焦点和尖锐性,吸引读者阅读、思考。如消费者愿意到网上购物吗、北京市房地产二级市场为什么成交寥寥无几、为什么 A 公司在广东市场的分销渠道不通畅等。

提问式标题按其形式又可以分为单行标题和双行标题。单行标题是用一句话概括调查报告的主题或要回答的问题。一般是由调查对象及内容加上"调查报告"或"调查"组成。如"中关村电子一条街"调查报告、海尔洗衣机在国内外市场地位的调查、关于上海市家用电脑销售情况的调查等。双标题由主题加副题组成。一般是用主标题概括调查报告的主题或要回答的问题,用副题标明调查对象及其内容。如:保护未成年人要从规范成年人人手——关于中小学生出入电子游戏厅的调查、北京人的梦中家园——对北京居民住宅择向的调查报告等。

(二)资料整理

调研资料是形成调研报告主题观点的基础,只有达到观点与资料的高度一致,观点才能充分说明调研报告的主题,这是撰写报告必须遵循的主要原则。资料整理即是对市场调查取得的资料进行取舍,以达到观点和资料的统一性。市场调查报告的特点是用大量的调查资料来说明观点,确定选题后,报告撰写者就必须围绕主题有针对性地筛选资料。一般地说,可供取舍的资料主要有以下几大类:

(1)典型资料。即具有代表性的资料,往往具有深刻的含义和较大的说服力,是能表现调查对象本质和发展趋势的资料。

(2)综合资料。即表面上的资料,它能够说明调查对象总体的概貌和发展趋势,有助于认识整体、掌握全局。运用综合资料时须注意处理好与典型资料之间的关系,使主题更具有深度和广度。

(3)对比资料。运用历史与现实、成功与失败等对比资料进行横向和纵向的比较,可以使市场调查报告的主题更加突出,给人深刻的印象。

(4)统计资料。事物的质是通过量表现出来的。真实、准确的数字有较强的概括力和说服力,在市场调查基础上取得的原始数据资料经过统计分析,可大大增加报告的科学性、准确性和力度。

(5)排比资料。即用若干不同的资料,从不同的角度,不同的侧面多方面说明观点。可使报告观点更加深刻有力。

值得一提的是,资料必须充足才有可能写出有价值的报告。

(三)拟定提纲

提纲是调查报告的骨架,拟定提纲即报告撰写者根据市场调查报告的内容要求对其框架进行设计,也是对调查资料做进一步分析研究的过程。它可分两步完成。

(1)初步描述。即报告撰写者在脑海里对调查对象内在关系的初步描述,如顺序有没有乱、内容有没有重复、逻辑关系有无错置等。

(2)列出提纲。在完成选题和资料整理并初步描述之后,基本上对市场调查报告的撰写就有了一个轮廓或框架,将它列出来,即形成报告的提纲。拟定提纲实际上是围绕着主题,集中表现出报告的逻辑网络。其表现形式主要有条目提纲和观点提纲。

①条目提纲。即从层次上列出报告的章、节、目。如果只列到章和节,则提纲比较粗,如果确定了章和节之后,再对有关部分做进一步充实,细化到目或更深层次,则在撰写报告时思路就会比较清晰、顺手。

②观点提纲。即列出各章节要表述的观点。如果说条目提纲主要是确定了报告的层次,那么,观点提纲则是将每一章节要表达的主要观点列出来,进一步细化了条目提纲。

可见,提纲的拟定使报告的内容避免了重复、零乱和结构失衡,从而使报告结构严谨、层次清晰,还可以发现调查过程中存在的问题或不足。因此,拟定提纲的作用是不可低估的,更不是可有可无的,即使对于写作经验非常丰富的人来说,也应该先拟定写作提纲,然后再详细撰写。可以说,拟定提纲是写好市场调查报告必不可少的环节。

（四）撰写初稿

撰写初稿即在前期调研的基础上，围绕事先设计好的写作提纲标题展开论述和说明，形成报告初稿。在撰写的过程中，除要按照提纲要求认真提炼观点、选择例证之外，还要注意以下几点：

（1）资料准确，分析深刻。应在资料完备或对原始资料分析透彻的情况下开始撰写，确保引用的资料和数据的代表性、准确性及出处的可靠性，并深入研究，掌握关键点，进行深刻的分析。

（2）通俗易懂，针对性强。在撰写的过程中，资料的取舍和表达等要考虑使用者的特点，要用对方看得懂的文字，使用大众化语言，通俗易懂。切忌借用"大名词"显示学问，或滥用图表。

（3）用词生动，形式多样。虽然不能使用不当的华丽词语，但市场调查报告还是要求用词生动活泼，形式灵活多样。例如，用适当的表格和图形（饼形图、柱形图、流程图、照片、地图等）来弥补文字叙述的单一论证形式。

（五）修改定稿

修改定稿即对撰写好的市场调查报告进行反复的思考、推敲、修改和审定。将市场调查报告撰写成文只是完成了撰写的初稿，并非大功告成，要能最后定稿，还须先对初稿的内容、结构、用词等进行多次审核和修改，确认报告言之有理，持之有据，观点明确，表达准确，逻辑合理。

修改定稿后，报告就可以提交给报告使用者了。

三、市场调查报告的撰写技巧

撰写出一份好的市场调查报告，除了要注意格式和内容的安排外，还需掌握相应的撰写技巧，主要体现在叙述技巧、说明技巧、议论技巧和语言运用技巧四个方面。

（一）叙述技巧

市场调查报告的叙述主要用于开头部分（如执行性摘要和正文的开头），通过叙述事情的来龙去脉来表明调查的目的、过程和结果。此外在主体部分还要叙述调查得来的情况。例如，"此次调查是历届中规模最大、内容最全的一次，我们将在线上调查的基础上，联合新闻采访部进行线下调查，对手机游戏、研发力量、代理运营三方面进行深入调查，从而能更全面和系统地得出当前中国网络游戏市场的现状。"市场调查报告中常用的叙述技巧包括概括叙述、按时间顺序叙述、叙述的主体省略等。

1. 概括叙述

概括叙述即将调查和预测的过程和情况概略地陈述，不需要对事件的细枝末节详加铺陈。这是一种浓缩型的快节奏叙述，文字简略，一带而过，给人以整体、全面地认识，以适应市场调查报告快速及时反映市场变化的需要。

2. 按时间顺序叙述

按时间顺序叙述是指在交代调查的目的、对象、经过时，往往采用按时间顺序叙述的方法，可使其秩序井然，前后连贯。例如，开头部分叙述事情的前因后果、正文部分叙述市场的历史与现状，就体现为按时间顺序叙述的技巧。

3. 叙述主体的省略

市场调查报告的叙述主体即为撰写报告的单位,叙述中用"我们"第一人称。为了行文方便,叙述主体在市场调查报告开头部分出现后,在后面的各部分即可省略,不再出现,这样做并不会令读者费解。

(二)说明技巧

市场调查报告常用的说明技巧有数字说明、分类说明、对比说明、举例说明等。

1. 数字说明技巧

市场运作离不开数字资料,反映市场发展变化情况的市场调查报告,要运用大量数据,以增强调查报告的精确性和可信度。在撰写报告中就要使用数字说明技巧来揭示事物之间的数量关系,这也是市场调查报告的主要特征。在进行数字说明时,为防止数字文学化(在报告中到处都是数字),通常用表格和图形来说明数字。另外在使用数字说明时还要注意以下两点。

(1)使用汉字和阿拉伯数字应统一。

总的原则是:凡是可以用阿拉伯数字的地方均应使用阿拉伯数字。具体地说,计数与计量(如50~100,15%等)、公历世纪与年代、时间(如20世纪80年代,2006年6月1日等)均用阿拉伯数字,星期几用汉字,邻近的两个数并列连用表示概数时用汉字(如五六天、五六百元等)。

(2)运用数字的技巧。

为了让统计数字更加鲜明生动,通俗易懂,撰写报告时还应注意运用数字的技巧。例如,将数字进行横向和纵向的比较形成强烈的反差,或把太大不易理解的数字适当化小(如将某企业年产876 000台换算成每小时生产100台),或将太小的不易引起报告使用者关注的数字推算变大(如产品A的成本降低0.5元/件,如果单价保持不变,则当年销售量为100万件时,即可增加销售收入50万元)。

2. 分类说明技巧

市场调查中所获得的资料往往杂乱无章,根据报告主题表达的需要,可将调查资料按一定标准分为几类,分别说明。例如,将调查收集到的资料按地理位置和经济发展水平进行分类,每类设一小标题,并做进一步说明。

3. 举例说明技巧

为说明市场发展变化情况,在市场调查报告中举出具体、典型事例,这也是常用的方法。在市场调查过程中会遇到大量的事例,可从中选择具有代表性的例子进行说明,这样会起到很强的说服作用,增强报告的使用价值。

(三)议论技巧

1. 归纳论证

即运用归纳法将市场调查过程中掌握的若干具体的事实进行分析论证,得出结论。市场调查报告是在占有大量的调研资料基础上,做充分的研究分析,得出结论的论证过程。这一过程,主要运用议论方式,所得结论是从具体事实中归纳出来的。

2. 局部论证

即将市场调查的项目分成若干部分,然后对每一部分分别进行论证。由于市场调查报告不同于议论文,不可能全篇论证,只是在情况分析和对未来预测中做出局部论证。例如,对市场情况从几个方面进行分析,每一方面形成一个论证过程,用数据等资料作论据去证明其结论,形成局部论证。

(四)语言运用技巧

市场调查报告不是文学作品,而是一种说明性文体,有着自己的语言风格。其常用的语言技术有用词技巧和句式技巧。

1.用词技巧

市场调查报告中用得比较多的是数词(前面已经做了介绍)、介词(如"根据""为""对""从""在"等)和专业词(如"市场竞争""价格策略""市场细分"等),撰写者应该能灵活适当地使用。除了前面提到报告用词要生动活泼和通俗易懂外,还应该严谨和简洁,切忌使用"大概""也许""差不多"之类给人产生不确切感、不严谨的词语。

2.句式技巧

市场调查报告以陈述句为主,陈述调查的过程和市场情况,表示肯定或否定的判断,在建议部分会使用祈使句表示某种期望。

此外,从整体上说,撰写者还要注意语言表达的连贯性和逻辑性。

四、市场调查报告撰写中容易出现的问题

虽然撰写者已经很清楚地知道有关市场调查报告撰写的知识和技巧,但在实际运作中,还是会经常出现一些问题,主要体现在以下几方面:

1.处理不好篇幅和质量的关系

篇幅并不代表质量,只有让报告使用者满意的报告才是高质量的报告。因此,调查的价值不是用报告的篇幅来衡量的,而是以质量、简洁和有效的计算来度量的。

2.解释不充分或不准确

图表和数据无疑是市场调查报告的重要组成部分,但是撰写者必须对这些图表和数据做充分的解释和分析,如果只是将图表和数据展示出来而不做解释,必然引起使用者对这些图表和数据的怀疑,进而影响报告本身的可信度。可见,要想正确地解释问题,撰写者必须熟悉比率假设、统计方法,并了解各种方法的局限性。

3.把握不准资料的取舍

根据调查的目标对资料进行取舍是撰写市场调查报告的第二步,容易出问题的也是这一步,如撰写者在报告中采用了大量与目标无关的资料,这也是造成篇幅过长的原因之一。

4.所提建议不可行

所提建议不可行是指在报告中提出的建议对报告使用者来说是根本行不通的。这种问题的出现大都是由于撰写者并不十分了解企业的情况,或者对市场的判断过于轻率。例如,经调查和分析,企业需要对每一个目标市场增加15万元的促销费就可达到企业的营销目标,那么,这个结论就作为一项建议被提出来了,即建议"企业每一个目标市场增加15万元的促销费",结果是不可行,因为它超过了企业的财务承受能力。在遇到这类情况时,如果报告撰写者对企业有比较深入的了解,就会将这个结论与其他方面综合起来考虑。因为要达到企业的营销目标并不完全取决于报告的可读性,容易造成使用者阅读疲劳和引发对报告合理化的怀疑。当使用者是一位非技术型营销经理时,他还会拒绝一篇不易理解的报告。

如此种种,都是市场调查报告中容易出现的问题,应引起充分的重视。

第三节 市场调查报告的沟通、使用和评价

完成的市场调查报告最终要提交给报告使用者,经过调研人员辛苦工作取得的报告结论能够为使用者接受或认同就取决于调研人员的汇报沟通能力。调查报告只有通过很好的沟通途径,才能为使用者认可并使用,辅以评价。

一、市场调查结果的沟通

报告有无使用价值除报告本身的撰写质量外,还需要与使用者进行充分的沟通,使其能理解进而使用报告。市场调查报告的沟通是指市场调研人员同委托者、使用者,以及其他人员之间就市场调查结果进行的一种信息交换活动。报告的沟通是调研结果实际应用的前提条件,有利于委托者及使用者更好地接受有关信息,做出正确的营销决策,发挥调查结果的效用,有利于市场调研结果的进一步完善。

良好的沟通是指沟通双方之间能以动作、文字或口语等形式传递彼此间意图的活动,沟通的本质在于分享意图和彼此理解。市场调查结果的沟通则是指市场调查者与报告使用者(或委托者)及其他人之间以各种有效的形式传递市场调查结果的活动。这种沟通不仅能使报告使用者更好地理解有关信息,而且能促进市场调查者水平的提高,是非常必要的。

(一)市场调查结果沟通的形式

1. 书面沟通

书面沟通具体体现为市场调查的书面报告。在报告定稿前,可将整个报告或报告的若干部分拿出来与有关方面进行沟通,从中得到有用信息,提高报告的质量。

2. 口头陈述

绝大多数市场调查项目在准备和递交书面报告之前或之后都要做口头陈述,它可以简化为在使用者组织的地点与经理人员进行的一次简短会议,也可以正式向董事会做一次报告。不管如何安排,有效的口头陈述均应以听众为中心,充分了解听众的身份、兴趣爱好、教育背景和时间等,精心安排口头陈述的内容,将其写成书面形式,或者利用字板、投影仪、幻灯或多媒体等辅助工具,提高口头陈述的吸引力。但不管选择哪种辅助工具,每种视觉辅助都应该设计成可以传达简单而又引人注目的信息,加深观众(听众)对报告的理解。

值得一提的是,优秀演讲的原则也适用于口头陈述。例如,善于运用表情和形体语言,陈述语言生动,语速语调控制自如,不照本宣科,有一个好的开头,有一个强有力的结尾,等等。

当市场调查的结果与报告使用者的预期相比出现差异时,即结果为"坏消息"时,陈述要格外小心,且注意以下几点:一是不能避开负面的结果,一定要告诉使用者真相;二是尽量表明你只是在客观地陈述结果,不是批评家也不是"法官";三是只要有可能,在口头陈述时列举一些正面的事实,避免使报告造成完全的负面结果;四是强调指出应采取哪些措施和对策,预防或减少那些可能出现的问题。

(二)市场调查结果沟通的障碍

无论口头陈述者如何追求良好的沟通,市场调查结果的沟通均不可能完美。在现实运

作中,会存在许多沟通障碍,这些障碍主要体现在以下几方面:

(1)噪声。即阻碍受众接收信息的任何事物。它可以是物质的(如陈述过程中的手机铃声、咳嗽声等),也可以是心理的(如心烦意乱的思考、情绪骚动、错误的思维方法等)。当一位营销经理在听陈述者的口头汇报,脑子里却突然想起要派谁去开拓一个新的目标市场等与报告无关的问题时,我们就说陈述者遇到了一个沟通障碍——噪声。

(2)注意力集中度。每个人注意力集中的时间都是有限的,注意力集中的时间长短因人而异,主要取决于其对话题的兴趣、身体条件和意识条件。陈述者在陈述的过程中始终受到注意力集中度的影响,需要不断地与听众注意力集中度做斗争。

(3)选择性知觉。即人们总是选择那些能够支持其预想观念的特别信息,或借用某一些证据而忽略或轻视那些无助于支持其预想的信息,报告的使用者也不例外。例如,一个产品经理或许乐于在测试市场上看到一个较高的最初购买率,而忽视较低的市场重复购买率。或者一个经理能对调查项目做一般性的评述,却忽略了形成结果的样本的局限性。如此种种,调查报告的撰写者必须对此有清醒的认识。

(三)市场调查报告沟通的技巧

市场调查报告从表现形式看,有书面和口头两种,但不管是哪种形式的报告形成后都必须以恰当的方式与委托方沟通。对于小型调查之后没有必要或没有时间组织书面报告的情况下,客户都希望能听到调查报告的口头汇报;而对于大型的调查之后需要提交书面报告的同时,公司的决策者也经常要求辅之以口头报告来了解调查结果。因此,市场调查报告的沟通以口头沟通为主。沟通的本质在于分享意图及彼此了解。为了达到良好的沟通,必须要了解上述影响沟通的因素,规避不利因素的负面影响作用,同时还要注意以下几点:

(1)沟通汇报前要做充分的准备和练习。在与客户(或委托方)进行报告沟通之前必须拟定一份汇报提纲,其中包括报告的基本框架和内容,目的是让将要沟通的每一位听众都能掌握关于汇报的流程和主要结论。同时应该注意提交给听众的提纲要预留出足够的空白,以便于听众做临时记录或评述。

了解听众的教育背景、时间因素、态度、偏好等,以保证沟通汇报的风格和内容与听众特点相吻合,达到良好的沟通效果。

准备好调查报告的复印件。报告是一种实物凭证,鉴于调研人员在介绍中省略了许多细节上的问题,为委托者及感兴趣的听众提供报告复印件,供其仔细阅读。

(2)沟通汇报时要充满自信。有些人在进行沟通汇报开始时对其所讲的话道歉,这实际上是非常不明智和不自信的表现。一方面,道歉暗示了你没有做好充分的准备就来汇报;另一方面,无谓的道歉浪费了宝贵的时间。因此,在进行报告的沟通过程中要始终保持饱满的精神风貌和自信的态度,客观的反馈调查结果,自信会让客户感到报告结论的可靠性。

(3)尽量借助可视化材料来增强效果。在进行沟通汇报时,一般需要准备一份PPT文稿,通过投影仪,投射到屏幕上,以此作为可视化媒介,增强效果。在PPT中应当准确概括报告的主要内容,并尽量使用图表,使调查结果直观生动,以便提高听众的兴趣,吸引听众注意,提升沟通效果。当然,PPT的制作不要太过花哨,图表要以客观准确的数据为基础,力求清晰易懂。

(4)沟通汇报时保持目光接触。进行市场调查报告沟通时,要尽量看着听者,不要低头看讲稿或别处,与听众始终保持目光接触,有助于判断他们对汇报情况的理解程度和态度。

(5)语言要简洁明了、通俗易懂且富于说服力。有效的沟通应该以听众为核心展开。由于听比说更难于集中注意力,所以,沟通汇报时,语言要简洁明了、通俗易懂,内容要有说服力,并尽量注意趣味性。注意语言要生动,语调和语速要适中;若有非常复杂的问题需要说明,可以先做概括性介绍,并运用声音、眼神和手势等变化来加深听众的印象。

(6)要把握好回答问题的时机。在沟通汇报过程中,除了有关演讲清晰程度的问题以外,最好不要回答问题,以免讲话思路被打断,使听众游离于报告主题之外,或时间不够。在汇报开始前,应该先告知听众,报告后将回答问题或进行个别交流。

(7)一定要在规定的时间内结束汇报。报告的沟通汇报常常有一定的时间限制,在有限的时间内讲完报告是最基本的要求。滔滔不绝地汇报不仅会浪费时间,也影响报告的沟通效果。

二、市场调查报告的使用

市场调查报告在与委托方或使用者进行了沟通之后,一旦被对方认同和接受后,就意味着要应用报告的结论了,这就必须要考虑影响报告使用的因素,且如何指导其使用报告的问题了。

1. 影响市场调查报告使用的因素

在信息时代,按理说营销管理者本应该有效地使用市场调查信息以提高企业市场竞争的能力,但在很多时候,这些营销管理者们是否真正同意使用报告结论要取决于报告的可信度和使用价值、报告使用者和市场调查者之间的沟通程度、报告主要使用者的性格和任职期限等因素。

2. 对市场调查报告使用者的指导

市场调查报告经过沟通后一经被委托方采纳,市场调查者就有责任对其进行指导,以更好地发挥市场调查结论带给企业的科学价值。因此,调研人员一方面要帮助使用者更好地了解和掌握有关情况(尤其是报告中没能反映的一些信息),真正使使用者能以报告结果作为其经营决策和经营业务的依据;另一方面,调研人员也是在履行自己对其报告这一产品的售后服务义务,并在这种服务中及时掌握和评价报告,发现问题及时采取措施进行补救。

在实施指导的过程中,市场调查者与报告使用者如果属同一企业的不同部门,则对报告使用者的指导会比较容易,因为双方关系密切,障碍不大。如果两者不属于同一企业,即报告使用者委托本企业以外的组织或人员进行市场调查,则情况比较复杂,容易出现沟通障碍,此时需要双方的互相支持、互相体谅,并采取行之有效的措施保证这项工作的顺利进行。例如,市场调查者选派专人负责对报告使用者的指导,或在合同中明确规定指导工作的要求等。

三、市场调查报告的评价

市场调查报告的评价,即对市场调查报告实施之后的效果进行评价。这是市场调查者必须开展的一项工作,它不仅关系到其为报告使用者服务的质量,还有利于其总结经验、发现不足。

一般地说,对市场调查报告的评价既可以由报告使用者做,也可以由市场调查者来做,但不管由谁做,都须注意评价信息的反馈,以使有关各方对情况加深了解和相互理解,建立信任关系,更好地将市场调查的结果应用于报告使用者的市场运作之中。

要对市场调查报告进行客观评价,最有效的方法就是采用客户满意度调查。在这项调查中,"报告"作为商品,能否真正让客户(报告使用者)受益,是影响其对"报告"产品满意的关键。

【实训练习三】

【实训项目】

市场研究报告的撰写。

【实训目的】

通过实训,使学生掌握市场调研报告撰写的基本格式和具体方法,培养学生撰写市场调研报告的基本能力。

【实训要求】

通过实训,要求学生认识到市场调研报告在整个调研过程中的重要性——作为结论性的文书,是调研人员向委托方呈交的产品,报告质量的好坏直接决定着整个调研活动的价值;熟悉调研报告的基本结构、写作方法和技巧;能够结合前面的知识,动手撰写一份完整的市场调研报告。

【实训任务】

欲对在校大学生进行双休日活动情况调查,请你设计一份"关于在校大学生双休日活动情况的调查问卷",并进行实地调查,对调查收集到的资料进行整理和分析,形成市场调研报告。

【实训知识准备】

(1)问卷的基本结构和主要内容;

(2)问卷访问法的技巧;

(3)市场调研资料整理的基本技巧;

(4)市场调研报告的基本结构;

(5)撰写市场调研报告的方法和技巧。

【实训步骤】

(1)由指导老师介绍实训的具体任务、目的和要求,对市场调研报告的重要性予以说明和强化;

(2)由指导老师介绍调查问卷的基本结构和内容、问卷调研方法及技巧、调查资料整理的技巧、调研报告的基本结构和撰写技巧等;

(3)将学生按实际情况分成若干组,以组为单位讨论并设计完成调查问卷;

(4)各组有针对性地选择调查对象进行实地调查;

(5)各组进行市场调查资料的整理和分析;

(6)形成小组调研报告;

(7)每组进行口头报告的汇报和交流。

【实训考核】

指导老师为各组实训成果进行打分,同时综合实训过程和汇报情况评定最后的成绩。

【本章小结】

市场调查报告是以一定类型的载体反映市场状况的有关信息，并包括某些调查结论和建议，是市场调查工作的最后环节，是整个市场调查工作最终成果的集中表现。一篇优秀的调查报告能够透过调查对象的现象看本质，能够使企业更加深入而系统地了解市场，掌握和驾驭市场规律，分析市场的有关问题，制定正确的市场决策，编制科学有效的经营管理计划。

市场调查报告属于应用型的报告，按调查的范围和内容不同，分为综合性报告和专题性报告；按调查的表达形式不同，分为书面报告和口头陈述；按调查报告的用途不同，分为基础报告、供出版用的报告、技术报告和供决策者使用的报告。

一份完整的市场调查报告一般包括扉页、目录、执行性摘要、介绍、正文、结论与建议、补充说明及附件等八个部分。市场调查报告撰写时应该符合几个基本要求：明确调查报告的目的和阅读对象；市场调查报告内容要客观、准确、完整；市场调查报告要注意定量与定性分析相结合；市场调查报告要正规且专业化。

市场调查报告的撰写一般包括选题、资料整理、拟定提纲、撰写成文和修改定稿五个步骤。撰写出一份好的市场调查报告，除了要注意格式和内容的安排外，还须掌握相应的撰写技巧，主要体现在叙述技巧、说明技巧、议论技巧和语言运用技巧四个方面。市场调查报告撰写中容易出现：处理不好篇幅和质量的关系；解释不充分或不准确；把握不准资料的取舍；所提建议不可行等问题。

【案例分析】

对大学生洗护发产品品牌态度的调查报告

报告类别：调查报告

行业分类：日用品

调查地点：北京、上海、广州、西安、武汉

调查时间：2015年11月

样本数量：1 046名学生

调查机构：×××××××

报告来源：×××××××

数量庞大的大学生已经成为社会上重要的群体之一，越来越受到商家的关注。国内专业研究机构——环亚在线传媒顾问的"中国高校大学生的品牌态度Ⅱ期调查"于2016年3月结束。调查在北京、上海、广州、西安、武汉五个城市的20所高校展开，共计1 046名学生参与了调查，品牌涉及飘柔、潘婷、夏士莲、采乐、蒂花之秀、好迪、拉芳、舒蕾、柏丽丝、顺爽、风影、诗芬、隆力奇、索芙特、力士和伊卡璐等洗护发产品。

从调查结果分析，本次调查具有以下几个基本特点。

一、大学生每年消费洗发护发产品累计达20亿元人民币，极具市场潜力。

调查显示：使用指定品牌洗发类产品的占99.6%，使用指定护发类产品的占48.9%。大学生偏好去屑止痒和营养顺滑的洗发产品，深层修复和滋润效果好的产品越来越受到欢迎。50%以上的学生使用洗、护二合一产品。大学生一般每隔1~3个月就要购买一次洗发护发产品，400 mL和200 mL的洗发产品最受欢迎。每名学生每年平均需要4瓶400 mL规格的洗发类产品和 2 瓶 400 mL 的护发类产品。80% 以上的学生多数选择 10~30 元之间的洗发/护发产品。按照目前在校大学生人数为 1 700 万推算，大学生每年要消费 6 800 万瓶洗发类产品和 3 400 万瓶护发类产品，以每瓶 20 元价格来粗略估计，则大学生洗发护发产品的市场规模不低于 20 亿人民币。大学生的洗护发品购买频率和消费价格分布分别如表 8.5 和表 8.6 所示。

表 8.5　洗护发品购买频率

	200 mL	400 mL	700 mL 以上
15~20 天	7.60%	1.20%	0
20~30 天	22%	12.60%	7.70%
30~45 天	30.50%	24.60%	7.70%
45~60 天	22.30%	31.10%	38.50%
2~3 月	13.70%	19.80%	30.80%

表 8.6　洗护发品消费价格分布

10 元	10~15 元	15~20 元	20~25 元	25~30 元	30~35 元	35 元以上
0.80%	6.90%	30.80%	26.90%	23.40%	7.00%	4.20%

二、大学生对众多洗发护发类品牌持有不同态度。

知名度高的品牌往往是大学生优先购买的品牌，但是由于洗发护发产品的使用周期相对较短，购买的频率较高，消费者再次选择的机会也比较多，因此因货品陈列、促销活动、卖场 POP 广告等外在环境的提示而发生较高提及率的品牌也同样会有较多的机会被消费者选购尝试。数据显示，在未提示的情况下，58.4% 的大学生一开口就说出了飘柔，潘婷以 22% 的提及率次之，其他品牌都在 10% 以下；但在有提示的情况下，其他品牌的提及率迅速被提升。从各品牌的渗透率来看，宝洁公司旗下的飘柔、潘婷在洗发产品领域和护发产品领域的品牌渗透率分别占据着第一的位置，优势地位明显；夏士莲的渗透率、尝试率也比较高；其他品牌如采乐、好迪、拉芳、力士等的尝试率、渗透率都比较接近，市场竞争激烈。各品牌都已经形成了各自相对固定的消费群体。那些有自己独特卖点或广告做得个性十足的品牌，尤其是提供特殊功效的品牌，其品牌渗透率虽然低，但这并不影响其具有非常高的品牌忠诚度，如专治生发育发的索芙特、专门针对头皮屑的采乐。

三、厂商如何影响大学生对洗发护发品牌的选购行为。

大学生购买洗发护发类产品时受影响的因素很多，其中"品牌知名度更高、我想换一种功效、同学朋友推荐、我身边的人都在用、促销活动做得动心、广告做得好"等因素的影响明显。"品牌知名度更高"与"广告做得好"直接相关；"朋友推荐"和"我身边的人都在用"表明大学生消费的随众性很强；高品牌渗透率会驱动更多的学生购买，而高渗透率则需要高知名度的铺垫，这还是与"广告做得好"息息相关；"促销活动做得动心"同样也离不开广告攻势。此外，"我想换一种功效"与各厂商不断炒作的层出不穷的产品概念有很密切的关系，它切中大学生喜欢尝试新事物的心理，这一点也与"广告做得好"息息相关。这些都是大学生消费群体所特有的现象，不同于其他社会群体。

综合来讲，广告强势宣传对大学生洗护发产品的消费行为有巨大的影响。暂时落后的厂商可以通过寻找合适的校园媒体迅速提升本品牌的渗透率,领先的厂商也可以通过此途径获得更加牢固的优势。

总之,当今的大学生追求时尚,对事关自己外在形象的发质养护格外重视。洗发护发类产品已成为大学生生活不可缺少的日常用品之一。这个市场的价值将继续随着高校的扩招而不断地扩大规模。

案例思考:
1. 调查报告应包含哪几部分内容?
2. 该案例中的调查报告体现了调查报告的哪些特点?

【思考与练习】

一、名词解释

市场调查报告　书面报告　口头报告　市场调研结果的沟通

二、简述题

1. 简述市场调查报告的作用。
2. 简述市场调查报告的主要类型。
3. 简述一份完整的市场调查报告应该包括哪些部分和内容。
4. 简述市场调查报告的撰写技巧。
5. 你认为要使报告沟通取得成功应注意哪些方面?

第九章 市场预测概述

【案例导读】

2011年第三方支付市场预测

日前,易观国际发布了关于中国第三方支付市场的研究报告,该报告回顾了2010年该领域出现的一些值得关注的热点话题,并对第三方支付市场2011年的发展趋势进行了预测。

报告认为,2010年对于第三方支付行业来说是具有里程碑意义的一年,央行颁布了《非金融机构支付服务管理办法》,通过申请支付牌照的方式将第三方支付企业正式纳入国家监管体系。超级网银的上线也将第三方支付企业推到了风口浪尖,超级网银是否会替代第三方支付企业等问题一直为社会各界广泛关注。中国移动入股浦发银行,电信运营商和中国银联针对移动支付业务进行重点城市试点,使移动支付成为第三方支付领域的另一个热点。据易观预测,2010年第三方支付中的互联网在线支付市场交易规模将达到10 710亿元,环比增长93%。此外,基于对政府政策导向的研判以及对中国第三方支付市场多年的研究,易观国际认为,2011年的第三方支付市场将呈现以下七大趋势:

(1)支付牌照的发放必将引发一轮兼并、收购和融资的浪潮。央行《非金融机构支付服务管理办法》对第三方支付牌照的申请条件在注册资本、申请人条件等方面做出了严格规定,希望打通支付环节的企业可能会对规模较小的支付企业进行收购,达不到注册资本要求的小企业也会向资本实力雄厚的大企业寻求融资。

(2)基金行业可能成为第三方支付行业下一个竞争焦点。基金销售行业具有广阔的市场前景,受证监会基金销售牌照的影响,目前只有汇付天下和通联支付开始进入基金销售领域,2010年证监会发布的《证券投资基金销售管理办法(修订稿)》,对基金销售机构准入门槛有所降低,有望使更多第三方支付企业进入基金这一细分行业。

(3)第三方支付企业将以行业解决方案的形式加强对传统企业的渗透。目前,第三方支付企业客户主要以互联网和电子商务企业为主,随着第三方支付行业品牌知名度的提升以及支付牌照的发放,以提高企业资金周转率为目标的定制化解决方案,将会逐步向传统企业进行渗透,这种渗透的进程可能从思想意识和商业运营更为灵活的沿海地区企业逐渐向内陆城市扩张。

(4)在线支付实现跨产业链的融合。第三方支付企业在经历了细分市场的激烈竞争后,将出现从单一产业链的支付服务向跨产业链的融合转移的趋势。支付企业通过整合各种支付产品,为企业进行深度定制化服务,提高资金周转效率。

(5)获得支付牌照的第三方支付企业将加入超级网银。央行表示,第三方支付企业获得支付牌照后将被允许加入超级网银,而且央行也在研究对第三方支付企业开放的相关内容,明年获得支付牌照的第三方支付企业有望加入超级网银。

(6)移动支付市场将以第三方支付企业的远程支付领跑。移动支付领域内的远程支付相对于近场支付涉及的产业链环节较少,运营模式比较明确,第三方支付企业在在线支付领域经营丰富,移动支付将会由第三方支付企业的远程支付领跑。

(7) 手机近距支付仍然以电信运营商和中国银联进行城市试点为主。手机近距支付解决方案众多、支付标准未最终确定、POS等刷卡配套设施建设缓慢等问题使得手机近距支付开展大规模商用还为时尚早,因此,2011年近距支付仍然会以电信运营商和中国银联以城市试点的形式开展。

案例思考:你认为预测起什么作用?中国第三方支付市场的变化会给人们的日常生活带来什么影响?

本章扼要阐述市场预测的概念、特点、作用;市场预测指导原则、一般程序;市场预测方法与选择原则;市场预测应验及误差的评价等。

第一节　市场预测的一般问题

一、预测与市场预测的含义

(一)预测

预测是指根据客观事物的发展趋势和变化规律,对特定对象未来发展的趋势或状态作出科学的推测与判断。换言之,预测是根据对事物的已有认识对未知事件做出的预估。预测是一种行为,表现为一个过程;同时,它也表述为行为的某种结果。

作为探索客观事物未来发展的趋势或状态的预测活动,绝不是一种"未卜先知"的唯心主义,也不是随心所欲的臆断。它是人类"鉴往知来"智慧的表现,是科学实践活动的构成部分。预测之所以是一种科学活动,是由预测前提的科学性、预测方法的科学性和预测结果的科学性决定的。预测前提的科学性包含三层意思:一是预测必须以客观事实为依据,即以反映这些事实的历史与现实的资料和数据为依据进行推断;二是作为预测依据的事实资料与数据,还必须通过抽象上升到规律性的认识,并以这种规律性的认识作指导;三是预测必须以正确反映客观规律的某些成熟的科学理论作指导。预测方法的科学性包含两层含义:一是各种预测方法是在预测实践经验基础上总结出来,并获得理论证明与实践检验的科学方法,包括预测对象所处学科领域的方法以及数学的、统计学的方法;二是预测方法的应用不是随意的,它必须依据预测对象的特点合理选择和正确运用。预测结果的科学性包含两层含义:一是预测结果是由已认识的客观对象发展的规律性和事实资料为依据,采用定性与定量相结合的科学方法做出的科学推断,并用科学的方式加以表述;二是预测结果在允许的误差范围内可以验证预测对象已经发生的事实,同时在条件不变的情况下,预测结果能够经受实践的检验。

预测对象是具体的、特定的。对不同对象的预测形成不同的预测领域和预测学科的不同分支。目前,许多国家已经将预测技术广泛用于科学技术、文化教育、自然资源、生态环境、经济发展、人口变化、军事等诸多领域,于是便产生了科技预测、经济预测、教育预测、人口预测、资源预测、环境预测、军事预测等。不同的预测领域采用的预测方法有许多共性,但都必须以该领域的特殊规律、特殊理论和特殊方法作指导。预测是一门科学。

定性分析与定量分析相结合,是预测活动必须遵循的共同方法。定性分析离不开一定的理论指导,定量分析则离不开数学和计算机手段。数学对于预测模型的建立与求解是必不可少的。要学好预测理论和方法,就要借助于微分学、线性代数、概率论、数理统计等数学知识。对于较为复杂的预测问题,还必须掌握计算机技术与相关的计算技术。

(二)市场预测

市场预测是对商品生产、流通、销售的未来变化趋势或状态进行的科学推测与判断。市场预测是预测理论与方法在经济领域的运用,集中表现在市场体系中的运用。市场预测是适应市场经济发展的需要逐渐成熟起来的一门科学,它以市场体系的发展过程与变动趋势作为自己的研究对象。

市场体系是商品交换的产物。在商品交换关系中存在着市场主体和市场客体。市场主体是从事商品交换的主体,包括商品的供需双方及其中介,如生产商、中间商、消费者。生产商是商品的供应者,对生产商行为趋势的预测,实际上就是对进入市场商品资源数量的预测。中间商既是商品的需求者,也是商品的供应者,充当商品流通的中介,对中间商行为趋势的预测可以分别纳入商品资源量与商品需求量的预测。消费者包括社会团体和个人,既有最终商品与服务的消费,也有中间商品的消费,对消费者行为趋势的预测归根到底是对商品需求量的预测。就市场主体而言,对生产商、中间商、消费者行为趋势的预测,也就是对生产商市场、中间商市场和消费者市场的预测。

市场客体是进入市场用以交换的商品,包括作为最终消费需要的消费品与服务,以及满足生产经营活动需要的各种资源性商品。于是,作为商品交易的场所与载体,便形成了消费品市场和生产要素市场,而生产要素市场则包括生产资料市场、金融市场、技术市场、劳动力市场、信息市场等。无论是消费品市场抑或生产要素市场,所交换的商品无外乎实物性商品与非实物性商品两大类。消费类商品和生产资料商品通常为实物性商品。本书以讨论实物性商品的预测为主,当然其理论与方法也适用于非实物性商品的预测。在不同的商品市场里,在商品交换过程中,始终存在着商品的供求关系与价格关系。通过供求关系与价格关系的调节以实现资源的优化配置和商品的合理流通。市场预测实质上就是对商品供求关系和价格关系变动趋势与未来状态的预测,以及由资源配置和商品流通引致的经济效益的预测。

二、市场预测的分类

市场预测,实质上是对市场商品需求量与销售量的预测,或者说就是对产品的生产量或商品资源量的预测。预测总是具体的,表现为采用一定的预测方法,对特定商品在一定时间内与一定地域范围内需求量与销售量的预测,或者是对相关供需指标与效益指标的预测。据此,市场预测便可以从方法、对象、时间、空间等多个角度进行分类。

(一)按预测活动的空间范围分类

1. 宏观市场预测

宏观市场预测是全国性市场预测。它同宏观经济预测,即对整个国民经济总量和整个社会经济活动发展前景与趋势的预测相联系。为了对全国性市场的需求量和销售量做出科学预测,从而为企业的发展提供宏观经济指导,或者为了依据宏观经济发展指标对企业或地区市场的经营预测提供基础性资料,宏观经济预测量是必不可少的。宏观经济预测提供的预测值有:国民生产总值及其增长率、人均国民收入及其增长率、物价总水平和商品零售总额、工资水平和劳动就业率、投资规模及其增长率、积累和消费结构、产业结构、国际收支的变化等。宏观经济预测还应包括世界范围的市场动态、商品结构、进出口贸易行情、国际金融市场对国际贸易的影响趋势等。宏观市场预测的直接目标是商品的全国性市场容量及其趋势变化,商品的国际市场份额及其变化,相关的效益指标及各项经济因素对它的影响。

2. 中观市场预测

中观市场预测是指地区性市场预测。它的任务在于确定地区性或区域性的市场容量及其变化趋势,商品的地区性或区域性需求结构与销售结构及其变化趋势,相关的效益指标变化趋势及其影响因素的关联分析等。中观市场预测与中观经济预测紧密相关。中观经济预测是对部门经济或地区经济活动与发展前景的趋势预测,诸如部门或地区的产业结构、经济规模、发展速度、资源开发、经济效益等。

3. 微观市场预测

微观市场预测以一个企业产品的市场需求量、销售量、市场占有率、价格变化趋势、成本与诸效益指标为其主要目标,同时又与相关的其他经济指标的预测密不可分。微观、中观、宏观市场预测三者之间有区别也有联系。在预测活动中可以从微观、中观预测推到宏观预测,形成归纳推理的预测过程;也可以从宏观、中观预测推到微观预测,这便是演绎推理的预测过程。

(二) 按预测对象的商品层次分类

1. 单项商品预测

这是对某种具体商品的市场状态与趋势的预测,例如,粮食市场预测、棉花市场预测、食用油市场预测、钢材市场预测、汽车市场预测等。单项商品预测仍需分解和具体化,包括对各单项商品中不同品牌、规格、质量、价格的商品需求量与销售量,以及效益指标等进行具体的预测。

2. 同类商品预测

这是对同类商品的市场需求量或销售量的预测。大的类别有生产资料类预测与生活资料类预测。每一类别又可分为较小的类别层次,如生活资料类预测可分为食品类、衣着类、日用品类、家电类等。按不同的用途与等级,上述各类生活资料还可分为更具体的类别层次,如家电类可分为电视类、音响类、冰箱类、微波炉类等。

3. 目标市场预测

按不同的消费者与消费者群体的需要划分目标市场,是市场营销策略与经营决策的重要依据。目标市场预测可分为中老年市场预测、青年市场预测、儿童市场预测、男性市场预测、妇女市场预测等。

4. 市场供需总量预测

市场供需总量可以是商品的总量,也可用货币单位表示商品总额。市场供需总量预测包括市场总的商品需求量预测与总的商品资源量预测,也可以表示为市场总的商品销售额预测。

(三) 按预测期限的时间长短分类

市场预测是对未来某一段时间内市场的状态与趋势做出的判断与估计,由于预测对象与预测目的不同,预测期限的长短要求存在差异。

1. 近期预测

一般指一年以内,以周、旬、月、季为时间单位的市场预测。

2. 短期预测

通常指预测期为 1~2 年以内的市场预测。

3. 中期预测

一般指预测期为 2~5 年的市场预测。

4. 长期预测

通常指预测期为 5 年以上的市场预测。

一般来说,预测期越长,预测结果的准确度便越低。由于企业面对瞬息万变的市场,为降低经营风险,力图使市场预测值尽可能精确,故多侧重于近期或短期预测。不过,在企业制定中长期发展规划时,或对重大项目做可行性研究时,又不能不做好中长期预测。还需指出,考虑到技术开发与产品开发的周期相对较长,技术寿命周期也较长,企业在做技术预测时,近期、短期、中期、长期的时间周期应较上述时间长,短期为 1~5 年,中期为 5~15 年,长期为 15~50 年。

(四)按预测方法的不同性质分类

1. 定性市场预测

定性市场预测是根据一定的经济理论与实际经验,对市场未来的状态与趋势做出的综合判断。例如,根据产品生命周期理论,对产品在预测期内处于萌芽期、成长期、饱和期抑或衰退期做出的判断,就是一种定性预测。定性预测是基于事实与经验的分析判断,它无须依据系统的历史数据建立数学模型。

2. 定量市场预测

定量市场预测是基于一定的经济理论与系统的历史数据,建立相应的数学模型,对市场的未来状态与趋势做出定量的描述,对各项预测指标提供量化的预测值。定量预测通常包含点值预测与区间值预测。

在实际预测工作中,尽可能将定性预测与定量预测相结合,以提高预测值的准确度与可信度。

三、市场预测的特点

(一)预测工作的超前性

时间是无始无终的,而我们对预测对象的研究却是有限的。对预测对象研究的有限时段包括观察期、预测期和当期。当期事实上也是一个时域,例如一月、一季或一年,或约定的更长的一个时期。观察期与预测期通常为当期的若干倍数。观察期的长短取决于对其历史考察样本数取值的需要以及取得有效历史资料的可能性大小。对观察期做历史考察所获历史资料构成时间数列,作为预测分析的事实依据。对当期作现状分析所取得的现实资料则是预测分析的出发点或基点。预测期的长短取决于预测目标的需要。对预测期做出的预测分析使我们把握预测对象的未来信息,为科学决策提供依据。可见,市场预测工作本质上就是对预测对象做历史考察与现状分析的基础上,对其未来的发展趋势做超前性的分析,并提供准确的信息资料。

(二)预测信息的可测性

通过市场预测得到的关于预测对象的未来信息,通常可视为经营决策的目标,必须是可测度的、可量化的、可分解的。因此,作为市场预测的结果,一般均由可量化的指标来明确表达。

(三) 预测内容的时空性

市场预测对象都是在一定的时空中发生与发展的,关于预测对象的未来信息只能通过一定的时间与空间特征反映出来并加以测度。市场预测的内容是十分丰富的,都有具体的时空特征。例如,某商品的市场需求量,就是特指某一时期内某一市场范围内的某商品的市场需求量,某商品的市场容量,就是指在某空间广度范围内和一定的时间内,消费者对某商品的实际购买力,等等。对预测内容时空特性的理解有助于我们对预测方法做科学的划分和正确的选择。

(四) 预测结果的近似性

此前我们强调过预测结果的科学性,为什么又要指明预测结果的近似性呢?指明其近似性正是科学性的表现。导致预测结果的近似性有以下原因:

(1) 预测对象未来发展趋势影响因素的复杂性。影响预测对象未来发展趋势的因素是十分复杂的,是多元的且是动态的,主因与辅因、内因与外因彼此交织。因此,只要外部条件发生某些变化,预测对象未来发展方向也不可避免地会随之发生某些改变,而这种改变表现为一个过程。

(2) 预测者对预测对象及其所处环境的认识的局限性。这种局限性表现在:第一,对复杂的影响因素此起彼落、此消彼长不可能完全把握;第二,对外部条件随机变化引起的预测对象未来运行规律的变动难以控制;第三,预测对象未来变化趋势的规律性变化是一个过程,换言之,其变化规律是逐渐显示出来的,而且被许多现象所掩盖,预测分析是在这一过程显现之前从已知推断未来,对过程的完全准确认识当然是困难的。

(3) 预测模型的非精确性。预测模型只考虑影响预测对象未来变化的主要变量,而忽略了若干次要的变量,以此来简化运算。预测模型只能近似地反映客观情况,因而是非精确的。

指明预测结果的近似性丝毫不影响对预测结果的科学评价。市场预测工作要求将预测结果的误差限制在允许的范围之内,这是读者在以后学习各种预测方法时需要特别予以关注的。

(4) 预测分析的经验性。预测分析包括质的分析与量的分析,要求尽可能采用现代计算手段和先进的预测技术,即便如此,预测工作也不能排除预测工作者经验因素的影响,也不能排除预测工作者其他主观因素的影响。因此,预测分析质量的高低,同预测者的个人经历、实践经验与综合素质密切相关。

四、实施市场预测的要素

市场预测实质上是一种特殊的经济分析过程,为了实现这一经济分析过程,必须具备三个要素。

(一) 要有一定的经济理论作指导

市场预测既然是一种经济分析过程,在质和量的分析中必然要受一定经济理论的指导。我国正处在建立社会主义市场经济体制的进程中,市场预测应以经济学理论作为基础。发端于经济发达国家的一些预测理论和方法,常常以西方经济学的主要理论为依据,例如凯恩斯经济学国民收入理论、后凯恩斯主义的经济发展理论、弗里德曼的货币主义理论等；微观预测以微观经济理论为依据，例如新古典学派的厂商理论、供求理论以及生产函数理论等；中观经济预测则以中观经济理论为依据，例如列昂节夫的投入产出理论等。

（二）要有调查统计资料作分析依据

深入的调查研究和翔实的统计资料，是市场预测的事实依据与客观基础。调查研究包括对预测对象及预测对象所处环境的调研，通过对历史的与现实的资料的统计分析，进而获得关于预测对象的规律性认识，由此做出对未来发展趋势的推断。离开调查研究和统计资料，便丧失了预测的科学性，其结论只能是唯心主义的主观臆断。

（三）要有科学的预测手段和预测方法

为了保证预测过程及预测结论的科学性，必须掌握科学的预测手段和预测方法，这是因为：第一，随着技术的进步与预测理论和方法的日趋成熟，有条件提供科学的预测手段和方法；第二，由于市场的日益复杂化和国际化，市场经济需要处理的各种数据更多，影响预测过程和结果的变数也更多，若不采用先进的预测手段和科学的预测方法，便无法实现预测的目标。预测手段主要是指调查研究的手段和计算工具，如计算机、通信器材和交通工具等；预测方法主要是定性分析方法与定量分析方法两大类，它们又分别包含诸多具体方法。

五、市场预测的内容

市场预测的内容十分丰富，概括起来，主要有以下内容。

（一）市场需求趋势预测

市场需求是经济发展的驱动力，是企业效益与生命的源泉。在一定的时间内，在特定的市场环境下，市场需求受人口变动、收入水平、价格变动、消费心理、政策条件等诸多因素的直接影响。因此，市场需求趋势预测的内容也就不能排除上述诸因素的相关预测，具体包括：

1. 人口趋势预测

人口趋势预测主要是预测与市场需求相关的若干指标，如人口增长趋势、人口结构趋势，特别是不同区域市场的人口密度、人口层次分布以及人口就业的趋势等。

2. 社会购买力趋势预测

市场需求预测最关心的莫过于社会实际购买力。社会实际购买力也就是消费者可以直接用于消费的实际支付能力。社会实际购买力同人均收入直接相关。在人均收入中，应将消费者可以自由支配的收入剥离出来，并对社会实际购买力及其投向的变化趋势做出科学预测。

3. 商品需求结构趋势预测

对商品需求结构趋势的预测可供指导开发新的商品，调节商品的供求比例，组织商品货源，决定商品的投放量等。商品需求结构趋势预测应包括：对可能开发的新商品或替代商品的需求预测，消费者对商品新品种、新性能、新款式需求的预测，对需求商品的比例结构及需求量的预测等。

4. 商品价格趋势预测

价格是商品供求关系的调节器，价格的变动趋势直接影响商品的供求结构。对商品价格趋势的预测应包括：原有商品价格因供求关系变动或其他因素导致的变动趋势预测、竞争产品或替代产品价格变动趋势预测、各种生产要素价格变动趋势的预测。

5. 消费者需求偏好预测

这实际上是消费者心理对市场影响的预测。消费者需求偏好预测应包括：对商品品名、包装、品牌偏好的预测，消费者群体对消费者个体需求偏好影响的预测等。

6. 内需与外需结构趋势预测

市场全球化与经济一体化的趋势要求经营者统筹内需与外需，从而不仅有效地扩大国内市场占有率，也有效地扩大国际市场占有率。所谓内需与外需结构的统筹，至少包括三层意思：一是指综合考察国内与国际市场对商品品种与品质需求的现状与未来变化，估计总的市场容量变化，从而满足两个市场的不同需要；二是指分析国内与国际市场两者的关联性变化趋势及互动性影响因素，从而使两个市场商品资源得以互补，达到合理调节商品供应量，提高经济效益的目的；三是指比较研究进出口额的变化同国内贸易额的变化。

(二)市场供应趋势预测

市场供应趋势预测实际是商品资源量及其相关变量的趋势分析。市场供应受生产要素存量与增量的影响，受生产能力、流通渠道、商品分布结构以及价格因素、政策因素等多重影响。市场供应趋势预测包括：

1. 生产能力趋势预测

生产能力趋势预测应包括生产规模的扩张能力预测、生产要素供应（如资金筹措、固定资产与流动资金变化、能源与原材料供应、劳动力资源、技术水平的提升潜能等）预测、交通运输与货物调配能力预测、通信与信息收集及传输、处理能力预测等。

2. 商品竞争力趋势预测

商品竞争力是一种综合实力的评价，是企业将产品推向市场，扩大市场占有率的关键因素。商品竞争力趋势预测应考虑以下几个主要方面：一是产品所处生命周期的预测；二是产品成本与价格的趋势预测；三是技术开发与产品开发趋势预测；四是政策环境对竞争力影响趋势预测。

3. 企业经济效益预测

企业的经营目的就在于以较少的投入获取较大的收益，换言之，就是以较少的活劳动与物化劳动的消耗，向国内外市场提供更多的符合需要的商品。企业经济效益的预测为市场经营决策目标的确定提供可靠依据，故而备受企业关注。对企业经济效益的预测通常包含预期产值、利润、投资回收期、净现值和内部收益率等财务指标。

(三)企业社会生态效益预测

企业效益是一种综合性效益，包括经济效益、社会效益与生态效益。若只注意经济效益而漠视其他效益，必将带来恶果。因此必须对市场供应的社会生态预期做出估计，包括：国家财政及金融预期、资源可持续利用的预期、人口变化预期、社会就业预期、产业结构预期、社会稳定与发展预期、民族宗教关系预期、国际关系预期、生态平衡与发展预期等。

六、市场预测的发展与作用

(一)市场预测的发展

市场是商品生产与商品交换的产物，是联结社会生产、分配、交换、消费的纽带。随着商品生产的不断发展，社会分工的日趋专业化以及社会生产和社会生活的进步，市场地域范围迅速扩展、市场体系日臻完善、市场竞争不断激化,市场预测活动日益受到人们的重视。

事实上,市场预测成为一项科学活动,是同资本主义市场竞争的激化相联系的。20世纪以来,随着资本主义垄断的产生、竞争的加剧、商品寿命周期的缩短、商品的日益丰富、商品交换量的增长,科学的市场预测真正产生并迅速发展起来。特别是20世纪20年代,由于资本主义市场的严重萎缩,人们对市场需求及其发展的信息有了迫切的需要,使市场预测出现了勃勃生机。二次世界大战之后,凯恩斯经济理论的形成为市场预测提供了新的理论基础,而经济数学与计算机技术的发展,则为市场预测提供了有效的手段和量化方法,加上各国政府对经济的干预与垄断资本的发展,市场预测与客观经济预测有了新的需要和新的生长土壤,使得市场预测活动从20世纪30年代的资本主义大危机的阴影下走出来,重新兴起了新的热潮。

市场预测活动的兴旺表现在预测机构量的增长与规模的扩张。目前,全世界的专业预测咨询机构就有几千家,著名的有美国兰德公司、斯坦福国际咨询研究所、数据资源公司、大通经济计量公司、沃顿经济计量预测公司。在日本,许多大型企业都有自己完整的预测机构。在我国,经济预测工作从20世纪80年代以来才逐渐开展,及至社会主义市场经济体制确立以来,才日益受到各方面的重视。可以预言,随着我国社会主义市场经济的进一步发展,市场预测的重要作用必将日益显现出来,市场预测工作的规模与质量定会进入一个新的阶段。

(二)市场预测的作用

在市场经济条件下,任何经济活动都离不开市场预测。从微观来说,企业的一切经营活动都需要建立在市场预测的基础之上。市场预测对企业经营的多重作用表现在以下诸多方面。

1. 市场预测是企业经营决策的基本前提

经营决策是否正确及正确程度的高低,乃是一个企业成败与兴衰的关键,而正确的决策则要以科学的市场预测为前提。这是因为:第一,市场预测为经营决策提供未来的有关经济信息;第二,市场预测为经营决策提供决策目标和必要的备选方案;第三,市场预测为经营决策方案实施提供参照系,以利于调整经营措施,确保决策目标的实现。

2. 市场预测是实现资源有效配置的基本依据

在市场条件下,经济发展中生产、流通、交换、分配的关系,产、供、销的关系,资源配置的关系,都只能以市场为导向,才能求得合理的组合与良性的循环。然而,市场竞争的激烈与变化的无常,若没有科学的资源预测,也就不可能实现资源的有效配置,达不到市场机制的正常运作。科学的市场预测可以帮助企业通过市场调节信号,掌握商品的供求变动与价格趋势,从而正确确定与调整自己的经营方向,制定相应的营销策略,合理安排人、财、物的比例和流向,使资源得到最充分的利用。

3. 市场预测是提高管理科学水平的基本条件

一个企业的经营管理的科学水平,不仅表现在决策水平上,而且还表现在经营计划的水平上。企业经营计划固然离不开企业历史的和现实的状况与轨迹,而且还需要把握企业环境的变化趋势、产品发展的趋势以及市场供需的变化趋势。只有通过科学的市场预测,才能使各项计划指标得以量化并避免主观性和盲目性。

4. 市场预测是提高企业经济效益的重要措施

处于市场条件下的企业,其产品开发、生产、销售直到售后服务,都必须从市场需要出发,实现效益的最大化。然而,同市场的有机结合并实现最佳效益,只有通过市场预测掌握市场供需动向才有可能。一个企业经济效益的好坏,在一定程度上取决于该企业将市场预测纳入其经营活动中的自觉性的高低。

第二节 市场预测的一般原理

一、系统性原理

市场预测的系统性原理,是指预测必须坚持以系统观点为指导,采用系统分析方法,实现预测的系统目标。

(一)坚持以系统观点为指导

系统是相互联系、相互依存、相互制约、相互作用的诸事物与完整过程所形成的统一体。预测工作中体现系统本质特性的观点应包括以下几方面:

(1)全面地、整体地看问题,而不是片面地、局部地看问题。例如,在预测中,必须全面准确地分析各变量之间的相互影响,从系统整体出发建立变量之间的函数关系与模型,等等。

(2)联系地、连贯地看问题,而不是孤立地、分割地看问题。例如在预测中,必须注意预测对象系统各层次之间的联系,预测对象与环境之间的联系,预测对象内部与外部各要素之间的彼此联系,预测对象各发展阶段之间的联系,等等。

(3)发展地、动态地看问题,而不是静止地、凝固地看问题。市场预测都是对预测对象未来发展趋势的预测,没有发展变化,也就没有市场行为,更无须市场预测。市场预测必须根据预测对象系统的过去、现在推断未来,从而正确地反映发展观与动态观。

(二)坚持采用系统分析的方法

系统都有结构、有层次。预测对象系统的内部结构与层次及其相互关系,决定着它按照一定规律运动的内在根据,其外部环境因素与系统的相互关系,则决定着它按照一定规律运动的外在条件。在预测工作中,通过对内在根据与外在条件的分析,便能较好地认识和把握预测对象的运动规律,进而依据这种规律性的认识对预测对象系统的未来状态和趋势做出科学的推测与判断。在预测工作中采用系统分析方法要求做到:

(1)通过对预测对象的系统分析,确定影响其变化的变量及其关系,建立符合实际的逻辑模型与数学模型。

(2)通过对预测对象的系统分析,系统地提出预测问题,确定市场预测的目标体系。

(3)通过对预测对象的系统分析,正确地选择预测方法,并通过各种预测方法的综合运用,使预测尽可能地符合实际。

(4)通过对预测对象的系统分析,按预测对象的特点组织预测工作,并对预测方案进行验证和跟踪研究,为经营决策的实施提供及时的反馈。

二、连贯性原理

（一）连贯性原理的概念

社会经济现象都是在一定条件下受一定规律支配的,只要这一规律发生作用的条件不变,合乎规律的现象必将重复出现,即是说,该经济现象的未来趋势将同其过去保持连贯性。连贯性也叫连续性,表明经济对象的发展按一定的规律做合乎逻辑的连续运动。所谓连贯性原理,就是指市场预测一定要在历史与现实的信息联系中找出其固有的规律才能推断未来。

（二）连贯性原理的应用

市场预测中运用连贯性原理,必须满足以下两个条件:

(1)预测对象的历史发展数据所显示的变动趋势应具有规律性。

(2)预测对象演变规律起作用的客观条件必须保持不变,否则该规律的作用将随条件的变化而中断,连贯性失效。

需要指出,任何经济对象都是时间的函数。在市场预测中,将连续性仅仅理解为经济对象随时间而演进是远远不够的,重要的是要揭示其随时间演进的特殊规律是什么,例如,是线性规律还是曲线规律？若是曲线规律又属何种曲线？等等。

趋势外推预测法实际上就是连贯性原理的具体运用。

三、类推性原理

类推性原理是基于对预测对象同参照对象作类比推理而产生的一种市场预测思路。它是指预测对象同参照对象之间若存在某些相同或相似的结构和发展模式,则可推断预测对象的未来发展还存在着另一些同参照对象相同或相似的结构和发展模式。

类推预测方法是类推性原理的具体运用。类推预测方法既适用于同类对象之间的类推,也适用于不同对象之间的类推。采用类推方法进行预测的关键是分析样本之间是否存在相同或相似之处,相同或相似的程度越高,则采用该种方法预测的效果越好。

四、因果性原理

因果关系是存在于客观事物之间的一种普遍联系。因果关系具有时间上的相随性:作为原因的某一现象发生,作为结果的另一现象必然出现,原因在前,结果在后。因此,不同的客观对象之间只要存在因果关系,便可从已知的原因推断出未知的结果。

因果关系往往呈现出多种多样的情况,有一因一果、一因多果、多因一果、多因多果,还有互为因果以及因果链等。在预测中运用因果性原理,必须通过科学分析,确定相关经济现象之间因果联系的具体形式,据此建立合适的预测模型。

现实中存在的诸多经济现象之间的因果关系的表现形式固然复杂多样,但在预测中,预测对象及其相关经济现象的历史资料数量变动的因果关系,可以归纳为两种基本形式:第一,确定的函数关系;第二,不确定的统计相关关系。运用因果性原理进行市场预测,就是要通过因果分析,把握影响预测对象的诸因素的不同作用,由因推果,对预测对象的未来趋势做出预测。

五、统计性原理

(一)统计性原理的概念

必然性与偶然性是客观事物之间普遍联系的一种形式。偶然性中隐藏着必然性,必然性通过偶然性表现出来。市场预测的任务就是要通过对预测对象及其诸多影响因素的偶然性分析,揭示预测对象系统内部的必然性联系,即发展的规律性,并运用这种规律性的认识以推断未来的发展趋势。

从偶然性中揭示必然性所遵循的是统计规律,预测者通过对预测对象历史数据的偶然性分析,便可找到它的统计规律。因此,建立在概率论基础上的数理统计的原理和方法便成为市场预测理论和方法的重要基石。

(二)统计性原理的应用

(1)建立统计预测模型,确定预测值置信区间。根据统计性原理、一般均需对预测对象的经济过程建立相应的统计模型进行模拟,并将模拟过程同实际过程作比较,将模拟得到的理论估计值同客观经济过程发生的实际观察值作比较。比较结果出现的偏差具有随机性,故而有必要引入区间预测值,并对预测值置信区间做出估计,也就是根据统计原理对预测值的允许偏差做出估计,进而对这种偏差做出控制。

(2)认识预测对象的非线性本质,正确评价预测结果的近似性特征。在第一节中曾经提到过预测结果的近似性问题,这里我们有必要进一步作些补充说明。市场预测对象作为一个经济系统,由于受内外诸多随机因素的影响,实际上都是非线性的,其运行规律无疑也是非线性的。然而,在预测中,我们为了简化计算,往往用线性模型来描述它。由于线性模型只能近似地描述非线性问题,故我们求得的市场预测的线性解也就只能看成是非线性模型的近似解。

六、可控性原理

人们对预测对象的未来发展趋势与进程,在一定程度上是可控制的。在市场预测中,对本来是不确定的预测对象的未来事件,可以通过有意识的控制,预先使其不确定性极小化。因此,在运用以随机现象为研究对象的数理统计原理与方法进行预测时,应当同可控因素的分析紧密结合。在市场预测中运用可控性原理应当注意:

(1)在市场预测中确定影响预测目标的各种因素时,应尽可能地利用可控制的因素。
(2)应充分利用不确定性较小的经济变量,用以推测判断所要预测的市场变量。

第三节 市场预测的步骤

市场预测的全过程,应遵循以下步骤:确定预测目标;确定影响因素;搜集整理资料;进行分析判断;做出预测。

一、确定预测目标

确定预测目标,就是确定预测所需要解决的问题,亦即确定预测课题或项目。确定预测目标,使得预测工作获得明确的方向与内容,可据此筹划该项预测的其他工作。

(一)市场需求目标与资源供给目标

市场需求目标是市场预测关注的最关键的预测目标,它是企业经营决策的出发点。需求包括各种类别和各个层次,究竟选择何种类别与层次的需求作为预测目标,则应根据实际情况和预测任务加以确定。需求目标也可用市场容量来表示。

资源供给目标是指生产厂家能为市场提供商品的结构与数量,是一定时期内的商品可供量。

市场需求目标与销售量可看成为等价的;资源供给目标与生产量可看成为等价的。

(二)总量预测目标与分量预测目标

预测对象可视为一个系统。对于一个复杂的系统,可将系统分解为若干子系统,子系统还可细分为若干层次的多级子系统。系统的总体目标即为预测对象的总量目标,各级子系统分解出来的单项目标则为分量预测目标。由于预测对象系统具有一定结构,决定着预测目标也有一定结构。

(三)长期预测目标与短期预测目标

长期预测目标与短期预测目标在性质上有较大的差别。长期预测目标一般服务于战略决策,而短期预测目标则多服务于一般市场营销策略。例如,长期预测目标需要确定市场饱和点或市场寿命周期的周期阶段,短期市场预测目标则更多关注商品的销售量。

(四)资源投入目标与产出效益目标

资源投入目标就是物化劳动与活劳动的投入或消耗,它表现为一系列指标。产出效益目标则表现为一系列财务指标。投入产出目标的确定直接为企业决策提供依据,常常成为预测目标的主体。

二、确定影响因素

预测目标确定之后,必须详细分析影响该预测目标的各种因素,并选择若干最主要的影响因素。

确定影响因素需注意以下原则:

(一)根据预测目标确定影响因素

预测目标不同,影响因素各异。根据预测目标,考虑相关的经济理论,通过实际观察与分析,可确定相关影响因素。例如,为了预测商品的市场需求量,其影响因素应包括:人口增长与分布;居民收入水平与实际购买力;消费者购买心理与消费趋势;商品价格与品质;商品所处生命周期的阶段;同类产品与替代产品的竞争趋势;进出口贸易的需求结构;政府相关政策规定等。若为了预测商品的资源量,则应从生产厂家的生产能力与生产条件分析其影响因素。显然,市场需求量与商品供应量预测的影响因素是不同的。

(二)确定影响因素应尽可能详尽

确定的影响因素详尽与否,直接关系着预测结果的精确度。预测对象系统的发展趋势与状态,是很多因素共同作用的结果,只有尽可能充分地把这些因素的作用考虑进去,才能较准确地反映对象系统的未来发展。

然而,要求尽可能详尽是一回事,是否能够尽可能详尽却又是另一回事。这是由于:第一,预测者的认识有局限性;第二,有些影响因素具有隐蔽性;第三,有些影响因素虽被确认,但其历史与现实资料却难以收集;第四,分析方法不允许太多的影响因素作为预测因子。

(三)注意力应集中于确定主要影响因素

实际预测工作要求用尽可能少一些的因素较充分地反映预测目标,以便使预测工作得以简化。在精度达到要求的前提下,要尽可能使确定的影响因素少一些,最有效的途径就是通过分析,在尽可能详尽地考察各种影响因素的基础之上,选择若干主要的因素。为此,要学会善于运用质的分析方法和统计分析方法,并善于把这两种方法有机地结合起来。在实际预测工作中,预测目标及确定的主要影响因素,均需转换为变量,由一系列指标体系加以表征。

三、搜集整理资料

搜集整理资料是市场预测的基础性工作。与市场预测有关的资料内容十分广泛,若不分主次一概搜集整理,不仅加大成本,而且无此必要。因此,依据预测目标确定资料搜集的范围与资料处理的方案就显得十分重要了。

(一)资料的搜集

1. 历史资料的搜集

历史资料是指企业已经建档和各级统计机构发布或经报刊、会议文件等其他途径发布的各种经济与社会发展资料,包括宏观的、中观的与微观的各种历史统计资料,诸如:人口状况;就业与人均收入的变化情况;社会购买力;货币流通量;商品生产与销售情况;企业经营的各项财务指标等。从历史资料的分析中认识与揭示预测对象系统的运动规律,进而推测未来,是搜集历史资料的主要目的。

2. 现实资料的搜集

现实资料是指当期或预测期内正在发生着的有关经济与社会发展的各种指标数据。通过对社会经济的实际调查、对用户的问卷调查或从消费者的直接反馈而获得的是原始的现实资料,通过各种报表所获得的是初步加工的现实资料。从现实资料的分析中可以把握预测对象的现实状态,并把它作为预测指标的起点。

3. 间接资料的测算

搜集到的历史资料与现实资料,有时并不完整与系统。此时,可选用某种方法进行测算,以获得基本上能反映预测对象变动趋势的间接资料。间接资料作为搜集到的直接资料的补充,在搜集资料中也是不可忽视的工作。

间接资料的测算方法很多,下面介绍几种常用的方法。

(1)比例测算法。这是根据市场总量的占有率测算某个指标绝对数的方法。例如,已知某类商品的市场销售总额,又已知某种商品销售所占百分率,即可推出该商品的市场销售额。

(2)抽样测算法。这是运用抽样调查所获统计资料,从部分推测整个市场指标的一种测算方法。

(3)目标市场测算法。这是根据目标市场容量测算相关指标数据的方法。

(4)平均增长率测算法。这种方法要求首先计算出某一时段历史数据的平均增长率,再按该平均增长率补齐所需数据。

(5)外推测算法。这是以时间为自变量,以测算对象指标为因变量,建立关于时间的一个函数加以外推的一种测算方法。

(二)资料的整理

在多数情况下,搜集到的资料还需经过整理才能用于预测。资料整理也就是对资料进行加工使之系统化的工作。

1. 对资料的校核

为了保证资料的准确性,必须进行校核,以去伪存真。对资料的校核包括逻辑性校核和计算性校核。逻辑性校核是指检查搜集的资料是否符合预测对象变动的逻辑发展,以排除明显的偶发性因素的影响;计算性校核是指检查搜集的各种指标数据是否有计算错误,或统计与计算口径是否一致等。

2. 对资料的分类

按搜集资料所表征的经济社会现象的特征、结构、性质、规模等方面的差异,对资料分类,是资料整理工作的主要环节。按特征分类通常是指按资料所显示的变动规律分类,例如,直线型变动形态、曲线型变动形态、季节型变动形态等。按结构分类一般指按不同的市场结构层次、商品结构层次等分类,例如,国际市场容量、全国市场容量、各区域市场容量、各目标市场容量等。按性质分类,多指按不同的社会性质、经济性质进行分类,例如,人口资料、购买力资料、商品销售资料、商品供应资料等。按规模分类是指按市场的容量规模、企业产品的生产规模、销售的赢利规模等进行分类。对资料分类取何种标准,决定于预测的任务与目标,决定于也决定着预测方法的选择。

3. 对变量序列的编制

经分类整理的资料,用数值表示,按不同的变量排序,形成某变量的大小序列。这种序列可以方便地提供预测与决策所需要的权重分布或概率分布资料,在预测中十分有用。例如,为了预测某种商品的资源供应量,就必须对各生产厂家的生产趋势做出估计,而生产厂家的生产能力则取决于它的规模。不同生产厂家的规模可按产值、利润等作为标志性指标,对不同标志性指标划分不同区段,落在不同区段内的厂家数占该种商品总生产厂家数的百分比,便可作为排序的依据。这种排序实际上就是各个厂家在某商品资源供应量方面的权重排序。

四、进行分析判断

分析判断是市场预测的关键环节。这一阶段的任务,是将通过历史与现实的调整所搜集的资料进行系统的综合分析,并对市场未来的发展趋势做出质的判断。这是一个定性的分析过程,也是建立逻辑模型的过程。分析判断的主要内容包括以下几方面:

(一)对各种市场影响因素同商品需求或资源的依存关系做出分析判断

市场影响因素对商品需求量或资源量的依存关系,表现为单一因素的影响关系,也表现为多个因素的共同影响关系,均可用一定的函数关系来表征。这就意味着影响因素的每一变化,将导致市场需求量或商品供应量的相应变化。函数形式可以是一元的,也可以是多元的或复合的。

1. 宏观经济发展形势对市场需求或商品资源的影响分析

宏观经济的结构性调整,投资重点和投资规模,经济发展速度,国家财政状况等,对市场需求的推动强度均有直接影响。例如,基建投资规模和房地产业的发展,是推动建材市场需求上升的主要动力。根据预测目标,选择宏观经济指标中的若干主要因素加以考察,对它们的影响强度做出评估,将依存关系转换成一定的系数关系。

2. 居民的生活质量与生活水平对市场需求或商品资源的影响分析

居民生活质量诸如食品结构、衣着结构、休闲消费水平等消费结构,对于市场需求结构有直接的影响;生活水平可以用居民的人均实际购买力作为指标,它不仅决定着需求量,还决定着对商品的需求层次。

3. 进出口贸易对市场需求或商品资源的影响分析

进出口贸易的结构与规模对市场需求结构与需求量有直接影响,当然对商品资源结构及资源量同样有直接影响。因此,国内市场与国际市场预测的关联性与依存性切不可忽视。

4. 同类产品与替代产品对市场需求或商品资源的影响分析

同类产品是指功能相同的不同品牌、不同厂家生产的产品,如各种品牌的电视机;替代产品是指功能可以替代的产品,例如降温用空调与风扇的替代。应该说,同类产品和替代产品的型号、款式、价格等方面的相互竞争直接影响市场需求结构与商品资源结构,同时也影响它们的市场需求量和商品的资源供应量。

5. 母子产品对市场需求或商品资源的影响分析

母子产品如 VCD 对光盘、计算机对软盘,彼此之间存在着不可分离的依存关系。母子产品的特殊结构显然决定着市场需求结构和商品资源结构。

(二)对预测期内商品的产、供、销关系做出分析判断

1. 对市场需求趋势作分析判断

市场需求趋势判断包括:社会总购买力及其投向趋势;居民平均购买力及需求结构变化趋势;商品流通渠道变化趋势;商品的目标市场分布与趋势变化;消费者对商品的需求结构变化趋势;商品需求量及其变化速度等。

2. 对商品资源趋势作分析判断

商品资源趋势判断是对商品能在多大程度上满足市场需求的预估,它包括提供市场的商品结构趋势;商品的社会生产规模与社会生产能力的趋势;原材料、能源、交通的供应趋势以及实现生产能力的程度等。

3. 对商品的供需平衡状态作分析判断

对商品供需平衡状态的分析,对市场预测有重要意义。供需的差额,包括顺差与逆差的判断,以及此消彼长的发展态势,是市场各种要素演化的重要动因。供需差额的分析,不能只注意量的方面,在市场预测判断中,还需特别着眼于产生原因与实质内容的分析。

(三)对影响市场需求的消费心理、经济政策及其他环境因素的分析判断

消费者的消费观念、消费行为、价值取向、文化背景、风俗习惯等对市场需求有很大影响。国家的宏观经济政策,诸如财政政策、货币政策、产业政策、投资政策等也决定着市场的发展趋势。此外,其他的环境因素,例如国际经济环境、政治环境等方面的影响也不可忽视。

五、做出预测

这一阶段的主要内容是,选择预测方法、建立预测模型、估计模型参数。对模型进行检

验、确定预测值、分析预测结果、提出预测报告。

(一)选择预测方法

预测方法是指在以上各阶段工作的基础上,对市场未来发展状态与趋势做出判断和测算的各种技术与手段的总称。预测方法很多,大体可以分为定性预测方法与定量预测方法两大类。在实际预测活动中,要求将定性预测方法同定量预测方法相结合:以定性分析为依据,以定量分析为手段;在定性分析中尽可能量化,在定量分析中贯穿质的分析。关于预测方法的选择原则将在下一节中作专门介绍。

(二)建立预测模型

以一定的经济理论做指导,根据所采用的预测方法建立起数学模型,以表征预测目标同各影响因素之间的关系,进而用数学方法确定预测值。建立预测模型必须注意以下问题:

(1)必须以正确的经济理论做指导。在建立经济计量模型时,作为指导的经济理论不同,则预测模型会有很大差异。

(2)必须尽可能准确地确定模型中的变量及变量之间的关系。为此,第一,在许多情况下,要对预测模型进行检验,以确认模型中变量之间是否存在着密相关关系。第二,要对模型的参数认真地做出估计。参数的估计要以样本数据作为分析依据;参数的精度是对模型中变量之间关系准确度的一种描述。

(3)必须尽可能地使模型简化。为此,模型所采用的变量不可太多。

(4)尽可能有利于实现计算机模拟和计算机运算。

(5)模型不合理时,必须及时进行修正。

(三)确定预测值

市场预测的结果,应通过解数学模型提供数量化的预测值。预测值在许多情况下应包括点预测值和区间预测值。在确定预测值时,尚需对预测的误差做出估计,也就是把预测值同历史观察值作比较。预测值误差实质上是对预测模型精确度的直接评价,决定着对模型是否认可,是否需要做出修正,以及在多大程度上做出修正。

需要指出,为了保证预测值的准确性,在市场预测中,常常要同时采用不同的预测方法与预测模型,并对它们的预测结果进行比较分析,进而对预测值的可信度做出评价。

(四)提出预测报告

在预测报告中应对预测结果作定性与定量相结合的分析,决不能把预测报告做成数据的堆砌。预测报告实际上是目标决策分析,它是直接为决策服务的,故系统的综合分析显得特别重要。

预测报告是预测结果的文字表述。写好预测报告不仅是预测的完成步骤,而且也是对调研过程的总结和综合反映。预测结果能否对决策产生影响,与能否写好预测报告也有很大关系。预测报告一般包括题目、摘要、目的、正文、结论和建议以及附录等部分。

1.题目

题目是对预测报告内容的高度概括。它应醒目、明确,要与文中的内容相符。有时,题目也可采用"主标题+说明性副标题"的形式来标示。通常,撰写题目可参照下列两条标准:

(1)经常性预测以反映目标为主。这就是说,如果是按时就一特定题目提出预测报告,预测题目主要是反映预测目的、对象、范围及时间界限。

(2)应急性预测以反映预测结论为主。如果是由于情况发生变化临时做出的预测,或是为了修改原有预测,预测题目就要把新的发现(预测结论)突出反映出来,以引起有关部门的重视。例如"美国经济第二季度将继续下降,制成品进口需求继续萎缩"以及"英国北海石油价格降低将造成国际市场油价的松动,年内世界石油需求将有所增加"。有重大发现时,为反映新的预测结果,报告的题目可稍长些。

2. 摘要

在预测报告的正文前,通常将调研的主要发现、预测结果及建议采取的对策等予以摘要说明。摘要与题目配合,可引起有关人士对预测的重视。在下述两种情况下,摘要更有特殊的意义:一是当预测分析较多、篇幅较长时,摘要可以使重大结论与行动建议突出;二是当分析和预测过程中运用了较多的技术性语言,如图表、公式、模型或其他专业语言时,摘要可用较通俗的语言扼要介绍主要观点。一般地讲,摘要中的要点应从预测结论和对策意见中提炼概括,切忌以正文内的小标题作简单的罗列。

3. 目的

在正文前简单地交代预测目的或调研目的,以作为正文的引子。

4. 正文

正文包括分析及预测过程、模型及说明、必要的计算方法及图表、预测结论及理由陈述。正文的重点是资料分析。在撰写正文时要紧紧围绕中心论题,保持论题的同一、稳定,使结构紧凑,不要节外生枝。资料及论据必须真实、客观,论证要符合逻辑,结论要明确。

5. 结论与建议

除扼要地说明预测结果外,还要有针对性地提出行动建议及对策。同时对制约因素和控制条件也要作必要的说明。

6. 附录

包括必要的附表、资料来源、较复杂计算方法的说明及其他未列入正文的有关资料。

写好预测报告是预测人员基本功训练的一项重要内容。撰写时还必须注意以下诸点:(1)说清问题;(2)易于理解;(3)避免使用千篇一律的语言"套话";(4)注重事实,切忌华而不实,哗众取宠;(5)文字精练,篇幅不宜过长。

第四节 市场预测方法的选择

一、预测方法的分类

由于预测的对象、目标、内容和期限的不同,形成了多种多样的预测方法。据不完全统计,目前世界上共有1 300多种预测方法,其中较为成熟的有150多种,常用的有30多种,用得最为普遍的有10多种。

(一)预测方法的分类体系

预测方法可按不同的标准进行分类,从而形成了预测方法的分类体系。

1. 按预测技术的差异性分类

可分为定性预测技术、定量预测技术、定时预测技术、定比预测技术和评价预测技术,共五类。

2. 按预测方法的客观性分类

可分为主观性预测方法和客观性预测方法两类。前者主要依靠经验判断,后者主要借助数学模型。

3. 按预测分析的途径分类

可分为直观型预测方法、时间序列预测方法、计量经济模型预测方法、因果分析预测方法等。

4. 按采用模型的特点分类

可分为经验预测模型和正规的预测模型。后者包括时间关系模型、因果关系模型、结构关系模型等。

(二)市场预测常用方法分类

市场预测常用方法通常分为定性分析与定量分析两大类,定性分析预测法属主观判断分析的预测方法。

1. 主观判断分析预测法

主观判断分析预测方法亦称经验判断预测方法,它是指预测者根据历史的与现实的观察资料,依赖个人或集体的经验与智慧,对市场未来的发展状态和变化趋势做出判断的预测方法。

(1)个人判断预测法。主要有相关类推法、对比类推法、比例类推法等。

(2)集体判断预测法。主要有意见交换法、意见测验法、意见汇总法、购买意向推断法、专家意见法、市场调研法、指标分析预测法等。

2. 定量分析预测方法

这是依据调查研究所得的数据资料,运用统计方法和数学模型,近似地揭示预测对象及其影响因素的数量变动关系,建立对应的预测模型,据此对预测目标做出定量测算的预测方法。

(1)时间序列分析预测法。这是以连续性预测原理作指导,利用历史观察值形成的时间数列,对预测目标未来状态和发展趋势做出定量判断的预测方法。主要有:移动平均法、指数平滑法、趋势外推法、季节指数预测法等。

(2)因果分析预测法。这是以因果性预测原理作指导,以分析预测目标同其他相关事件及现象之间的因果联系,对市场未来状态与发展趋势做出预测的定量分析方法。主要有回归分析预测法、经济计量模型预测法、投入产出分析预测法、灰色系统模型预测法等。

二、预测方法选择的影响因素

选择合适的预测方法,对于提高预测精度,保证预测质量,有十分重要的意义。影响预测方法选择的因素很多,在选择预测方法时应综合考虑。

(一)预测的目标特征

预测目标用于战略性决策,要求采用适于中长期预测的方法,但对其精度要求较低。

预测目标用于战术性决策,要求采用适于中期和近期预测的方法,对其精度要求较高。

预测目标用于业务性决策,要求采用适于近期和短期预测的方法,且要求预测精度高。

(二)预测的时间期限

(1)适用于近期与短期的预测方法:有移动平均法、指数平滑法、季节指数预测法、直观判断法等。

(2)适用于1年以上的短期与中期的预测方法有:趋势外推法、回归分析法、经济计量模型预测法等。

(3)适用于5年以上长期预测的方法有:经验判断预测法、趋势分析预测法等。

(三)预测的精度要求

(1)满足较高精度要求的预测方法有:回归分析预测法、经济计量模型预测法等。

(2)适于精度要求较低的预测方法有:经验判断预测法、移动平均预测法、趋势外推预测法等。

(四)预测的费用预算

预测方法的选择,既要达到精度的要求,满足预测的目标需要,还要尽可能节省费用。即:既要有高的经济效率,也要实现高的经济效益。用于预测的费用包括调研费用、数据处理费用、程序编制费用、上机费用、专家咨询费用等。

(1)费用预算较低的方法有:经验判断预测法、时间序列分析预测法以及其他较简单的预测模型法。

(2)费用预算较高的方法有:经济计量模型预测法以及大型的复杂的预测模型方法。

(五)资料的完备程度与模型的难易程度

1. 资料的完备程度

在诸多预测方法中,凡是需要建立数学模型的方法,对资料的完备程度要求较高、当资料不够完备时,可采用专家调查法等经验判断类预测方法。

2. 模型的难易程度

在预测方法中,因果分析方法都需建立模型,其中有些方法的建模要求预测者有较坚实的预测基础理论和娴熟的数学应用技巧。因此,预测人员的水平难以胜任复杂模型的预测方法时,则应选择较为简易的方法。

【案例分析】

速溶咖啡的新形象

咖啡是西方人日常生活中常饮的饮料,产销量十分巨大。为适应人们生活的快节奏,雀巢公司率先研制出速溶咖啡并推入市场。这种速溶咖啡免去磨咖啡豆、煮咖啡等烦琐的制作工序,用开水一冲即可饮用,而且保持了普通咖啡的优点。但是这种速溶咖啡尽管有这么多的优点,在市场上还是遇到了顾客的抵制,虽然花费了巨额的广告费用,人们仍然购买普通咖啡而不买速溶咖啡。速溶咖啡的消费量仅占整个咖啡消费量的极小部分。为弄清速溶咖啡为什么会受到消费者的排斥,雀巢公司派出了大量的调查人员,通过访问、交谈、问卷等多种形式,对各个年龄段的消费者作了调查,得出原委。原来,人们普遍认为,购买速溶咖啡的妇女肯定不是好妻子,也就是说,速溶咖啡的产品形象是——它的使用者是懒惰的家庭妇女。速溶咖啡广告中大量采用的快速、方便、省事、经济等词语来描述速溶咖啡,加重了这种不利形象。相比之下,普通咖啡一再强调咖啡的味道、芳香,使人置身于它的香味和令人愉快的煮咖啡的乐趣中,结论是:速溶咖啡缺乏温暖感。

得出结论后,雀巢公司立即调整广告宣传,改变原来不利的产品形象,将宣传重点放在让速溶咖啡包含感情色彩,并具有能代表更高的社会地位的形象上。根据这一宗旨,公司重新挑选了最具温柔、善良、贤惠形象的女模特做广告,并主要以杂志作为广告媒体,加之精美的页面设计,设计了:"百分之百纯正咖啡""满足您的咖啡瘾"等醒目的广告词。广告一出,立竿见影,速溶咖啡的新形象立即获得了广大公众的认可,消费量迅速增加,市场逐渐变成了速溶咖啡的天下。

案例启示:由雀巢公司的这一案例我们看出,在现代市场经济中,企业为在竞争中求得生存和发展所进行的广告活动必须针对最需要重视的目标市场,必须针对消费者最感兴趣的方面,才能使广告投资获得最佳的经济效益,而要达到这一经济目标,不能靠主观臆想和经验来实现,必须靠客观实际的广告调查。由此足见科学、正确的广告调查对一个企业的广告效益以至经济效益的巨大作用。

【本章小结】

预测是指根据客观事物的发展趋势和变化规律,对特定对象未来发展的趋势或状态做出科学的推测与判断。市场预测是随着商品生产的发展,社会分工的日趋专业化、技术的日新月异、市场需求的多变化及由此带来的激烈市场竞争而逐渐产生和发展起来的。市场预测是对商品生产、流通、销售的未来变化趋势或状态进行的科学推测与判断。市场预测的内容非常丰富,主要有市场需求趋势预测和市场供应趋势预测。在分类上,可以从方法、对象、时间和空间等多个角度对市场预测进行分类。

市场预测遵循科学的原理,概括起来,主要有系统性原理,连贯性原理、类推性原理、因果性原理、统计性原理及可控性原理。在以上原理的指导下,市场预测也必须遵循一定的步骤,概括起来,主要有确定预测目标、确定影响因素、搜集整理资料、进行分析判断、做出预测等五个步骤。

市场预测过程中出现误差在所难免,所谓预测误差是指预测模型的理论估计值同历史观察期的实际发生值之间的差异。产生预测误差的原因是多种多样的,分析预测误差产生的原因,有利于预测者更科学地评价预测的结果。预测的有效性则一般包括,预测结果的精确度和预测结果对计划决策的改善程度两项基本内容。影响预测有效性的原因也是多种多样的,应该分析这些原因以提高预测的有效性。

【思考与练习】

一、名词解释

市场预测　近期预测　短期预测　中期预测　长期预测　标准差　准确度

二、简答题

1. 市场预测应遵循哪些原理和原则?
2. 市场预测有何特点? 它又是如何分类的?
3. 简述市场预测的主要步骤。
4. 估计预测误差有何意义?

第十章 定性预测方法

【案例引导】

小天鹅洗衣机的市场预测

小天鹅洗衣机厂采用德尔菲法,对某地区2015年下半年到2016年洗衣机的需求情况进行预测。具体步骤如下:

(1)确定征询对象。预测小组选了17位在家电行业工作、熟悉各类洗衣机销售,并有预测和分析能力的销售人员和统计人员,该地6个城市的家电协会的行业负责人、洗衣机厂的营销经理、各市的销售主管、有影响力的代理商及销售额较大的大商场人员比例为:行业协会人员、厂销售人员、销售商各三分之一。

(2)给专家发送意见征询函。函中要求专家了解征询目的和要求,即在10天之内对本地区2015年下半年和2016年本厂洗衣机的销售量做出预测,要求有较详细的依据、意见和建议,并附有为专家提供参考的资料,如本厂洗衣机在该地区前5年的销售、该地区各种品牌洗衣机的销售总量、2015年上半年的销售量、不同家庭对不同类型洗衣机选择情况分析等。

(3)汇总征询意见。回收第一轮征询函后,进行汇总,预测2015年下半年该地区该品牌洗衣机销售量最低2万台,最高3万台,平均数为2.5万台;2016年销售量最低3.7万台,最高5.4万台,平均数为4.5万台,同时专家们提出了许多对洗衣机市场的分析及如何促进洗衣机销售的意见等。

(4)反馈汇总意见。将征询意见汇总整理归纳后,得出以下四条意见:①老式洗衣机将淘汰,新一轮洗衣机更新换代将在2015年下半年开始,到2016年下半年完成;②人们对洗衣机要求趋向于功能新颖、节水型;③不同家庭对洗衣机容量的大小有不同要求,不同季节也有不同要求的组合;④由于目前各家庭收入预期有所降低,估计到2016年上半年,销售量将受到影响,需加大促销力度,将这些看法分别寄给专家们进行第二轮征询。

为了使专家们了解本厂今年在洗衣机类型上创新情况和经营决策部门对销售部门实行的新激励机制,他们又补送了两份资料。第一份是本厂今年推出的吸收国家最新技术节能节水型洗衣机的产品类型介绍,第二份是本厂为激励销售部门人员的积极性,对销售有功人员可以奖励10万元以上的奖励措施,请专家们开始进行预测。函件收回后进行汇总,专家预测2015年下半年可达3.5万台,2016年可达6.8万台,均高于第一次平均预测水平,同时,对厂里采取的积极进取的措施表示赞同,并对改革营销体制、完善各激励机制等方面提出了一些意见。按照专家们的预测,2015年下半年,该厂在该地区的洗衣机销售量达3.5万台,误差为8.5%;2016年为7万台,误差为3.2%。这说明运用德尔菲法预测是接近事实的,对中长期趋势是比较准确的,起到了定性预测的作用。

案例思考:定性预测方法的依据是什么?德尔菲法预测的特点有哪些?

本章阐述了专家评估预测法的意义、特点,着重介绍了专家意见汇总预测法、德尔菲预测法、单纯趋势判断预测法的概念、内容、特征和具体运用。在市场预警分析中,还较详细地介绍了联测法、转导法、类比法、预警指标分析法和扩散指数法的运用。全面了解及正确运用上述的定性预测方法,为定性定量相结合的市场预测奠定基础。

第一节 专家评估预测法

专家评估预测法,又称启发预测法,是以专家为索取信息的对象,依靠专家的经验、智慧来进行评估预测的一种方法。具体办法是:组织与评估预测对象相关领域的专家,运用他们专业方面的渊博知识和丰富的实践经验,通过深入研究预测对象自身性质和各方面情况,全面考察预测对象所处的自然环境和社会环境以及与外界的各种联系,全面掌握与预测对象有关的过去和现在的信息与材料,进行全面综合分析,找出预测对象运动变化和发展的规律,借以对预测对象未来的发展趋势及状态做出判断和评估。

专家评估预测法属于直观预测范畴,是应用历史比较久的一种预测方法。值得指出的是,随着现代经济、科学技术的发展,现代专家评估预测方法为尽量减少主观武断,使评估判断更符合客观实际,通过不断探索,有了质的飞跃,与古老的直观预测法具有截然不同的特点。其中突出的特点有:

(1)已经形成一整套如何有效组织专家,充分利用专家的创造性思维进行预测评估的基本理论和科学方法。这些基本理论是在科学方法指导下创造出来的,通过反复实践证明,也是切实可行、行之有效的。

(2)更加依靠专家群体的集体智慧,充分发挥专家的集体效应。现代专家评估预测法不是依靠一个或少数专家,而是依靠许多专家或专家集体;不仅依靠本领域专家,同时广泛邀请相关领域专家和社会学、系统科学方面的专家参加预测。依靠专家集体不仅可以消除个别专家的局限性和片面性,还可以降低预测偏差,提高预测结果置信度。

(3)使质的分析数量化,其预测结果具有数理统计特性,更趋于严谨性、科学性。现代的专家评估预测法是在定性分析基础上,以打分等方式对预测对象的未来发展趋势与状态做出定量评估,然后运用数理统计方法进行数量处理并进行必要修正,使预测结果表达更加可靠、可信。

专家评估预测法除具有以上特点外,还具有一个最大的优点,即在缺乏足够统计数据和原始资料的情况下,可以通过专家们的共同努力,得到文献上还未反映的信息,可以对预测对象做出充分全面的定量估计,特别是预测对象的技术发展在很大程度上是取决于政策和专家的努力,而不是取决于现实技术基础时,采用专家评估预测法能取得更为正确的结果。

专家评估预测方法充分利用专家的经验、判断力、想象力,有效运用各种科学方法,达到节约时间、节约费用、适用面广、评估准确度高的预测效果。该方法在整个预测方法系统中占有重要的地位,特别是在战略性预测中,其作用就更富有成效。例如,美国国防部制订长远科技规划中,邀请50多名专家对事先提出的工作文件进行质疑讨论,形成了更新的、更可行的预测规划。另外,美国邮政部、美国洛克希德(Lockheed)公司、可口可乐(Coca-Cola)公司和国际商用机器公司(IBM)等也都曾积极应用专家评估预测方法开展预测,取得了良好的效果。我国20世纪80年代初期运用专家评估预测方法对彩色电视机市场需求量进行了预测,预测出黑白电视机将走"下坡",而彩色电视机将出现市场需求骤增趋势,有些厂家利用这一商情预测结果,立即转产彩电,迅速占领了市场,取得了丰厚的经济效益。由此可见,专家评估预测方法的价值是相当可观的。

第二节 头脑风暴预测方法

头脑风暴法(Brainstorming),也称智力激励法,是美国的奥斯本于1938年首创的一种创造性技术。头脑风暴原是精神病理学上的术语,指精神病患者精神错乱时的胡思乱想,奥斯本借用来转其意为思维无拘无束、打破常规、自由奔放地联想,创造性地思考问题。具体地说,头脑风暴法是针对一定问题、召集由有关人员参加的小型会议,在融洽轻松的会议气氛中,与会者敞开思想、各抒己见、自由联想、畅所欲言、互相启发、互相激励,使创造性设想起连锁反应,从而获得众多解决问题的方法。

奥斯本创建此法最初是用在广告的创造性设计活动中,取得了显著的成效,被称之为创造力开发史上的重大里程碑。此后,他致力于这方面的研究。20世纪50年代,他总结了多年来的研究成果和实践经验,著书公布了"头脑风暴法"这一发明,引起全世界的有关学者的兴趣,并激起了开发创造力的热潮。目前,头脑风暴法作为一种创造性的思维方法,在预测、规划、社会问题处理、技术革新以及决策等许多领域中得到了广泛的应用,日趋普及。

一、头脑风暴会议

能否正确地选好出席头脑风暴会议的专家,是一项事关会议能否开得成功的关键。

(一)注意选好专家

(1)如果应邀的专家彼此相互认识,就要从同一职位的人员中挑选,领导者不应参加。

(2)如果应邀的专家彼此互不认识,可以从不同职位的人员中挑选,但禁止宣布参加者的职位,主持会议者应一视同仁。

(3)绝大多数的应邀专家应力求与论及的预测对象的问题相一致,但同时应邀请一些学识渊博,经验丰富,对所论及的问题有较深理解的其他领域的专家参加会议。

(4)选择专家不仅要看他的经验、知识和能力,还要看他是否善于表达自己的意见。知识面广、思想活跃的专家,可以防止会议气氛沉闷,同时可以作为易激发的元素因子,使整个创造设想起强烈连锁反应。

(5)参加会议的专家数目不宜太多,也不宜太少,这样可以使在思维激发持续时间内使问题讨论更深入一些,意见反映也更全面一些。一般由10~15个专家组成专家预测小组。头脑风暴法的领导和主持工作最好能委托给预测学家或者对头脑风暴法比较熟悉的专家担任。如果所论及的问题专业面很窄,则应邀请论及问题的专家和熟悉此法的专家共同担任领导工作。因为他们对要解决的问题十分了解,知道如何提问题,并对引导科学论辩有足够的经验,也熟悉头脑风暴法的处理程序和方法。作为主持人在主持会议时,应头脑清晰、思路敏捷、作风民主,既善于造成活跃的气氛,又善于启发诱导。

头脑风暴会议时间一般以20~60分钟为宜,通常在头脑风暴会议开始时,主持人必须采取强制询问的方法,因为主持人能在5~10分钟之内创造个自由交换意见的气氛,并激起参加者发言的可能性很小。同时头脑风暴会议会场布置要考虑到光线、噪音、室温等因素,做到环境宜人,给人以轻松舒适的感觉。

(二)与会者要严格遵守的原则

(1)讨论的问题不宜太小,不得附加各种约束条件;

(2)强调提新奇设想,越新奇越好;
(3)提出的设想越多越好;
(4)鼓励结合他人的设想提出新设想;
(5)不允许私下交谈,不得宣读事先准备的发言稿;
(6)与会者不论职务高低,一律平等相待;
(7)不允许对提出的创造性设想做判断性结论;
(8)不允许批评或指责别人的设想;
(9)不得以集体或权威意见的方式妨碍他人提出设想;
(10)提出的设想不分好坏,一律记录下来。

会议提出的设想应录在磁带上,或设一名记录员记录,以便不放过任何一个设想。会议结束后,由分析组对会议产生的设想,按如下程序系统化:①所有提出的设想编制名称一览表;②用专业术语说明每一设想;③找出重复和互为补充的设想,并在此基础上形成综合设想;④分组编制设想一览表。将提出的设想分析整理,分别进行严格的审查和评议,从中筛选出有价值的提案。

(三)头脑风暴法的两条基本原则

1. 推迟判断原则

即不要过早地下断言、做结论,避免束缚人的想象力,熄灭创造性思想的火花。这一原则要求对与会者发言畅谈期间所提出的任何设想和看法,不管这些设想和看法正确与否,也不管这些设想和看法是否符合自己的想法,严格规定不准对别人提出的设想和意见提出怀疑和批评,更不允许抓别人发言中的"辫子"。不仅不准对别人的意见评头论足,而且也不允许对自己的发言作自我的评判。即便是自己已确知自己原来的发言是错误的,也不允许在此会议上作自我批评。总之,应自觉地杜绝一切形式的评判。

不仅禁止否定性的评判,而且,也禁止肯定性的颂扬,特别是那些夸大其词的溢美之言。例如,"您提出的这个方案,就是解决这个问题的最佳方案""您提出的预测日期,是准确无误的!""您老是这方面的权威,您的意见绝对正确!"等。类似这样恭维的话同样会妨碍创造性的发挥,并且也会妨碍人们继续独立思考,寻求最佳设想的情绪。

2. 数量质量原则

这个原则是指在有限的时间里所提出的设想的数量越多越好,鼓励与会者要抓紧时间提出尽可能多的设想。这是因为只有一定的数量,才能保证一定的质量。据国外的调查统计结果表明,一个在同时间内能比别人多提出两倍设想的人,最后产生的有实用价值的设想可以比别人高出10倍。因此,要激发与会专家尽可能多地提出自己的设想。

二、实施步骤

头脑风暴法可分为以下两类:(1)直接头脑风暴法:是根据一定的规则,通过共同讨论具体问题,鼓励创造性活动的一种专家集体评价方法。(2)质疑头脑风暴法:是一种同时召开两个会议,集体产生设想的方法。第一个会议完全遵从直接头脑风暴法原则,第二个会议对第一个会议提出的设想进行质疑。

(一)直接头脑风暴法的步骤

1. 准备

会前的各项准备工作大体包括:
(1)确定欲解决的问题。若解决的问题涉及的面很广或包含的因素太多,就应该把问题分解为若干单一明确的子问题,一次会议最好只解决一个子问题。

(2)根据要解决的问题的性质挑选参加会议的人选。

(3)拟定开会的邀请通知,并附上一张备忘录。备忘录上面应注明会议的主题及涉及的具体内容。

2."热身"

人的大脑不是一下子就可以发动起来并立即投入高度紧张的工作的,它需要一个逐步"升温"的过程。此步骤的目的是促使与会者的大脑尽快开动起来并处于"受激"状态,从而形成一种热烈、欢愉和宽松的气氛。

"热身"一般只需要几分钟就可以了。常常是通过讲幽默故事或者提出一两个与会议主题关系不大的小问题的形式,促使与会者积极思考并畅所欲言地说出自己的意见。

3. 介绍问题

主持人首先向大家介绍所要解决的问题。介绍问题时,只能向与会者提出有关问题的最低数量的信息,切忌把自己的初步设想全盘端出来。同时,要注意表达问题的技巧,使主持人的发言尽量做到富有启发性。

4. 重新叙述问题

这里指的是改变问题的表达方式。此步骤要在仔细地分析所要解决问题的基础上,尽量找出它的不同方面,然后对每一方面都用"怎样……?"的句型来表达。例如,假定要解决的问题是如何提高某企业的经济效益。那么,对此问题就可重新叙述如下:①怎样降低成本?②怎样扩大市场,争取更多的顾客?③怎样减少库存,加快资金的周转速度?④怎样提高管理水平?⑤怎样搞好技术革新、技术改造?⑥怎样强化职工技术培训、提高职工的科学技术水平和工艺水平?⑦怎样提高企业的决策水平,切实做到决策的民主化和科学化?⑧怎样减少浪费?⑨怎样加强职工的思想政治工作,调动积极因素,增强企业的凝聚力?等等。

5. 畅谈

按会议所规定的原则,针对上面重新叙述的问题进行畅谈。这阶段是与会者充分发挥自己的创造能力,让思维自由驰骋,并借助于与会者之间的智力碰撞、思维共振、信息激发提出大量创造性设想的阶段。因此,它是直接头脑风暴法中的关键阶段。

据国内的实践经验,一次成功的头脑风暴会议,一般都能产生出几十条,甚至上百条的设想。虽然其中绝大部分没有实用价值,但确实也有几个设想既新颖又具有很久的实用价值。

6. 对有价值的设想加工整理

会议主持者召集有关人员,对会上提出的所有设想都要认真筛选,特别是对那些有一定价值的设想要进行仔细研究和正确评价,并进行加工整理,去掉不合理、不科学或不切合实际的部分,补充、增加一些内容,使某些新颖、有价值的设想更完善,更具有实用价值。

(二)质疑头脑风暴法的步骤

在预测过程中,还经常采用质疑头脑风暴法。这种方法是对直接头脑风暴法提出的已系统化的设想进行质疑。对设想进行质疑,是对设想实现可行性进行估价的一个专门程序。在这一过程中:

(1)与会者对每一个提出的设想都要提出质疑,进行全面评论。评论的重点是研究有碍设想实现的问题。在质疑过程中,可能产生一些可行的设想。这些可行的设想包括:对已提出的设想无法实现的论证,存在的限制因素,以及排除限制因素的建议等。可行设想的结构通常是:"这样是不可能的,因为……,如要使其可行,必须利用……"

(2)质疑头脑风暴法应遵守的原则与直接头脑风暴法一样,只是禁止对已提出的设想进行确认论证,而鼓励提出可行设想。

在进行质疑式头脑风暴时,主持人应首先阐明所论问题内容,扼要地把参加者各种系统化的设想和与直接风暴法产生的共同设想介绍一下,以便吸引参加者把注意力集中于对所论问题的全面评价上。质疑过程一直进行到没有问题可以质疑为止。

(3)对质疑过程中提出的评价意见进行估价,以便形成一个对解决所论问题实际可行的最终一览表。对于评价意见的估价,与对所论设想质疑一样重要。因为在质疑阶段,重点是研究有碍设想实际实施的所有限制因素,而这些限制因素即使在设想产生阶段,也是放在重要地位予以考虑的。

(4)由分析组负责处理和分析质疑结果。分析组要吸收一些有权对设想实施做出决定的专家,如果要在很短时间就重大问题做出决策时,吸收这些专家参加尤为重要。

实践经验表明,头脑风暴法可以排除折中方案,对所论问题通过公正的连续的分析,可以找到一组切实可行的方案。因而近年来头脑风暴法在军事和民用预测中得到广泛应用。例如,在美国国防部制订长远科技规划中,邀请 50 名专家采取头脑风暴法开了两周会议。参加者的任务是对事先提出的工作文件提出非议,并通过讨论把文件变为协调一致的报告。通过讨论,原工作文件中只有 25%~30% 的意见得到保留,由此可以看到头脑风暴法的价值。

第三节 德尔菲预测方法

一、德尔菲法的特点

德尔菲法是在专家意见汇总预测方法的基础上发展起来的一种新型直观预测方法。德尔菲法是 Delphi 的中文译名。Delphi 原是一处古希腊遗址,是传说中神谕灵验、可预卜未来的阿波罗神殿所在地。美国兰德公司在 20 世纪 50 年代与道格拉斯公司协作,研究如何通过有控制的反馈更为可靠地收集专家意见的方法时以"德尔菲"为代号,德尔菲法由此而得名。自德尔菲法问世以来,已在国内外军事领域、经济领域、技术领域以及社会领域得到了极其广泛的应用,并取得了显著的经济和社会效益。概括地说,德尔菲法是采用函询调查,对于所预测问题有关的领域的专家分别提出问题,而后将他们回答的意见予以综合、整理、反馈,这样经过多次反复循环,最后得到一个比较一致的且可靠的意见。

德尔菲法与一般专家意见汇总法相比,具有如下三个特点:

1. 匿名性

匿名性即每位专家的分析判断是在背靠背情况下进行的。在实施德尔菲法的过程中,专家们彼此互不相知,应邀参加预测的专家之间横向不发生联系,只与预测领导小组成员单线联系。应答者可以不公开地改变自己的意见,从而无损于自己的威望,各种不同的观点都可以得到充分的发表。

2. 反馈性

在匿名的情况下,为了使参加预测的专家掌握每轮预测的汇总结果和其他专家提出的意见及其理由,预测领导小组要对每一轮的预测结果做出统计,并作为反馈材料分别寄给各位专家。专家们从多次的反馈资料中进行分析选择,参考有价值的意见,深入思考,反复比较,有利于提出更好的预测意见。

3. 统计性

作定量处理是德尔菲法的一个重要特点。即在轮番征询过程中,每次专家意见都经过统计归纳处理,专家意见逐渐趋于一致,预测值趋于收敛。

二、德尔菲法预测程序

(一) 确定预测主题

预测主题就是所要研究和解决的问题。一个主题可以包括若干个事件,事件是用来说明主题的重要指标。预测主题应根据国家的经济政策和任务来确定,应该选择有研究价值,对国民经济发展起重要作用的问题或对本单位、本部门、本地区今后发展有重要影响而有意见分歧的问题作为预测主题。

经典的德尔菲法要求应邀参加预测的专家围绕预测主题,提出应预测的事件,寄给预测领导小组。预测领导小组对专家提出的预测事件经筛选整理,排除重复和次要的,形成一组预测事件。

值得注意的是,预测小组在汇总专家提出的预测事件时,要尽量做到指标体系完整、系统。指标体系的设计应充分体现经济活动的因果关系,从逻辑上充分反映外生政策变量对内生变量、解释变量对应的制约和影响关系。

(二) 选择专家

经典德尔菲法是由专家根据预测主题,提出预测事件的,因此,预测领导小组成立之后,首先要选择专家。由于此法主要是向专家获取预测结果,因而选择专家是预测成败的关键。德尔菲法所要求的专家,应当是对预测主题和预测问题有比较深入的研究,知识渊博,经验丰富,思路开阔,富于创造性和判断力的人。在选择专家时应注意以下问题:

1. 广泛性

德尔菲法要求专家有广泛的来源,这也是定性预测本身需要多样化的知识面的要求。一般应实行"三三制"。即首先选择本企业、本部门对预测问题有研究,了解市场的专家,占预测专家的1/3左右。其次是选择与本企业、本部门有业务联系、关系密切的行业专家,约占1/3。最后是从社会上有影响的知名人士中间选择对市场和行业有研究的专家,也占1/3。这样才能从各方面对预测问题提出有根据的、有洞察力的见解。因此,能克服和避免片面性,获得优质的预测结果。

2. 自愿性

选择专家时还应考虑专家是否有时间、有精力;是否愿意参加此项预测活动。只有充分考虑专家的自愿性,才能避免专家意见回收率低的问题,保证专家们充分发挥积极性、创造性和聪明才智。对于不熟悉此法的专家,应事先讲清此法的意义及方法,还应根据专家付出的劳动量的多少和贡献的大小,给以适当的精神与物质鼓励。

3. 人数适度

选择专家的人数要适度,人数过少,缺乏代表性,信息量不足,预测的结果质量很难保证;人数过多,组织工作困难,成本增加,使预测效率降低。根据国内外的经验,应答专家的人数一般控制在 12～21 人为宜。

（三）预测过程

预测主持者选定预测题目和参加的预测专家后,就可开始预测,经典德尔菲法的预测过程一般分为四轮。

第一轮,提出预测事件。将预测主题调查表和现有背景资料函寄各位专家。给专家的第一轮调查表不带任何框框,只提出全部预测主题,请专家明确回答预测主题应预测的事件及哪些资料可用于预测。预测领导小组对专家填写的调查表进行汇总整理,归并同类事件,排除次要事件,用专业术语提出预测事件一览表,并作为第二轮调查表及预测参考资料一并寄给每位专家。

第二轮,初次预测。专家对调查表中所列的每个事件做出预测并阐明理由。为改进预测而再次征询还需补充哪些资料。调查表收回后,领导小组要对专家意见进行统计处理。

第三轮,修改预测。预测领导小组将第二轮预测的统计资料寄给每位专家,请专家据此补充材料,再一次进行预测且充分陈述理由,并征询还有什么要求。有些预测在第三轮时仅要求持异端意见的专家充分陈述理由。这是因为他们的依据可能是其他专家忽略的外部因素或未曾研究过的问题。这些依据往往对其他专家重新判断产生影响。

第四轮,最后预测。在第三轮统计结果的基础上,根据全部资料,请专家们最后预测,根据领导小组要求,有的专家要重新做出论证。

必须注意:最后一轮专家们的意见必须趋于一致或基本稳定,即大多数专家不再修改自己的意见。因此,征询次数应灵活掌握。

（四）确定预测值,做出预测结论

对专家应答结果进行量化分析和处理,是德尔菲法预测的最后阶段,也是最重要的阶段。处理方法和表达方式,取决于预测问题的类型和对预测的要求。对预测事件完成或发生时间,采用数理统计方法进行收敛处理,通常多用中位数法。中位数是指将各专家对预测目标的预测数值按大小顺序进行排列,选择属于中间位置的个数表示数据集中的一种特征数。当整个数列的数目为奇数时,中位数只有一个;当整个数列的数目为偶数时,中位则应为数列中间位置两个数的算术平均值。中位数代表专家预测意见的平均值,一般以它作为预测结果。把各位专家的预测结果,按其数值的大小（如按预测所得事件发生时间的先后次序）排列,并将专家人数分成四等份,则中分点的预测结果可作为中位数。先于中分点的四分点的预测结果称为下四分点数值（简称下四分点）,后于中分点的四分点的预测结果称为上四分点数值（简称上四分点）。或者说,上下四分点是从数字序列的第一个数字开始数,数到全体数据序列 1/4,3/4 处便是。数列上下四分位的数值,表明预测值的置信区间。置信区间越窄,即上下四分点间距越小,说明专家们的意见越集中,用中位数代表预测结果的可信程度越高。

对专家预测值的收敛处理也可以采用算术平均法和加权平均数法。究竟选用哪种方法好,一般要根据专家预测值分布情况而定,如果数值分布比较分散,一般用中位数法,以免受个别偏大偏小的判断值的影响;如果数值分布分散程度小,一般使用算术平均法,以便考虑每个判断值的影响;如果数值分布分散程度小,但在轮番征询各位专家阐明其结论的理由充分性、合理性有不同时,则可以采用加权平均数法处理,以便反映每个判断值的不同影响。

三、派生德尔菲法

自从兰德公司首次用德尔菲法从事一批预测以后,很多预测学家对德尔菲法进行了广泛研究,对初始的经典德尔菲法进行了某些修正、并开发了一些派生德尔菲法,这类方法主要是对经典方法中的某些部分予以修正,借以排除经典德尔菲法的某些缺点。例如,反馈次数多,花费的时间长;对应答专家的业务水平要求高;有时难以决定怎样的统计结果方为"意见趋于稳定";往往缺乏对事件进行可行性分析与相关分析,有时达不到预期要求等。派生德尔菲法分为两大类:(1)保持经典德尔菲法的基本特点;(2)改变其中的一个或几个特点。下面分别介绍两类派生方法。

(一)保持经典德尔菲法基本特点的派生方法

1. 列出预测事件一览表

经典德尔菲法的第一轮,只提供给专家一张预测主题表,由专家填写应预测事件。这样,领导小组固然可以排除先入为主的问题,有益于充分发挥专家的个人才智和作用。但是由于某些专家对德尔菲法不甚了解或其他原因,不知从何下手,有时提供的预测事件也漫无边际,离题千里,无法归纳。同时,也难以保证在第一轮中由专家提出的预测事件符合领导小组的要求。为了克服这些缺点,领导小组可根据已掌握的资料或征求有关专家意见,预先拟订一个预测事件一览表,作为第一轮提供给专家的最低限度资料,使他们从评述预测事件一览表做出评价开始工作。当然,在第一轮中,专家们也可对评述预测事件一览表进行补充和提出修改意见。

2. 向专家提供背景资料

在很多情况下,科学和技术的发展在很大程度上取决于技术政策和经济条件。参加预测的成员一般是某一科技领域的专家,不可能期望他们非常了解外界的政治经济情况。因而有必要把政治和经济的发展趋势预测,也作为第一轮的信息提供给专家,使专家们有一个共同的起点。对于工业预测,提供背景资料尤为重要。如果销售经营部、市场调研部和上层管理机构不提供大量市场需求和行情情况,以及公司的技术政策,公司内部的科技人员就难以做出正确的预测。

3. 减少应答轮数

经典德尔菲法一般经过四轮,有时至五轮、六轮,这样往往花费较多的时间和精力。而一系列短期实验表明,通过两轮意见已相当协调。因而就现有经验来看,可以根据预测事情的具体情况以及预测时专家们意见协调的程度,可以适当地减少应答轮数,一般采用三轮较为适宜。如果要在短期做出预测,或者第一轮提出预测事件一览表,采用两轮也可得到正确的预测结果。

4. 对预测事件给出多重数据

经典德尔菲法经常要求专家对每个事件实现的日期做出评价。专家提供的日期一般是指实现与否可能性相当的日期,即事件在这个日期之前或之后实现的可能性相等。在某些情况下,要求专家提供三个概率不同的日期,即未必有可能实现,成功概率相当10%;实现与否可能性相等50%;基本上可以实现90%。当然也可选择其他的类似概率。计算这三类日期的中位数,得出专家应答的统计特性。而后领导小组计算各类日期的均值,用以表示预测的集中程度,即预测结果。专家意见的离散程度用10%和90%概率日期的时间间距表示。

5. 自我评价

专家的权威程度与预测精度呈函数关系。随着专家权威程度的提高,预测精度随之提高。因而德尔菲法有时要求考虑专家对预测事件的权威程度。当要求考虑权威程度时,就要对专家的权威程度取权数,对评价结果进行加权平均计算。这有利于提高德尔菲法的预测精度。

6. 置信概率指标

在某些德尔菲法中,对每个预测事件引用了"置信概率"。"置信概率"是对小组应答的一种统计特性。这种统计只是根据做出肯定回答计算的,即从100%中减去提出"从不"(从来不会发生)应答的比重,便得置信概率指标。例如,对某预测事件做出肯定回答的中位数是1985年,而30%专家认为该事件"从不",则这一事件的置信概率为70%,引用置信概率是对"从不"回答的一种有益的统计方法,因为任何其他方法都不能把"从不"回答与肯定回答结合在一起。

(二) 改变经典德尔菲法基本特点的派生方法

这种方法的特点是改变匿名性和反馈性。

1. 部分取消匿名

匿名性有助于发挥个人长处,不受外界的干扰和反对意见的影响。但是在某些情况下,全部或部分取消匿名性也能保持德尔菲法的这一优点,从而有助于加快预测进程。其具体做法,有的是先采取匿名询问,而后公布结果并进行口头辩论,最后再进行匿名询问;有的是专家们先各自阐明自己的论据,后通过灯光显示装置匿名表达各自的意见,最后再进行口头辩论,亦可伴随询问,由此而得出的结果作为最后评价。经验表明,前一种方法较好,这是因为先匿名调查,每个人都经独立思考作出应答,因而辩论时容易坚持己见,引起争论,通过讨论取得协调意见。后一种方法由于事先经过讨论,匿名调查时有时难以回避会议的多数意见,做出独立判断。

2. 部分取消反馈

如果完全取消反馈,则第二轮以后专家将仅限于对自己提出的评价进行重新认识。实验研究表明,对自己的判断简单地重新认识只能使应答结果变坏,而不会改善。因而全部取消反馈将丧失德尔菲法的特点。而部分取消反馈,只是向专家反馈四分点或十分点,而不提供中位数。这样有助于防止有些专家只是简单地向小组中位数靠拢,借以回避提出新的评价和论据的倾向。

德尔菲法是系统分析方法在意见和价值判断领域中的一种有益延伸。它突破了传统的数量分析限制,为更合理地制订决策开阔了思路。由于能够对未来发展中的各种可能出现和期待出现的前景做出概率估价,德尔菲法就为决策者提供了多方案选择的可能性。而用其他任何方法都很难获得这样重要的、以概率表示的明确答案。在长远规划者和决策者心目中,德尔菲法享有很高威望,并逐渐成为一种重要的规划决策工具。

尽管德尔菲法有如此多的优点和长处,但是它也存在着一些缺点和不足。主要缺点是:预测过程主要是凭专家主观判断,缺乏一定客观标准;预测结果是以中位数为标志,完全不考虑偏离中位数较远的预测意见,有时确实漏掉了具有独特见解的有价值的预见,而且轮番询问时间较长。

综上所述,只要熟悉德尔菲法的优点和不足,掌握德尔菲法的特点,选好应答的专家,遵循德尔菲法的预测程序,科学、慎重地处理预测数据,那么,德尔菲法就是一种有效的预测方法。

第五节 主观概率法

一、主观概率法的概念

主观概率是预测者对经验结果所作主观判断的度量,即可能性大小的确定,也是个人情感的度量。主观概率也必须符合概率论的基本定理,即

$$\begin{cases} 0 \leq P(E_i) \leq 1 \\ \Sigma P(E_i) = 1 \end{cases} i = 1,2,3,4,\cdots,n$$

式中,E_i 为实验样本的一次事件。

这个基本定理的含义是:①所确定概率之和必须大于或等于0,而小于或等于1;②经验判断所需全部事件中概率之和必须等于1。

在市场预测中由于缺乏历史数据,难以按照"大数"规律来确定预测事件出现的客观概率,只能凭经验来判断事物的可能性;专家意见很不一致,难以协调,也可结合主观概率法进行推断。

二、主观概率法的特点

主观概率是一种心理评价,判断中具有明显的主观性。对同一事件,不同人对其发生的概率判断是不同的,主观概率的测定因人而异,受人的心理影响较大。谁的判断更接近实际,主要取决于预测者的经验、知识水平和对预测对象的把握程度。

在实际中,主观概率与客观概率的区别是相对的,因为任何主观概率总带有客观性,预测者的经验和其他信息是市场客观情况的具体反映。因此不能把主观概率看成为纯主观的东西。另一方面,任何客观概率在测定过程中也难免带有主观因素,因为实际工作中所取得的数据资料很难达到(大数)规律的要求。所以,在现实中,既无纯客观概率,又无纯主观概率。

主观概率法是预测者对预测事件发生的概率(即可能性大小)做出主观估计,或者说对事件变化的一种心理评价,然后计算其他的平均值,以此作为预测事件的结论的一种定性预测方法。

三、主观概率法的应用

【例10.1】 某企业根据市场销售的历史和现状,对预测期内经营状况及可能出现的自然状态,分别提出估计值和概率,如表10.1所示。

从表10.1中可以看出每个人每次概率均是大于0小于1,所有事件概率之和等于1。期望值的计算方法为

最高估计值×概率+中等估计值×概率+最低估计值×概率

按照上述公式计算5名预测人员的期望值,如5号预测人员的期望值为

2 300×0.2+2 000×0.6+1 700×0.2 = 2 000(台)

用算术平均法求出平均预测值为

(2 250+2 190+2 140+2 000+2 000)/5 = 2 118(台)

以平均预测值 2 118 台作为企业的预测结果。

表 10.1　主观概率预测法应用　　　　　　　　　　　单位：台

参加预测人员	估计值						期望值
	最高量	概率	中等量	概率	最低量	概率	
1	2 500	0.3	2 200	0.5	2 000	0.2	2 250
2	2 450	0.2	2 200	0.6	1 900	0.2	2 190
3	2 400	0.2	2 180	0.6	1 800	0.2	2 140
4	2 380	0.1	2 100	0.7	1 900	0.2	2 000
5	2 300	0.2	2 000	0.6	1 700	0.2	2 000

考虑再用加权平均法求出加权平均值作为调整的方案。考虑到各位预测人员的地位、作用和权威性的不同，分别给予 1 号和 2 号人员较大权数，均为 30%，3 号和 4 号的权数是 20%，5 号的权数为 10%，则综合预测值为

　　2 250×30% +2 190×30% +2 140×20% +2 000×20% +2 000×10% = 2 545(台)

上述不同的计算方法得出的预测结果不同，需要根据实际情况进行调整，或以某一个预测值作为预测的最后结果，或者以一区间估计值作为预测结果。

第六节　消费水平预测法

消费水平预测法是一种专门用于各类消费品预测的方法，在我国应用较为广泛。从方法论角度看，消费水平预测法并不是一种独立的预测方法，它不过是把预测对象分解为几个因素，分别加以预测，然后再组合而已。然而，这样做确实提高了预测的准确性。因此，本节进行专门介绍。这种方法主要是利用对消费水平和消费人数或户数这两个基本量的直观分析判断，并辅以简单推算来预测消费品需求量。根据消费品的消费特点不同，一般可分为非耐用消费品、一般耐用消费品和高档耐用消费品，相对地消费水平预测法也有三种不同的形式，下面分别阐述。

一、非耐用消费品的消费水平预测法

非耐用消费品主要是指那些被消费使用后，商品实体随之消失，或虽然实体尚在，但其价值较低，使用期较短的商品，如一些日用品、食品、燃料等易耗品均属于非耐用消费品。消费水平预测法预测非耐用消费品主要是利用一定时期内某种消费品需求量等于人口数（或户数）乘以消费水平这个关系式来预测需求量。估计公式为

$$S = j \times g \qquad (10.1)$$

式中　S——预测期非耐用消费品的需求量；

　　　j——预测期某个市场范围的平均人数（或户数）；

　　　g——消费水平，即一定时期内每人（每户）平均需求量或消费量，也称人均（户数）需求量。

上述估计式预测需求量的关键是估算出人数（户数）消费水平。人口（户数）的测算一般可以直接从统计资料上得到。需要注意的是人口数（户数）的范围应与预测地区一致。若是预测某些特定消费对象需用的消费品，如儿童用品、妇女用品等，则可以按该类特定消

费者人数核算。

采用消费水平预测法进行预测的关键在于能正确估算预测期的消费水平。消费水平的估算主要有以下几种途径：

第一，在分析历年的消费水平基础上估计预测期的消费水平。如历年消费水平变化平缓，可取历年消费水平的平均值作为预测期的消费水平；若历年消费水平呈上升（或下降）趋势，可在预测前期的消费水平上增加一个历年消费水平的平均增长率（或递减率）作为预测期的消费水平。

第二，利用相关因素分析法估计预测值的消费水平，即在预测前期的消费水平基础上，分析各种影响消费水平变化的因素，并进一步分析哪些因素促使消费水平提高，哪些因素促使预测期消费水平下降，最后对消费水平发展变化趋势做出推断。

第三，利用调查资料得到，如可直接利用某些消费者购买调查估算平均消费水平，也可利用我国各级城乡经济调查队的有关调查资料，掌握不同收入水平的家庭对某种消费品的人均（户均）需求量数据，从而推算出预测期的消费水平。上述各种方法可同时使用，相互检验，下面举例说明。

【例 10.2】 某市本年度糖果社会零售量为 164.22 万千克，全市年初人口数为 116 万人，年末达 118.6 万人。据有关部门预测下一年度末人口比年初将增加 2.1%。据糖果烟酒公司的行家估计，下一年度消费水平可比上年度增加 6% 左右。另据统计调查资料，下一年度人均月消费量为 0.125 千克，由此推算年消费水平预测值为 1.5 千克，根据上述资料预测下一年度该市糖果需求量。

(1) 估算消费水平预测值 g：

方法一：

$$g = 164.22 \div \frac{116+118.6}{2} \times (1+6\%) = 1.48(千克/人)$$

方法二：

直接从调查资料得到：

$$g = 1.5(千克/人)$$

两种途径得到的消费水平预测值较为接近，这里取两者的平均值作为最终的消费水平预测值，即：

$$g = \frac{1.48+1.5}{2} = 1.49(千克/人)$$

(2) 估算预测期人数 j：

$$j = \frac{118.6+118.6 \times 1.021}{2} = 119.845\ 3(万人)$$

(3) 估计糖果消费量 S：

$$S = j \times g = 119.845\ 3 \times 1.49 = 178.57(万千克)$$

二、一般耐用消费品的消费水平预测法

一般耐用消费品主要是指那些价格较低，但使用期限较长的一类商品，如锅、盆、热水瓶、席子等。这类消费者需求的特点是：由于价格较低，一般家庭或个人都已拥有，因此，对这类商品的需求主要来源于对原有消费品的更新，即更新量。故这类消费品的需求不仅与

原拥有量有关,还与商品的年更新率,即年更新系数有关,年更新系数大,相对需求大,反之相对需求量就小。故此类消费品的需求量可用下式表示:

$$S = j \times g \times i \tag{10.2}$$

式中　S——预测期的需求量;
　　　j——人数(户数);
　　　g——消费水平,指每人(每户)的拥有量;
　　　i——年更新系数。

上式中 j,g 的估算前面已有介绍,与非耐用消费品类似,这里主要介绍年更新系数的估算。

年更新系数是指现有保有量中每年废弃部分需要更新补充的比例系数,通常以百分率表示。耐用消费品被废弃有两种情况:一是完全失去使用价值,不能修理使用,只能废弃;二是本身商品有一定使用价值,因花色、款式等陈旧而废弃不再使用。前者的年更新系数,可根据耐用消费品的平均使用年限估计。例如某家电产品的平均使用年限为 8 年,则它的更新系数为 $1/8 = 0.125 = 12.5\%$,即表示现有拥有量中每年有 12.5% 需要更新重购。平均使用年限,也可以通过典型调查获得,或由行家估计。后者的年更新系数,可以通过抽样调查获得。若两种情况同时存在,可以一并通过抽样调查获得总的年更新系数,若两者的年更新系数都已分别得到,总的更新系数可直接把两者相加得到。

【例 10.3】　某市预测期的期初期末居民家庭户数平均值为 25.8 万户,热水瓶平均拥有量为每户 4 只(即消费水平),热水瓶平均使用寿命为 4 年,因款式更新每年约淘汰 8% 左右,试估算预测期热水瓶总需求量。

此时更新系数分两部分:一是失效更新,二是款式淘汰更新,故:

$$i = 1/4 + 8\% = 0.25 + 8\% = 33\%$$
$$S = j \times g \times i = 25.8 \times 4 \times 33\% = 34.056(万只)$$

三、高档耐用消费品的消费水平预测法

高档耐用消费品是指一些能经久耐用、价格较为昂贵的消费品。如彩电、高级组合音响、空调器等均属于高档耐用消费品。高档消费品的特点是,由于这类商品价格高,因而一般情况下未达到饱和状态,故这类商品的需求量中包含两部分:一部分是更新量,这与一般耐用消费品是相类似的;另一部分是新增量,即某些家庭原来没有的,后需要新购部分,这部分与预测期耐用消费品的新增普及速度有关。高档耐用消费品的消费水平预测法估算公式可用下式表示:

$$S = j(a_2 - a_1) + j \times a_1 \times i \tag{10.3}$$

或

$$S = j(a_n - a_1)i_n + j \times a_1 \times i \tag{10.4}$$

式中　j,i——意义同前;
　　　a_1——预测期期初高档耐用消费品的普及率,即每百户中的拥有量,它表示高档耐用品的消费水平;
　　　a_2——预测期期末的普及率;
　　　a_n——达到饱和程度时的普及率;
　　　i_n——年购买系数。

式(10.13)中 $j \times a_1 \times i$ 是高档耐用消费品的更新需求部分,含义和计算均与一般耐用消费品类似,式 $j(a_2-a_1)$ 是高档耐用消费品的新增需求部分。(a_2-a_1) 是预测期的新增普及率,它表示在预测期间,每百户家庭中需新购消费品的数量、新增普及率与总户数的成绩,即是预测期的总的新增需求量。式(10.13)计算的关键是估算新增普及率 (a_2-a_1)。它的估算方法有两种:

第一,在预测期初已达到的家庭普及率的基数上,分析影响耐用消费品需求诸因素的变动情况,通过行家的经验判断和预期购买调查,做出估计。此时,消费品的需求预测值可按式(10.2)估算。

第二,是用(10.14)中的 $(a_n-a_1)i_n$ 来估算新增普及率。先采用特尔斐法(或其他经验判断法),预测出饱和普及率 a_n 和达到饱和普及率的时间,再以饱和普及率与现有普及率之差 (a_n-a_1) 乘以预测期的购买系数 i_n,得到预测期新增普及率。例如,某种家电产品某年初普及率已达到25%,据行家预测,需5年后达到饱和普及率85%,则平均每年购买系数 i_n 为1/5,则该年度(预测期)新增普及率为 $(85\%-25\%) \times 1/5 = 12\%$,预测期末可达到的普及率为 $25\%+12\%=37\%$。若未来不同年份的普及速度不同,则意味着各年的购买系数不同,可作相应的调整。

【例10.4】 某市有12.4万户家庭,现有家庭影院系统的普及率为8%,有关专家预测5年后可达到饱和状态,饱和普及率为80%,若家庭影院系统的使用寿命为8年,预测下一年度该市家庭影院系统的需求量。

由式(10.14)得:

$$S = j(a_n-a_1)i_n + j \times a_1 \times i = 12.4 \times (80\%-8\%) \times 1/5 + 12.4 \times 8\% \times 1/8 = 1.91(万台)$$

若某种高档消费品已处于饱和状态,则该种消费品的需求主要是更新量,故此时需求量的预测方法与一般耐用消费品完全相同,这里不再赘述。

【本章小结】

专家评估预测法是以专家为索取信息的对象,依靠专家的经验、智慧来进行评估预测的一种方法。随着市场环境的多变性和复杂化,企业的决策也日益复杂化和专业化,决策所需要的专业知识也更宽泛,因此,有必要利用专家评估方法进行预测。

专家评估预测法是在专家们直观分析判断的基础上,综合各专家的意见,对预测对象未来发展趋势做出的量的预测。但是,这种方法的有效运用,关键在于各专家能否独立发表意见。于是,出现了头脑风暴法,即针对特定问题,召集有关人员参加小型会议,与会者在轻松融洽的气氛中,各抒己见,相互启发,从而获得众多解决问题的办法;德尔菲法是在专家意见汇总预测方法的基础上发展起来的一种新型直观预测方法。它具有匿名性、反馈性和统计性等特点,须遵循确定预测主题、选择专家、预测过程、做出预测结论等程序。在德尔菲法的基础上,人们又开发出了保持经典德尔菲法基本特点的派生方法和改变经典德尔菲法基本特点的派生方法;单纯趋势判断预测法是专家凭主观经验,根据预测项目、不同对象进行调查统计,找出预测项目发展变化趋势,做出某种判断的预测方法,它的最大特点是简单易行。

【案例分析】

海尔空调市场前景预测

2008年空调冷年结束后,各项数据显示以往三强并立的局面已经被打破。有资料显示,格力、美的在国内市场的销售量分别超过700万台和600万台,占市场比例分别为27.47%和22.09%,而海尔的国内市场销量不足300万台,占市场比例仅为10.8%,远远被格力、美的抛在后面。三足鼎立的局面或已经改写为两强并立的格局。

近日有消息传出,张瑞敏表示有意推出"海尔集团彻底从制造型企业转型为营销型企业的战略"。这种战略转型是否可以把海尔及海尔空调从发展的迷途中拯救出来,很多人对此表示出极大的关切。

1. 退守第三位

其实,海尔空调在2000年前后,一直与格力、美的处于三强领跑的格局。尤其是在2000年之前,海尔在空调行业的地位从某种意义上要比其他两个品牌更强,海尔并没有输在起跑线上。海尔被格力、美的拉开距离,是在2005年以后。这一时期行业已经从高速发展前期进入到高速发展的后期,空调市场环境发生了根本性变化。

一是品牌集中度大大提升。从过去超过百家品牌同台竞争,变为活跃品牌仅剩不足30余家。行业前三家品牌的市场份额超过50%,专业空调品牌的优势逐渐显现出来。

二是渠道结构发生了巨大的变化。由于家电大连锁卖场的崛起,并占据了一级市场主流,迫使专业经销商退守二、三、四级市场。虽说家电连锁卖场在一级市场占据了绝对地位,但在总体市场上还是仅占不足30%的市场份额,专业经销商依然是市场的主力。

三是技术成熟规模成为行业门槛。经过十多年的引进消化吸收,技术已经不是国内空调产业最大障碍,而规模效应成为行业企业比拼的焦点,甚至一定的规模成为企业的生死线。

2. 利润在走低

早期空调行业是一个暴利行业,随着技术引进的消化、市场竞争的加剧,产品价格逐步走低,企业盈利能力相应下降。曾经风靡空调行业的"价格战",在行业高速发展的后期有被"价值战"所替代的趋势。

对于这种市场环境的变化,海尔似乎准备不足,或者说判断有误。因而,在空调的发展战略上明显与市场脱节,表现出患得患失或摇摆不定的市场策略。

首先,只注意到品牌的优势而忽视了空调的专业特性。海尔是一个家电综合性品牌,在市场上品牌的拉力非常大,在不成熟的任何一个家电产品市场上,只要海尔介入肯定会有比其他品牌更强的优势,容易使消费者认可接受。但在市场成熟后,如果不在专业性上有所突破,就会被更专业的品牌所超越。这也是海尔被格力、美的超越的重要原因。

其次,轻易地放弃专业经销商网络。海尔在家电连锁崛起后,特别青睐与这一新兴渠道模式的合作。特别是家电连锁的大单采购让海尔尝到了甜头,不仅可以一次性地获取大的订单,还比较容易实现按订单生产。而且,家电连锁的优势在以中心城市为主的一级市场,似乎与海尔面向白领阶层消费群体高品质定位相符合。但是海尔在与家电连锁密切合作的同时,却把专业经销商渠道似乎放弃了。其实,就在家电连锁卖场进入鼎盛时期,也就是一级市场渐趋饱和时期。真正的潜力市场是在以乡镇为代表的三、四级市场,虽说家电连锁也在逐渐往三、四级渗进,但是三、四级市场的特性决定了专业经销商仍然是这一市场的主力军。

3. 渠道不专业

在海尔进入空调行业初期，在品牌号召力的吸引下，众多专业经销商聚集在海尔的旗帜下，形成了海尔辐射一、二、三级市场的渠道网络。虽说海尔与家电大连锁结盟后，并没有表示要主动抛弃专业经销商，但是在实际操作的策略上却是把专业经销商驱赶到竞争对手的阵营。其中有两个方面的问题最为突出，一是使经销商经营海尔空调难以获利。海尔在产品价格策略设计上，留给经销商的盈利空间相对竞争对手少很多。一位不愿透露姓名的经销商感慨地说："海尔的产品虽然好卖，却忙活一年挣不到钱，甚至还要贴上老本。主要是海尔留给我们的利润空间太小。"很多经销商就是不得已，转换门庭投到竞争对手的门下。二是渠道管理混乱。串货是空调行业经销商的"兵家大忌"，一旦有串货进入某一经销商的区域，不仅会出现同品牌的不同价格攀比，甚至因此出现相互诋毁的恶性竞争。对于当地经销商来说，恶性竞争势必在消费者中倒了牌子，要想恢复就不是一件简单的事情。现在，到三、四级市场调查发现，以往的"海尔空调专卖店"多数已经换成格力或者美的"专卖店"。这一进一出、此消彼长，就造成了海尔迅速在销售量上与格力、美的拉大差距。

4. 即供即需不畅

近年来，海尔一直推行的"即供即需"零库存运营思路，在空调产品上遭遇严峻的考验。据了解，海尔在体制设计上分为负责制造的产品本部与负责销售的工贸公司，是把制造与营销彻底分离的，对于空调产品来说这种分离有可能是致命的。因为，一方面空调销售的还是半成品，销售需要在安装服务后才能得以实现。对产品本部来说，产品在市场上的情况很少有直接的了解；而工贸公司在各地的平台只有负责空调的产品经理，对于产品的研发、制造可以说是知之甚少。尤其是对产品的销售策略，产品本部仅仅是制订者，并无实施的责任和权力。实施者在各地工贸仅为产品经理，根本无暇顾及市场的各个层面。这样一来，两者就在市场环节上产生了脱节，这无疑也是对"即供即需"模式的巨大讽刺。另一方面，无法对专业经销商进行有针对性的服务。由于制造与营销分属两大不同的系统，对市场的感应就隔了一个层次，不贴近市场就不可能有针对性的应对策略。因而，在市场发生变化时往往就会比竞争对手慢半拍。两张皮的体制如果仅仅是应对家电连锁还可以，但是要应对千差万别的专业经销商就力不从心。相比较，竞争对手格力、美的实行的是事业部制，制造与销售是由事业部总体负责，不仅可以掌控产品从研发、制造到进入市场的全过程，而且可以及时了解市场需求变化有针对性地进行产品开发与宣传。贴近市场是竞争对手甩开海尔的关键点。

5. 产品定位脱节

在空调产业发展初期，海尔是以"真诚到永远"的售后服务来赢得客户的。这样的理念是基于当时空调产业的技术还不是很成熟的基础之上，海尔正是依靠超越其他品牌的售后服务，成为其在空调市场快速发展的一个法宝。

然而，空调是一个技术含量不高的产品，随着技术引进消化的逐渐完成，产品竞争的焦点有所转移，而竞争对手格力空调却实施"精品战略，开展零缺陷工程"，从"强化质量意识"到"超越售后服务"，提倡给消费者提供零缺陷的产品。格力提出的提供零缺陷的产品策略，超越了单纯强调服务的局限，得到消费者和专业经销商的广泛认可。有专家就指出，在产品以及市场宣传上，海尔的策略明显没有格力更贴近消费者，产品及市场战略没跟上行业变化。

此外，我们还可以注意到，频繁变换掌门人也伤了海尔空调在市场上的元气。成功的企业都是有一个相对稳定的营销团队和掌门人，这对稳定经销商信心非常重要。格力的董明珠，美的的方洪波，就是起到了一面旗帜的作用。格力、美的能够稳健地发展，与这一点也是分不开的。比如，经销商在区域市场遇到问题，而且有些问题不是区域负责人能够解决的，这就需要与董明珠、方洪波这样的掌门人沟通解决。

反观海尔，空调的掌门人经常变动。近几年来，先是王召兴，接着换成张志春，后来又换成王友宁。王友宁去年再度被撤，现在又换回了张志春。这样经常变动，每一任掌门人经销商刚刚与之熟悉就被换走了，怎么能够让经销商适应呢？不熟悉，不能成为朋友，有问题就不便于协商解决，这样在市场的反应速度怎么能够快呢？结果可想而知。

近日，海尔又提出彻底从制造型企业转型为营销型企业的战略，这一战略是不是切中了海尔的时弊呢？是否能够解决海尔在空调领域重获三强地位的问题呢？现在这种转型还仅仅是提出来，方案还需要细化并得到严格的执行，目前还很难看出端倪。不过任何一次转型，都要从根本上解决企业存在的问题。

案例思考：

组成三人或四人的小组，作为专家组，设计一种定性预测方法（可包含几种定型预测方法），对海尔的销售前景作定性预测。

【思考与练习】

1. 什么是专家预测法？它具有何意义及特点？
2. 试比较专家预测法与德尔菲预测法的异同点。
3. 私人小轿车家庭普及率预测。我国的家庭普及率到哪一年可达20%。11位专家用德尔菲预测法进行了预测，第二轮的应答结果为：2001，2002，2002，2003，2003，2003，2004，2004，2004，2005，2006年，请对此结果进行处理。
4. 某地区有56万户家庭，现有录像机的普及率为40%，有关专家预测5年可达到饱和状态，饱和普及率为80%，若录像机的使用寿命为10年，每年因款式、功能等原因更新为5%，预测下一年度该地区录像机的需求量。

第十一章 定量预测方法

【案例导读】

太子奶集团的"串行"

2002年底,位于北京市密云工业开发区的"太子"童装生产基地开始试产首批童装。引人关注的是,投资方不是什么服装企业,而是国内最大的乳酸菌企业湖南太子奶集团。无独有偶,国内的饮料巨头们均不甘寂寞,纷纷上演"串行"戏:娃哈哈卖上了方便面,统一进军白酒市场,如今太子奶集团又做起了童装。这种"大串行"现象,是与市场调查和预测分不开的。

经过周密的市场调查和预测,太子奶集团发现童装市场需求量大,前景看好,于是做出了大胆的跨行经营举动。太子奶集团根据有关部门统计资料对我国目前童装市场的需求量进行了定性与定量的预测,我国目前16岁以下的少年儿童约有3.2亿,占全国人口的27%,国内儿童服装生产企业共有4 000多家,年生产儿童服装6亿多件,而真正为人熟知的儿童品牌服装也只有200家左右,整个儿童服装市场从数量到品质远远不能满足市场需求。太子奶集团通过定量的预测方法可更加全面系统地了解市场对童装需求状况,包括具体需求数量、需求结构和需求发展变化的规律等,从而使消费者各种需求得到满足,使生产和消费结合得更为紧密,最终为企业的经营决策提供可靠的依据。

案例思考:在企业生产实践中,如何做好定性预测与定量预测的结合?

本章首先阐述了时间序列分析法的前提假设、数据变动模式及其组合形式;介绍了时间序列分析法的一般程序,而后就简单平均法、移动平均法、指数平滑法、季节指数法、直线与曲线趋势外推法等各种预测方法的类型、内容、特征及运用程序做了详细介绍。掌握这些方法是市场预测分析的一项重要任务。

第一节 时间序列的模式分析

时间序列分析法是市场预测方法中一种经常采用的定量分析方法。它把某一经济变量的实际观察值按时间先后顺序依次排列,构成一组统计的时间序列,然后应用某种数学方法建立模型,使其向外延伸,来预计该经济变量未来发展变化趋势和变化规律的一种预测技术。

要正确地应用时间序列分析法进行市场预测,一要注意数据的完整性。即编制的时间序列的数据资料必须准确、系统、完整,否则,将直接影响预测值的精度。二要注意数据资料的可比性。即各种经济变量所发生的时间间隔应该一致,否则,就无法反映该经济变量在相同时间内所发生的经济现象的数量关系。三要保证数据资料的一致性。即采集的观察期数据资料要保证其计算原理、计算方法和计量单位的一致性,还要保证各数据资料所反映的预测对象总体范围的前后一致性。只有满足上述三点要求,才能应用这组数据去引申历史,推断未来。

一、时间序列的前提假设

在应用时间序列数据对经济变量的未来变化趋势进行预测时,通常以如下三点假设为前提:

1. 假设事物发展总存在一个过程

事物发展过程大体经历了由过去到现在,从现在到未来的按时间先后变化的过程。在这个变化过程中,影响经济变量的各种因素会发生不同性质与不同程度的变化。

2. 假设事物只发生量变而不发生质变

该假设是指在一定时期内,各种因素的变化仅仅是量的变化,而不发生质的变化。即在数量的渐变过程中,事物的变化不会出现质的转折。因此,事物的未来发展是其原来的延续,或自然延伸。要满足这一量变质不变的假设,必须保证预测期限足够短。短到事物未来发展变化过程会沿其历史变化规律同样得到延伸。因为,从长期看,由于影响事物变化的各种因素总是在不断地变化,预测对象在这样长的时间内难以保证能按某一既定规律,一成不变地向前发展,难以保证事物的未来发展只是过去历史的简单重复。因此,预测期限足够短便成为时间序列分析法的又一前提假设。

3. 假设时间是影响预测目标的唯一变量

在时间序列分析法中,预测目标的每个观察值的大小,是受众多不同因素共同影响的结果。如某商品的月销售量,要受到商品本身价格因素的影响,也受到与其相关商品(替代商品、互补商品)价格的影响,还受到居民收入水平、商品质量、商品包装、商品广告、商品售后服务以及季节变化等众多因素的影响。要把每一影响因素的变化对预测目标(销售量)的影响——加以分析,测定影响数值的大小,估计未来发展变化的趋势,那是很复杂的,也是很困难的。因此,时间序列分析法回避了各个因素对预测目标的具体影响,并假设把影响预测目标变化的所有影响因素都由"时间"这个单独变量综合起来,把时间作为唯一的影响变量去预测目标变量的变化趋势。

鉴于上述三点前提假设,决定了时间序列分析方法只适用于近期与短期的市场预测,不适用于中期与长期的市场预测。

二、时间序列数据变动趋势

时间序列数据,由于受到多种因素的影响,使之在不同时期的观察数值存在差异,所呈现出来的变动趋势也不完全一致,这是因为时间序列数据经常受到一种乃至多种变动因素共同作用的结果。就一般而言,各种可能发生变化的因素对时间序列数据变动趋势的影响,按其变动趋势的性质不同分为长期趋势变动、季节变动、循环变动和不规则变动四种。

1. 长期趋势变动模式

长期趋势变动是指时间序列数据由于受某种根本性因素的影响,使时间序列在较长的时间内朝一定的方向,按线性或非线性变化规律,呈上升变化、水平变化或下降变化趋势。它包括按线性(或非线性)呈上升变动趋势;按线性(或非线性)呈下降变动趋势;水平变动趋势。

2. 季节变动模式

季节变动是指由于自然条件和社会条件的影响,时间序列数据在一年内随着季节的变化而引起的周期性变动。如啤酒随着每年的春夏秋冬四季变化,其月销量在夏秋季节呈旺季,而在冬春季节呈淡季。还有如空调、电风扇、电热器、时装等商品的销售量都会随季节变化而呈周期性波动。季节变动的周期性比较稳定,一般以年为单位做周期变动。

3. 循环变动模式

循环变动是以数年(一般不等)为周期的变动。它与长期趋势变动不同,它不是朝着单一方向作持续递增(或递减、或水平)趋势变化,而是按涨落相间的波浪式起伏的变动。它与季节变动趋势也不同,它波动的时间较长,而且变动周期长短不等,短则一两年,长则数年、数十年。

4. 不规则变动模式

不规则变动是指由于战争、灾害、地震、洪灾等意外事件,或由于国家制定发展战略、发展规划、方针政策等而引起的变动,这种因各种偶然性因素引起的非周期性的随机变动,称之为不规则变动。

三、时间序列的组合形式

时间序列是由长期趋势变动、季节变动、循环变动及不规则变动等四种类型组成的。其组合方式常见的有以下几种:

1. 加法型

$$y_t = T_t + S_t + C_t + I_t \tag{11.1}$$

式中　　y_t——时间序列的全部变动;

　　　　T_t——长期趋势变动;

　　　　S_t——季节变动;

　　　　C_t——循环变动;

　　　　I_t——不规则变动。

2. 乘法型

$$y_t = T_t \cdot S_t \cdot C_t \cdot I_t \tag{11.2}$$

3. 混合型

$$y_t = T_t \cdot S_t + C_t + I_t$$

或

$$y_t = S_t + T_t \cdot C_t \cdot I_t \tag{11.3}$$

对于一个具体的时间序列,应采用哪种组合方式,要根据掌握的数据资料、时间序列的性质及研究的目的等具体情况灵活确定。

四、时间序列分析法的预测程序

时间序列分析法的预测程序大体包括如下五个步骤:

(1) 绘制观察期数据的散点图,确定其变化趋势的类型。

(2) 对观察期数据加以处理,以消除季节变动、周期变动和不规则变动因素的影响,使经过处理后的数据仅包括反映长期趋势变动的影响。或消除周期变动和不规则变动因素的影响,仅包括长期趋势变动和季节变动的影响。

(3) 建立数学模型。根据数据处理后的长期趋势变动,结合预测的目的及期限,建立时间序列的预测模型,并对模型进行模拟运算。

(4) 修正预测模型。考虑季节变动、周期变动及不规则变动等因素对预测模型的影响并加以修正。

（5）进行预测。采用定量分析与定性分析相结合的方式，对目标变量加以预测，并确定市场未来发展变化的预测值。

第二节　算术平均数法与几何平均数法

在运用时间序列分析法进行市场预测时，最简单的方式是采用求一定观察期的时间数列的平均数，以平均数为基础确定预测值的方法，统称平均法。它是最简单的数学方法，不需要复杂的运算过程，简便易行。它适用于对不呈现明显倾向变化，而又具有随机波动影响的经济现象进行预测。简单平均法中最常用的有算术平均数法、几何平均数法、加权平均数法等。

一、算术平均数法

算术平均数法，就是以观察期数据之和除以求和时使用的数据个数（或资料期数），求得平均数。设 $x_1, x_2, \cdots, x_n$ 为 n 期拟求算术平均数的资料，则算术平均数可依下列公式求得：

$$\bar{x} = \frac{\sum_{i=1}^{n} x_i}{n}$$

或简写为

$$\bar{x} = \frac{\sum x}{n} \tag{11.4}$$

式中　$\bar{x}$ —— 平均数；

　　　x_i —— 观察期的资料，i 为资料编号；

　　　n —— 资料数，或期限。

运用算术平均数法求平均数，有两种形式：

（1）以最后一年的每月平均值，或数年的每月平均值，作为次年的每月预测值。

如果通过数年的时间序列显示，观察期资料并无显著的长期升降趋势变动和季节变动时，就可以采用此方法。

【例 11.1】　假设食盐最近四年的每月销售量如表 11.1 所示，预测 2017 年的每月销售量。

① 如果以 2016 年的每月平均值作为 2017 年的每月预测值，则有：$\bar{x} = 339.2$（千元）

② 如果以 2013～2016 年的每月平均值作为 2017 年的每月预测值，则有：

$$\bar{x} = \frac{4\,001 + 4\,038 + 4\,003 + 4\,070}{48} = 335.7（千元）$$

或

$$\bar{x} = \frac{333.4 + 336.5 + 333.7 + 339.2}{4} = 335.7（千元）$$

这样，就可以将 339.2 千元或 335.7 千元作为 2017 年的预测值。

表 11.1　食盐 2013～2016 年的销售额及平均值　　　　　　　单位:千元

月＼年	2013	2014	2015	2016
1	328	330	298	335
2	331	324	317	321
3	360	348	328	346
4	318	360	330	363
5	324	327	323	329
6	294	342	348	327
7	342	360	342	368
8	348	357	351	350
9	357	321	318	341
10	321	297	336	312
11	330	318	354	327
12	348	354	358	351
年合计	4 001	4 038	4 003	4 070
月平均	333.4	336.5	333.7	339.2

从上例可以看出,选择观察期的长短不同,预测值也随之不同。所得预测值和实际销售值之间有差异,如果差异过大就会使预测值失去意义,所以,必须确定合理的误差。

首先,用下列公式估计出预测标准差。

$$S_x = \sqrt{\frac{\sum_{i=1}^{n}(x_i - \bar{x})^2}{n-1}}$$

式中　S_x——标准差;
　　　x_i——实际差;
　　　$\bar{x}$——预测值(平均数);
　　　n——观察期数。

然后,按 $\bar{x} \pm t_c S_x$ 公式计算某种可靠程度要求时的预测区间,其中 t_c 为 t 分布临界值。
针对上例,可以计算出标准差:

① 以 2016 年的月平均值 339.2 千元作为 2017 年的每月预测值,预测区间为

$$S_{x_1} = \sqrt{\frac{A}{12-1}} = \sqrt{\frac{3\,189.88}{11}} = 17.03$$

式中

$$A = \sum_{i=1}^{n}(x_i - \bar{x})^2 = (335 - 339.2)^2 + \cdots + (351 - 339.2)^2 = 3\,189.88$$

在 95% 的可靠程度下,2017 年每月预测区间为 339.2 ± 1.812 × 17.03(1.812 为 $\alpha/2 = 0.05, n - m - 1 = 10$ 时的 t 分布临界值 t_c),即 308.84～370.06 千元之间。

② 以四年的每月平均值 335.7 千元作为 2017 年的每月预测值,预测区间为

$$S_{x_2} = \sqrt{\frac{B}{4-1}} = \sqrt{\frac{23.18}{4-1}} = 2.78$$

式中

$$B = \sum_{i=1}^{n}(x_i - \bar{x})^2 = (333.4 - 335.7)^2 + (336.5 - 335.7)^2$$
$$+ (333.7 - 335.7)^2 + (339.2 - 335.7)^2 = 23.18$$

在95%的可靠程度下,2017年每月预测值区间为335.7±2.92×2.78(2.92为$\alpha/2 = 0.05$,$n - m - 1 = 2$时的t分布临界值t_c),即在327.58～343.82千元之间。

从上述运算可以看到,以四年的每月平均值作为预测值,其标准差要小一些,也就是说其预测值要精确一些。一般说来,当时间数列资料波动比较小时,其观察期可以短些,所用数据少一些;当时间数列资料波动大时,观察期可以长一些,所用数据可以多一些,所得的结果,相对来说会精确一些。至于观察期应为多长,要根据实际情况和要求把握。

(2) 以观察期的每月平均值作为预测期对应月份的预测值。

当时间序列资料在年度内变动显著,或呈季节性变化时,如果用上一种方法求得预测值,其精确度难以保证,为提高精确度,可用下面的方法求预测值。

【例11.2】 某商店汗衫的销售量如表11.2所示,预测第四年每月的销售量。

表11.2 某商店汗衫销售量统计表　　　　　　　　　单位:百元

月\年	2013	2014	2015	2016
1	16.0	17.3	20.1	17.8
2	19.0	21.0	22.0	20.7
3	21.3	23.0	25.0	23.1
4	25.0	27.0	29.2	25.7
5	32.8	36.0	38.5	35.8
6	65.2	70.2	77.0	70.8
7	99.0	107.0	118.0	108.0
8	131.0	140.2	152.8	141.3
9	80.5	87.2	94.0	87.2
10	38.0	41.4	45.0	41.5
11	22.2	24.0	26.0	24.1
12	18.4	19.8	22.5	20.2
全年平均	47.4	51.2	55.8	51.4

由表11.2可以看出,观察期资料在年度内呈现出季节性的波动。如果再用全年平均的方法,就不能显示出不同季节的市场需求变动情况。汗衫的销售旺季一般集中在6～9月份,这4个月的平均销售量比淡季要高出两三倍。另外,汗衫的销售量还呈现出长期变动趋势,也就是说,每一年的销售总量比上年有所增长。因此,如将三年的每月平均数作为预测值的话,可能会低于第四年的销售量,所以应对预测值进行适当调整。可以用加权平均法

来进行处理,后面还会研究这个问题。

二、几何平均数法

几何平均数法,就是运用几何平均数求出发展速度,然后进行预测。

几何平均数,就是将观察期 n 个资料数相乘,开 n 次方,所得的 n 次方根。

设:$x_1, x_2, x_3, \cdots, x_n$ 为观察期的资料,则其几何平均数为

$$G = \sqrt[n]{x_1 \cdot x_2 \cdots x_n} \tag{11.5}$$

式中　G——几何平均数值;

　　　n——资料期数(数据个数)。

可用计算机直接求 G,也可用反对数法求。方法如下:

在 $G = \sqrt[n]{x_1 \cdot x_2 \cdots x_n}$ 两边取常用对数,得

$$\lg G = \lg \sqrt[n]{x_1 \cdot x_2 \cdots x_n}$$

即

$$\lg G = \frac{1}{n} \sum_{i=1}^{n} \lg x_i$$

取反对数

$$G = \operatorname{arclg} \frac{\sum_{i=1}^{n} \lg x_i}{n}$$

查反对数表,即得出几何平均数 G。

【例11.3】　某企业2002~2015年的销售额资料如表11.3所示,预测该企业2016年的销售额。

表11.3　某企业2002~2015年的销售额　　　　单位:万元

观察期	2002	2003	2004	2005	2006	2007	2008	2009	2010	2011	2012	2013	2014	2015
销售额	71	81	83	90	89	87	92	96	100	95	145	105	120	142

预测步骤如下:

(1) 以上年度为基期分别求各年的环比指数。

$$2003 \text{ 年的环比指数} = \frac{81}{71} \times 100\% = 114.08\%$$

$$2004 \text{ 年的环比指数} = \frac{83}{81} \times 100\% = 102.47\%$$

依此类推,求出各年环比指数,见表11.4第(3)栏所示。

(2) 求环比指数的几何平均数,即发展速度。可用两种方法:

① 直接用所求得的环比指数,求平均发展速度。

$$G = \sqrt[n]{x_1 \cdot x_2 \cdots x_n} = \sqrt[13]{114.08 \times 102.47 \times \cdots \times 118.33} = 105.52$$

平均发展速度为5.52%。

② 采用对数运算,求得环比指数的几何平均数,如表11.4第(4)栏。

$$G = \operatorname{arclg} \frac{\sum \lg x_i}{n} = \operatorname{arclg} 2.023\ 1 = 105.46$$

平均发展速度为5.46%。

两种方法所得结果稍有差异,是由于计算中四舍五入的原因。

表11.4　2002～2015年销售额及几何发展速度　　　　　　　单位:万元

观察期 (1)	实际销售额 (2)	环比指数(x) (3)	$\lg x$ (4)
2002	71.00		
2003	81.00	114.08	2.057 2
2004	83.00	102.47	2.010 6
2005	90.00	108.43	2.035 2
2006	89.00	98.89	1.995 1
2007	87.00	97.75	1.990 1
2008	92.00	105.75	2.024 3
2009	96.00	104.35	2.018 3
2010	100.00	104.17	2.017 7
2011	95.00	95.00	1.977 7
2012	145.00	153.63	2.183 6
2013	105.00	72.41	1.859 8
2014	120.00	114.29	2.058 0
2015	142.00	118.33	2.072 7
$\sum/n$			2.023 1

(3)求环比指数几何平均数的简便算法。若2002年销售额为x_0(基期),…,2015年销售额为x_n(当前期),那么,其环比指数的几何平均数为

$$G = \sqrt[n]{\frac{x_1}{x_0} \cdot \frac{x_2}{x_1} \cdots \frac{x_n}{x_{n-1}}} = \sqrt[n]{\frac{x_n}{x_0}} \tag{11.6}$$

即观察期的几何平均数为当前期销售额与基期销售额比值的开n次方。

本例$n = 13$,有:$G = \sqrt[13]{\frac{142}{71}} = 105.48\%$。

(4)利用平均发展速度进行预测。几何平均数法的预测模型为

$$\hat{y}_{t+T} = G^T \cdot x_t$$

式中　$\hat{y}_{t+T}$——第$t+T$期的预测值;

　　　T——预测期与最后观察期的间隔数。

本例若要预测2016年的销售额,则$\hat{y}_{2005} = 1.054\ 8 \times 142 = 149.78$(万元)

三、加权平均数法

加权平均数法,就是在求平均数时,根据观察期各资料重要性的不同,分别给以不同的权数后加以平均的方法。其特点是:所求得的平均数,已包含了长期趋势变动。

设:$x_1, x_2, x_3, \cdots, x_n$为观察期的资料;$\omega_1, \omega_2, \cdots, \omega_n$为观察期资料相对应的权数。求加

权平均数 $\bar{y}$ 的计算公式为

$$\bar{y} = \frac{x_1\omega_1 + x_2\omega_2 + \cdots + x_n\omega_n}{\omega_1 + \omega_2 + \cdots + \omega_n} \tag{11.7}$$

或写成

$$\bar{y} = \frac{\sum_{i=1}^{n}\omega_i x_i}{\sum_{i=1}^{n}\omega_i}$$

或简写成

$$\bar{y} = \frac{\sum x\bar{\omega}}{\sum \bar{\omega}}$$

加权平均数法根据对各个历史数据进行具体分析,区别对待,给予不同程度的重视,在这点上优于算术平均数法。这种方法较能真实地反映时间序列的规律,考虑了事件的长期发展趋势。

【例 11.4】 某商店近 5 年的资料如表 11.5 所示。

表 11.5 某商店 2011~2015 年销售额及加权值　　　　单位:万元

观察期	销售额 x_i	权数 ω_i	$x_i\omega_i$
2011 年	40	1	40
2012 年	60	2	120
2013 年	55	3	165
2014 年	75	4	300
2015 年	85	5	425
∑	315	15	1 050

$$\text{算术平均数 } \bar{x} = \frac{315}{5} = 63(\text{万元})$$

$$\text{加权平均数 } \bar{y} = \frac{1\ 050}{15} = 70(\text{万元})$$

很显然,用算术平均数法求得的平均数作为预测值过低,不能反映商店销售的发展趋势。

加权平均数法的关键是合理确定权数。目前,对于权数的确定尚无统一的标准,完全凭借预测者在对时间序列资料分析的基础上,做出主观的经验判断。

第三节　移动平均数法

移动平均数法是将观察期的数据,按时间先后顺序排列,然后由远及近,以一定的跨越期进行移动平均,求得平均值。每次移动平均总是在上次移动平均的基础上,去掉一个最远期的数据,增加一个紧挨跨越期后面的新数据,保持跨越期不变,每次只向前移动一步,逐项移动,滚动前移。这种不断"吐故纳新",逐期移动平均的过程,称之为移动平均数法。

移动平均数法对于原观察期的时间序列数据进行移动平均,所求得的各移动平均值,不仅构成了新的时间序列,而且新的时间序列数据与原时间序列数据相比较,具有明显的修匀效果。它既保留了原时间序列的趋势变动,而且还削弱了原时间序列的季节变动、周期变动和不规则变动的影响,因此,在市场预测中得以广泛的应用。

移动平均数法可分为简单移动平均和加权移动平均两类,而简单移动平均又可细分为一次移动平均和二次移动平均(或三次移动平均)等两种。

一、一次移动平均数法

(一)一次移动平均数法原理

假设:x_t为时间t的观察值,$t=1,2,\cdots,n$,$M_t^{(1)}$为原时间序列中时间为t的一次移动平均值,n为跨越期间隔数,则一次移动平均值的计算公式为

$$M_t^{(1)} = \frac{x_t + x_{t-1} + \cdots + x_{t-n+1}}{n} \tag{11.8}$$

当$n=9$时

$$M_9^{(1)} = \frac{x_9 + x_8 + x_7 + x_6 + x_5 + x_4 + x_3 + x_2 + x_1}{9}$$

$$M_{10}^{(1)} = \frac{x_{10} + x_9 + x_8 + x_7 + x_6 + x_5 + x_4 + x_3 + x_2}{9} = M_9^{(1)} + \frac{x_{10} - x_1}{9}$$

同时

$$M_{11}^{(1)} = \frac{x_{11} + x_{10} + x_9 + x_8 + x_7 + x_6 + x_5 + x_4 + x_3}{9}$$

$$= M_{10}^{(1)} + \frac{x_{11} - x_2}{9}$$

……

由上述$M_9^{(1)}$,$M_{10}^{(1)}$,$M_{11}^{(1)}$的三个移动平均值的公式,可以得出计算一次移动平均值的简便递推公式:

$$M_t^{(1)} = M_{t-1}^{(1)} + \frac{x_t - x_{t-n}}{n} \tag{11.9}$$

(二)一次移动平均值的位置

用式(11.8)或式(11.9)计算的移动平均值$M_t^{(1)}$,实际上是跨越期内各观察期数据的中值,按理应置于跨越期的中间位置上,但式(11.8)或式(11.9)却将其置于跨越期末的位置上,这就出现了滞后偏差,它使预测值落后于实际值$(\frac{n-1}{2})$期。由于一次移动平均法正是以接近预测期的最后一个移动平均值为依据,考虑趋势变动值(或平均趋势变动值)来建立模型,进行预测的。所以,一次移动平均值应置于跨越期的中间位置上,即$(\frac{n+1}{2})$的位置上。若跨越期为奇数,如$n=9$,则应置于$(\frac{9+1}{2}=5)$的位置上。也就是说,第一个移动平均值$M_9^{(1)}$应置于x_5水平线上,其他顺推;若跨越期为偶数,如$n=12$,则应置于$(\frac{12+1}{2}=$

6.5)的位置上。即第一个移动平均值 $M_{12}^{(1)}$ 应置于 x_6 与 x_7 中间的位置上。

二、二次移动平均数法

（一）二次移动平均数法原理

二次移动平均数法是对一组时间序列数据先后进行两次移动平均,即在一次移动平均值的基础上,再进行第二次移动平均,并根据最后的两个移动平均值的结果建立预测模型,求得预测值。

二次移动平均数法与一次移动平均数法关系密切。首先,由于一次移动平均数法存在滞后偏差,使移动平均值总是滞后于实际观察值的 $(\frac{n+1}{2})$ 期,而二次移动平均数法正是利用这一滞后偏差,把一次、二次移动平均值置于跨越期末水平上,并以此建立数学模型,求得预测值。所以,它适用时间序列数据呈线性变化的预测。其次,二次移动平均数法不是一种独立的预测方法,它必须在一次移动平均值的基础上再进行第二次移动平均,而且它还必须与一次移动平均值(最后一项的一次移动平均值)一起方能建立模型,进行预测。

（二）二次移动平均值计算方法

假设: $M_1^{(1)}, M_2^{(1)}, \cdots, M_n^{(1)}$ 为时间序列的一次移动平均值, $M_t^{(2)}$ 为时间 t 的二次移动平均值,则

$$M_t^{(2)} = \frac{M_t^{(1)} + M_{t-1}^{(1)} + \cdots + M_{t-n+1}^{(1)}}{n} \tag{11.10}$$

$$M_{t+1}^{(2)} = \frac{M_{t+1}^{(1)} + M_t^{(1)} + \cdots + M_{t-n}^{(1)}}{n} \tag{11.11}$$

……

同理,根据公式(11.9),有二次移动平均法的递推公式:

$$M_{t+1}^{(2)} = M + \frac{M_{t+1}^{(1)} - M_{t-n+1}^{(1)}}{n} \tag{11.12}$$

由于二次移动平均值应置于跨越期末的最后一个时间的水平上,所以,二次移动平均法的预测模型为

$$\hat{y}_{t+T} = a_t + b_t T \tag{11.13}$$

其中

$$a_t = 2M_t^{(1)} - M_t^{(2)} \tag{11.14}$$

$$b_t = \frac{2}{n-1}(M_t^{(1)} - M_t^{(2)}) \tag{11.15}$$

式中　$\hat{y}_{t+T}$——第 $t+T$ 期的预测值;

$M_t^{(1)}$——最后一项的一次移动平均值;

$M_t^{(2)}$——最后一项的二次移动平均值;

T——预测模型当前所处的时间 t 至需要预测的时间之间的间隔期;

a_t, b_t——待定参数。

（三）二次移动平均法预测步骤

【例 11.5】 1995~2015 年我国某地区年发电量如表 11.6 所示,试用二次移动平均法

预测 2016、2017 年的发电量。其预测步骤如下：

表 11.6　某地区年发电总量的一次移动平均值计算表　　单位：百万千瓦·时

观察期（年份）	观察值 (x_t)	$n=7$时 $M_t^{(1)}$	趋势变动值	平均趋势变动值	$n=9$时 $M_t^{(1)}$	趋势变动值	平均趋势变动值	$n=7$时绝对误差	$n=9$时绝对误差
1995	676								
1996	825								
1997	774								
1998	716	924.86						208.86	
1999	940	1 046.00	121.14		1 076.00			106.00	136.00
2000	1 159	1 166.43	120.43		1 186.44	110.44		7.43	27.44
2001	1 384	1 297.00	130.57		1 312.33	125.89		87.00	71.67
2002	1 524	1 474.43	177.43	146.84	1 452.00	139.67		49.57	72.00
2003	1 668	1 630.29	155.86	155.98	1 620.67	168.67		37.71	47.33
2004	1 688	1 783.86	153.57	166.08	1 801.33	180.66	160.36	95.86	113.33
2005	1 958	1 952.71	168.86	176.16	1 983.89	184.56	170.63	5.29	27.89
2006	2 031	2 137.86	185.15	177.73	2 166.11	180.22	179.01	106.86	135.11
2007	2 234	2 329.00	191.14	185.73	2 340.44	174.33	189.12	95.00	106.44
2008	2 566	2 530.14	201.14	195.14	3 519.22	178.78		35.86	46.78
2009	2 820	2 718.57	188.43	202.47	2 722.11	202.89		101.43	97.89
2010	3 006	2 930.43	211.86		2 923.44	201.33		75.57	82.56
2011	3 093	3 149.86	219.43		3 154.11	230.67		56.86	61.11
2012	3 277	3 370.00	220.14					90.00	
2013	3 514								
2014	3 770								
2015	4 107								

1. 选择跨越期

这里取 $n=7$，且在求一次、二次移动平均值时采用的跨越期都保持一致，即 $n=7$。

2. 计算一次移动平均值

$$M_7^{(1)} = \frac{676+825+774+716+940+1\ 159+1\ 384}{7} = 924.86$$

$$M_8^{(1)} = M_7^{(1)} + \frac{x_8-x_1}{7} = 924.86 + \frac{1\ 524+676}{7} = 1\ 046$$

依此类推。只是每次计算的一次移动平均值（$M_7^{(1)}$，$M_8^{(1)}$，…）分别置跨越期末的位置上，此点与前面的一次移动平均法不同。

3. 计算二次移动平均值

$n=7$时二次移动平均值为

$$M_7^{(2)} = \frac{924.86 + 1\,046.00 + \cdots + 1\,783.86}{7} = 1\,331.84$$

$$M_8^{(2)} = M_7^{(2)} + \frac{M_8^{(1)} - M_7^{(1)}}{7} = 1\,331.84 + \frac{1\,952.71 - 924.86}{7} = 1\,478.67$$

同理,每次计算的二次移动平均值($M_7^{(2)}, M_8^{(2)}, \cdots$)也分别置各自跨越期末的水平上。见表11.7。

4. 建立二次移动平均预测模型

根据最后一项的一次、二次移动平均值,分别计算待定系数 a_t, b_t。

$$a_t = 2M_t^{(1)} - M_t^{(2)} = 2 \times 3\,370 - 2\,738 = 4\,002$$

$$b_t = \frac{2}{n-1}(M_t^{(1)} - M_t^{(2)}) = \frac{2}{7-1} \times (3\,370 - 2\,738) = 210.67$$

则二次移动平均法预测模型为

$$\hat{y}_{t+T} = 4\,002 + 210.67T \tag{11.16}$$

表11.7 某地区年发电总量一次、二次移动平均值计算表 单位:百万千瓦·时

观察期	观察值	$n=7, M_t^{(1)}$	$n=7, M_t^{(2)}$
1995	676		
1996	825		
1997	774		
1998	716		
1999	940		
2000	1 159		
2001	1 384	924.86	
2002	1 524	1 046.00	
2003	1 668	1 166.43	
2004	1 688	1 297.00	
2005	1 958	1 474.43	
2006	2 031	1 630.29	
2007	2 234	1 783.86	1 331.84
2008	2 566	1 952.71	1 478.67
2009	2 820	2 137.86	1 643.65
2010	3 006	2 329.00	1 800.74
2011	3 093	2 530.14	1 976.90
2012	3 277	2 718.57	2 154.63
2013	3 514	2 930.43	2 340.37
2014	3 770	3 149.86	3 535.51
2015	4 107	3 370.00	2 737.98

5. 计算预测值

$$\hat{y}_{2016} = 4\,002 + 201.67 \times 1 = 4\,212.67(百万千瓦 \cdot 时)$$
$$\hat{y}_{2017} = 4\,002 + 201.67 \times 2 = 4\,423.34(百万千瓦 \cdot 时)$$

三、加权移动平均数法

(一) 加权移动平均数法原理

加权移动平均数法是根据跨越期内时间序列数据资料重要性不同,分别给予不同的权重,再按移动平均法原理,求出移动平均值,并以最后一项的加权移动平均值为基础进行预测的方法。

加权移动平均数法与简单移动平均数法(一次或二次移动平均数法)不同,前者根据对时间序列数据的具体分析,区别对待,分别给予不同程度的重视,因此,能较真实地反映时间序列长期发展趋势的规律。而后者,把时间序列的数据对预测值的影响,一视同仁,一碗水端平,用简单的算术平均法求得平均数,不能反映不同时期的数据对预测值影响程度上的区别。

加权移动平均数法的关键是合理确定权重,而权重确定是按照"近重远轻"的原则进行的。即越接近预测期的数据赋予较大权数,而越远离预测期的数据则赋予较小的权数。至于近期权数大到什么程度,远期权数小到什么程度,完全取决于预测者个人的经验判断。但就一般情况而言,根据"近重远轻"原则设定权数时,使权数按时间序列由远及近逐渐递增。如:若时间序列数据变动幅度不大,可采用等差级数的形式:$1,2,\cdots,n$,其公差为1;若时间序列数据变动幅度较大,可采用等比级数的形式:$1,2,4,\cdots,2^n$,其公比为2;若时间序列数据波动不定,可视具体情况,分别给予不同的权数,并使其权数之和等于1的形式:0.2,$0.3,0.5$等。

加权移动平均法既可用于一次移动平均法,也可用于二次移动平均法。但需要指出的是,如果加权移动平均法用于二次移动平均时,要注意的是,若计算一次移动平均值时对原时间序列数据进行过加权,那么在计算二次移动平均值时就不要再次赋权了,因为对于同一组时间序列的数据资料不能重复两次赋权。

(二) 加权移动平均值计算方法

假设:x_t 为时间序列第 t 期观察值,$t = 1,2,\cdots,n$;ω_i 为时间序列数据资料第 i 期权数值,$i = 1,2,\cdots,n$;F_t 为第 t 期加权移动平均值,则

$$F_t = \frac{\omega_i x_t + \omega_{i-1} x_{t-1} + \cdots + \omega_{i-n+1} x_{t-n+1}}{\sum \omega_i} \tag{11.17}$$

(三) 加权移动平均法预测步骤

1. 加权一次移动平均法

【例11.6】 某省2006～2015年原煤生产量如表11.8所示,若选择跨越期 $n = 3$,权重 $\omega_1,\omega_2,\omega_3$ 分别为1,2,3,试用加权一次移动平均法预测2016,2017年的原煤产量?

表 11.8　某省 2006～2015 年原煤生产量加权一次移动平均值计算表

观察期	观察值(x_t)	加权移动平均值	趋势变动值	平均趋势变动值
2006	6.35			
2007	6.20	6.235		
2008	6.22	6.347	0.202	
2009	6.66	6.832	0.395	0.401
2010	7.15	7.438	0.606	0.582
2011	7.89	8.182	0.744	0.620
2012	8.72	8.692	0.510	0.545
2013	8.94	9.073	0.381	0.434
2014	9.28	9.483	0.410	
2015	9.80			

(1) 确定跨越期。

选择跨越期 $n=3$，权数由远及近分别为 1,2,3。

(2) 计算加权移动平均值。

$$F_3^{(1)} = \frac{6.35 \times 1 + 6.20 \times 2 + 6.22 \times 3}{1+2+3} = 6.235$$

$$F_4^{(1)} = \frac{6.20 \times 1 + 6.22 \times 2 + 6.66 \times 3}{1+2+3} = 6.437$$

依此类推。$F_3^{(1)}$ 置于 $\frac{3+1}{2}=2$ 的水平上，而后的 $F_4^{(1)}$ 紧接其后。

(3) 计算趋势变动值。

2008 年趋势变动值 = 6.437 − 6.235 = 0.202

2009 年趋势变动值 = 6.832 − 6.437 = 0.395

依此类推。

(4) 求平均趋势变动值。

2009 年平均趋势变动值 = $\frac{0.202+0.395+0.606}{3} = 0.401$

2010 年平均趋势变动值 = $\frac{0.395+0.606+0.744}{3} = 0.528$

依此类推。

(5) 建模预测。

$$\hat{y}_{t+T} = F_t^{(1)} + \text{平均变动趋势值} \times T \tag{11.18}$$

$$\hat{y}_{2016} = 9.483 + 0.434 \times 2 = 10.351（百万吨）$$

$$\hat{y}_{2017} = 9.483 + 0.434 \times 3 = 10.785（百万吨）$$

即根据一次加权移动平均法可预测 2016,2017 年原煤生产量分别为 10.351,10.785 百万吨。

2. 加权二次移动平均法

【例 11.7】　时间序列数据资料如表 11.9 所示，试用加权二次移动平均法求 2016,2017

年原煤生产量为多少百万吨?

表11.9 某省2006～2015年原煤生产量加权二次移动平均值计算表　单位:百万吨

观察期(年份)	观察值(x_t)	$F_t^{(1)}$	$F_t^{(2)}$
2006	6.35		
2007	6.20		
2008	6.22	6.235	
2009	6.66	6.347	
2010	7.15	6.832	6.501
2011	7.89	7.438	6.902
2012	8.72	8.182	7.480
2013	8.94	8.692	8.104
2014	9.28	9.073	8.649
2015	9.80	9.483	9.083

二次加权移动平均法的预测步骤如下:

1. 确定跨越期

选择 $n=3$,其权数由远至近分别为1,2,3。

2. 计算加权一次移动平均值

$$F_3^{(1)} = \frac{6.35 \times 1 + 6.20 \times 2 + 6.22 \times 3}{1+2+3} = 6.235$$

$$F_4^{(1)} = \frac{6.20 \times 1 + 6.22 \times 2 + 6.66 \times 3}{1+2+3} = 6.437$$

依此类推。$F_3^{(1)}$ 置于2008年的水平上,而后的 $F_4^{(1)}$,…,紧接在 $F_3^{(1)}$ 后。

3. 计算二次移动平均值

$$F_3^{(2)} = \frac{6.235 + 6.437 + 6.832}{3} = 6.501, 置于2010年的水平上$$

$$F_4^{(2)} = \frac{6.437 + 6.832 + 7.438}{3} = 6.902, 置于2011年的水平上$$

依此类推。

4. 建模预测

$$a_t = 2F_t^{(1)} - F_t^{(2)} = 2 \times 9.48 - 3.9.083 = 9.883$$

$$b_t = \frac{2}{n-1} = F_t^{(1)} - F_t^{(2)} = \frac{2}{3.1} \times (9.483.9.083) = 0.4$$

则

$$\hat{y}_{t+T} = 9.883 + 0.4T$$

$$\hat{y}_{2016} = 9.883 + 0.4 \times 1 = 0.283(百万吨)$$

$$\hat{y}_{2017} = 9.883 + 0.4 \times 2 = 10.683(百万吨)$$

即根据二次加权移动平均法可预测2016,2017年原煤生产量分别为10.283,10.683百万吨。

第四节 指数平滑预测方法

指数平滑预测方法是移动平均方法加以发展的一种特殊加权移动平均预测方法。它可分为一次指数平滑法、二次指数平滑法和三次指数平滑法三种,一般常用于时间序列数据资料既有长期趋势变动又有季节波动的场合。

一、一次指数平滑法

（一）一次指数平滑法原理

一次指数平滑法是以最后一次指数平滑值为基础,确定市场预测值的一种特殊的加权平均法。

假设 $x_0, x_1, x_2, \cdots, x_n$ 为时间序列观察期数据,其中 x_0 为初始数据,$x_1, x_2, \cdots, x_n$ 为实际观察值;当观察期的时间 $t = 1, 2, \cdots, n$ 时,则 $S_1^{(1)}, S_2^{(1)}, \cdots, S_n^{(1)}$ 为时间 t 观察值的一次指数平滑值;α 为时间序列的平滑指数,且 $0 \leq \alpha \leq 1$。那么时间序列各观察值的一次指数平滑公式为

$$S_t^{(1)} = \alpha x_t + (1 - \alpha) S_{t-1}^{(1)} \tag{11.19}$$

即本期一次指数平滑值等于本期实际值 x_t 的 α 倍加上上期一次指数平滑值 $S_{t-1}^{(1)}$ 的 $(1 - \alpha)$ 倍。对(11.19)式的进一步改写,可得一次指数平滑法的递推公式

$$S_t^{(1)} = S_{t-1}^{(1)} + \alpha(x_t - S_{t-1}^{(1)}) \tag{11.20}$$

即本期一次指数平滑值 $S_t^{(1)}$ 等于上期一次指数平滑值 $S_{t-1}^{(1)}$ 加上本期实际值与上期一次指数平滑值差 $(x_t - S_{t-1}^{(1)})$ 的 α 倍。那么,一次指数平滑法的预测公式为

$$F_{t+1} = S_t^{(1)} \tag{11.21}$$

即下期预测值等于本期一次指数平滑值。若把一次指数平滑法的递推公式(11.20)代入式(11.21),则可得出一次指数平滑预测法的递推公式:

$$F_{t+1} = S_{t-1}^{(1)} + \alpha(x_t - S_{t-1}^{(1)}) = F_t + \alpha(x_t - F_t) \tag{11.22}$$

即在下期预测值等于本期预测值 F_t 的基础上,再加上本期实际值 x_t 与本期预测值 F_t 之差的 α 倍。由(11.22)式可见:

当 $\dfrac{2}{7} \times 6 + \dfrac{2}{7} \times 5 + \dfrac{3}{7} \times 1 = 0$ 时,$F_{t+1} = F_t$。即下期的预测值等于本期的预测值。即若平滑系数取 0 值,则下期预测值就不考虑本期实际值 x_t 带来的影响因素的变化。

当 $\alpha = 1$ 时,$F_{t+1} = x_t$。即下期的预测值等于本期所发生的实际值。即当市场完全没有变化时,不用考虑各种因素在预测期的影响,下期的预测值就等于本期的实际值。

当 $0 < \alpha < 1$ 时,指在大多数情况下,下期的预测值即要考虑本期的预测值与本期的实际值两方面的影响。

（二）一次指数平滑法的特点

对式(11.19)展开,有:

$$S_t^{(1)} = \alpha x_t + (1 - \alpha) S_{t-1}^{(1)}$$

$$S_{t-1}^{(1)} = \alpha x_{t-1} + (1 - \alpha) S_{t-2}^{(1)}$$

$$\cdots$$

$$S_1^{(1)} = \alpha x_1 + (1 - \alpha) S_0^{(1)}$$

将上列各式的 $S_1^{(1)}$ 代入 $S_2^{(1)}$，$S_2^{(1)}$ 代入 $S_3^{(1)}$，…，$S_{t-1}^{(1)}$ 代入 $S_t^{(1)}$，则有：

$$\begin{aligned}S_t^{(1)} &= \alpha x_t + (1-\alpha)[\alpha x_{t-1} + (1-\alpha)S_{t-2}^{(1)}]\\&= \alpha x_t + \alpha(1-\alpha)x_{t-1} + (1-\alpha)^2[\alpha x_{t-2} + (1-\alpha)S_{t-3}^{(1)}]\\&= \alpha x_t + \alpha(1-\alpha)x_{t-1} + \alpha(1-\alpha)^2 x_{t-2} + \cdots +\\&\quad \alpha(1-\alpha)^{t-1}x_1 + (1-\alpha)^t S_0^{(1)}\end{aligned}$$

因为 $(1-\alpha) < 1$，当 $t \to \infty$ 时，$(1-\alpha)^t \to 0$，则有：

$$S_t^{(1)} = \alpha x_t + \alpha(1-\alpha)x_{t-1} + \alpha(1-\alpha)^2 x_{t-2} + \cdots + \alpha(1-\alpha)^{t-1}x_1 \quad (11.23)$$

可见，一次指数平滑法有如下特点：

(1) 指数平滑法是以首项系数为 α，公比为 $(1-\alpha)$ 的等比数列作为权数的加权平均法。在平滑过程中，越接近预测期的权数越大，而越远离预测期的权数越小，体现了"近重远轻"的赋权原则。

(2) 各权数之和为1。

即

$$\sum \omega_i = 1$$

$$\begin{aligned}\sum \omega_i &= \alpha + \alpha(1-\alpha) + \alpha(1-\alpha)^2 + \cdots + \alpha(1-\alpha)^{t-1}\\&= \alpha[1 + (1-\alpha) + (1-\alpha)^2 + \cdots + (1-\alpha)^{t-1}]\\&= \alpha\left[\frac{1-(1-\alpha)^t}{1-(1-\alpha)}\right]\\&= 1 - (1-\alpha)^t\end{aligned}$$

因为 $0 \le \alpha \le 1$，当 $t \to \infty$ 时，$\lim[1-(1-\alpha)^t] = 1$。

(3) 在指数平滑法递推公式(11.22)中，令误差 $e_t = x_t - F_t$，即下一期预测值等于本期预测值加本期误差值 e_t 的 α 倍。若将 $e_t = x_t - F_t$ 代入式(11.22)，有：

$$F_{t+1} = F_t + \alpha e_t$$

所以，一次指数平滑预测法的实质是：新的预测值 (F_{t+1}) 是在原预测值 (F_t) 的基础上，再对原预测误差 (e_t) 进行 α 倍的修正。

(4) 指数平滑的修匀效果。与移动平均法一样，指数平滑法对时间序列数据也具有修匀作用。所不同的是：移动平均法的修匀效果取决于跨越期 n 的大小，n 大则修匀效果明显；反之，n 小则修匀效果就差些。而指数平滑法的修匀效果则取决于平滑指数 α 的大小，α 越小，则修匀效果越明显；反之，α 越大，则修匀程度就越差。因此，可将指数平滑法看做一种滤波器，通过调整阈值 α 的大小，将原时间序列数据按时间顺序输入此滤波器，则此滤波器的输出即为原时间序列数据的指数平滑值。阈值 α 调得越小，则滤波能力越强，修匀效果越好，反之亦然。

(三) 平滑指数 α 的选择

在指数平滑法中，平滑指数 α 的选择尤为重要。α 取值的大小直接影响着在新的预测值中，新数据与原预测值各占的份额。α 值越大，则新数据所占的份额就越大，而原预测值所占的份额相应减少；反之亦然。因此，在短期预测时，希望能尽快地反映观察值的变化，这就要求提高 α 值；但另一方面若又希望能较好地排除季节波动对时间序列的干扰，借以平滑随机误差的影响，又要求降低 α 值。然而，鱼与熊掌不能兼得，对上述互相矛盾的要求，只能采取折中的办法予以探讨。

就一般而言，α 取值的大小主要取决于预测目的。如果指数平滑预测法的目的在于用新的指数平滑的平均数去反映时间序列中所包含的长期趋势，则应取较小的 α 值，如取 $\alpha = 0.1 \sim 0.3$，即可将季节波动的影响、不规则变动的影响大部分予以消除；如果指数平滑预测法的目的在于使新的平滑值能敏感地反映最新观察值的变化，则应取较大的 α 值，如取 $\alpha = 0.6 \sim 0.8$，使预测模型的灵敏度得以提高，以便迅速地跟踪新观察值的变化。在实际应用中，也与移动平均预测法相似，也是通过几个不同 α 值进行试算，看哪个预测误差小，就取之。

(四) 初始值的确定

一次指数平滑预测法，除了选择合适的 $V_3^{(1)} = p_{31}r_{31} + p_{32}r_{32} + p_{33}r_{33}$ 值外，还要确定一次指数平滑法的初始值 $S_0^{(1)}$。$S_0^{(1)}$ 的确定一般由预测者根据个人经验主观指定或简单估算而定之。当时间序列的数据资料较多时，如 $n \geq 10$，这时初始值对以后预测值的影响甚小，可直接选用第一期实际观察值作为初始值；反之，如果时间序列的数据资料较少，如 $n < 10$，则因初始值对以后预测值的影响较大，这时一般采用最初几期的实际值的算术平均数作为初始值。

二、二次指数平滑法

(一) 二次指数平滑法原理

与一次移动平均法类似，用一次指数平滑法进行预测时，也存在滞后偏差问题，因此，也需要进行修正。二次指数平滑法的滞后偏差的修正方法，也与一次移动平均法相类似，即在一次指数平滑法的基础上，再进行第二次指数平滑，并根据一次、二次的最后一项的指数平滑值，建立直线趋势预测模型，并用之进行预测的方法，称为二次指数平滑预测法。

(二) 二次指数平滑值计算方法

二次指数平滑法的基本公式为

$$S_t^{(2)} = \alpha S_t^{(1)} + (1 - \alpha) S_{t-1}^{(2)} \tag{11.24}$$

式中　$S_t^{(2)}$——第 t 期的二次指数平滑值；

$S_t^{(1)}$——第 t 期的一次指数平滑值；

$S_{t-1}^{(2)}$——第 $t - 1$ 期的二次指数平滑值；

α——平滑指数，且 $0 \leq \alpha \leq 1$。

二次指数平滑预测模型为

$$\hat{y}_{t+T} = a_t + b_t T \tag{11.25}$$

式中

$$a_t = 2S_t^{(1)} - S_t^{(2)} \tag{11.26}$$

$$b_t = \frac{\alpha}{1 - \alpha}(S_t^{(1)} - S_t^{(2)}) \tag{11.27}$$

式中　$\hat{y}_{t+T}$——第 $t + T$ 期的预测值；

t——预测模型所处的当前时期；

T——预测模型所处的当前期与预测期之间的间隔期；

a_t, b_t——预测模型的待定系数。

(三)二次指数平滑法预测步骤

【例 11.8】 某公司 2001～2015 年销售收入 y_t 如表 11.10 所示,应用二次指数平滑法预测 2016,2018 年的销售收入各为多少万元?

表 11.10　某公司 2001～2015 年销售收入及二次指数平滑法计算表　　单位:万元

年份	t	y_t	$S_t^{(1)}$	$S_t^{(2)}$	a_t	b_t	$\hat{y}_t$
2001	1	676	676	676	676.0	0	—
2002	2	825	720.7	689.4	652.0	13.4	676.0
2003	3	774	736.7	703.6	769.8	14.2	765.4
2004	4	716	730.5	711.7	749.3	8.1	784.0
2005	5	940	793.3	736.2	850.4	24.5	757.4
2006	6	1 159	903.0	786.2	1 019.8	50.1	874.9
2007	7	1 384	1 047.3	864.5	1 230.1	78.3	1 069.9
2008	8	1 524	1 190.3	962.3	1 418.3	97.7	1 308.4
2009	9	1 468	1 273.6	1 055.7	1 491.5	93.4	1 516.0
2010	10	1 688	1 391.9	1 156.5	1 627.3	100.9	1 584.9
2011	11	1 958	1 561.8	1 278.1	1 845.5	121.6	1 728.2
2012	12	2 031	1 702.5	1 405.4	1 999.6	127.3	1 967.1
2013	13	2 234	1 862.0	1 542.4	2 181.6	137.0	2 126.9
2014	14	2 566	2 073.2	1 701.6	2 444.8	159.3	2 318.6
2015	15	2 820	2 297.2	1 880.3	2 714.1	178.7	2 604.1

解　(1)确定初始值。假设 $S_0^{(1)} = S_0^{(2)} = y_1 = 676$。

(2)选定平滑系数。假设 $\alpha = 0.3$。

(3)计算一次、二次指数平滑值 $S_t^{(1)}, S_t^{(2)}$,并将结果填入表 11.10 中。

(4)计算待定系数,建立预测模型。

$$a_t = 2S_{15}^{(1)} - S_{15}^{(2)} = 2 \times 2\ 297.2 - 1\ 880.3 = 2\ 714.1$$

$$b_t = \frac{\alpha}{1-\alpha}(S_{15}^{(1)} - S_{15}^{(2)}) = \frac{0.3}{1-0.3} \times (2\ 297.2 - 1\ 880.3) = 178.7$$

于是,预测模型为

$$\hat{y}_{2015+T} = 2\ 714.1 + 178.7T \qquad (11.28)$$

$$\hat{y}_{2016} = 2\ 714.1 + 178.7 \times 1 = 2\ 892.8(万元)$$

$$\hat{y}_{2018} = 2\ 714.1 + 178.7 \times 3 = 3\ 250.2(万元)$$

即 2016,2018 年的销售收入的预测值分别为 2 892.8 万元、3 250.2 万元。

需要指出的是:二次指数平滑预测法适用于具有线性趋势数据的处理分析。

为了计算 2001～2015 年各期预测值(即内插值),可分别用 $t = 1, 2, \cdots, 15$ 代入式(11.28)即可。

或 $T = 1$ 时,

$$\hat{y}_{t+1} = (2S_t^{(1)} - S_t^{(2)}) + \frac{\alpha}{1-\alpha}(S_t^{(1)} - S_t^{(2)})$$

$$= (2 + \frac{\alpha}{1-\alpha})S_t^{(1)} - (1 + \frac{\alpha}{1-\alpha})S_t^{(2)}$$

$$= \left(1 + \frac{1}{1-\alpha}\right)S_t^{(1)} - \left(\frac{1}{1-\alpha}\right)S_t^{(2)} \tag{11.29}$$

将 $t = 1,2,\cdots,15$ 代入式(11.28),也可求出各自的内插值。

例:当 $t = 15$ 时

$$\hat{y}_{15} = \hat{y}_{14+1} = \left(1 + \frac{1}{1-0.3}\right)S_{14}^{(1)} - \left(\frac{1}{1-0.3}\right)S_{14}^{(2)}$$

$$= \left(1 + \frac{1}{0.7}\right) \times 2\,073.2 - \left(\frac{1}{0.7}\right) \times 1\,701.6$$

$$= 2\,604.1$$

依此类推,将计算的内插值填入表 11.10 中。

三、三次指数平滑法

(一) 三次指数平滑法原理

当时间序列的数据资料呈二次曲线变动趋势时,就应采用三次指数平滑法。与二次指数平滑法相类似,三次指数平滑法是在二次指数平滑的基础上,再进行第三次指数平滑。三次指数平滑值的计算公式为

$$\left.\begin{array}{l} S_t^{(1)} = \alpha x_t + (1-\alpha)S_{t-1}^{(1)} \\ S_t^{(2)} = \alpha S_t^{(1)} + (1-\alpha)S_{t-1}^{(2)} \\ S_t^{(3)} = \alpha S_t^{(2)} + (1-\alpha)S_{t-1}^{(3)} \end{array}\right\} \tag{11.30}$$

式中 $S_t^{(3)}$ —— 第 t 期三次指数平滑值。

(二) 三次指数平滑法的预测模型

$$\hat{y}_{t+T} = a_t + b_t T + c_t T^2 \tag{11.31}$$

式中 a_t, b_t, c_t 为三次指数平滑法的待定系数。其中:

$$a_t = 3S_t^{(1)} - 3S_t^{(2)} + S_t^{(3)} \tag{11.32}$$

$$b_t = \frac{\alpha}{2(1-\alpha)^2}[(6-5\alpha)S_t^{(1)} - 2(5-4\alpha)S_t^{(2)} + (4-3\alpha)S_t^{(3)}] \tag{11.33}$$

$$c_t = \frac{\alpha}{2(1-\alpha)^2}[S_t^{(1)} - 2S_t^{(2)} + S_t^{(3)}] \tag{11.34}$$

三次指数平滑法预测实例参考其他书籍。

第五节 季节分析预测法

季节分析预测法,又称季节变动预测法,是根据历史数据中所包含的季节变动规律性,对预测目标的未来状况做出预测的方法。本节主要介绍季节分析的一般问题、水平型和趋势型季节变动指标的测算及其在预测中的应用。

一、季节变动的特点和衡量指标

(一) 季节分析及其特点

季节分析是指许多经济现象受自然因素和消费习惯、风俗习惯等社会因素的影响,在一年内随着季节的更换而发生有规律性的变动。市场上一些商品具有季节生产、常年消费的特点,如粮食、棉花、茶叶等农产品;一些商品则具有常年生产、季节消费的特点,如电风扇、空调器、汗衫、绒线等;还有一些商品则是季节生产、季节消费,如冷饮、月饼等。虽然不同商品具有各自的季节变动分析状态,但其共同特点是:季节分析的循环周期为一年,而且在一年中随着季节的更替呈现有规律的变动。

(二) 季节分析的衡量指标

一般地说,预测人员凭经验或者把历年各季(或各月)的数据描在直角坐标上,就不难判定某种商品是否具有季节变动趋势,但只凭这些直观的方法难以测算季节变动幅度的大小,因此,需要有一定的衡量指标。季节变动的衡量指标主要有:季节指数、季节变差和季节比重,尤以前两种方法更为常用。

为方便起见,下面的讨论都对"季"进行,显然这些讨论对"月"也同样适用。

1. 季节指数

季节指数是一种以相对数表示的季节变动衡量指标。因为只根据一年或两年的历史数据计算而得的季节变动指标往往含有很大的随机波动因素,故在实际预测中通常需要掌握和运用三年以上的分季历史数据。

如果以年为间隔期的历史数据是水平型的,季节指数的计算公式则为

$$季节指数(\%) = \frac{历年统计平均数}{全时期总平均数} \times 100\% \tag{11.35}$$

如果以年为间隔期的历史数据是趋势型的,则季节指数的计算公式为

$$季节指数(\%) = \frac{历年同季平均数}{趋势值} \times 100\% \tag{11.36}$$

全年4个季度的季节指数之和为400%,4个季度季节指数平均数为100%。季节变动表现为各季的季节指数围绕着100%上下波动,表明各季变量与全年平均数的相对关系。如某种商品第一季度的季节指数为125%,这表明该商品第一季度的变量通常高于年平均数25%,属旺季,若第三季度的季节指数为73%,则表明该商品第三季度的变量通常低于年平均数27%,属淡季。

2. 季节变差

季节变差是以绝对数表示的季节变动衡量指标。其计量单位与历史数据的计量单位相同。

如果以年为间隔期的历史数据呈水平型,则季节变差的计算公式为

$$季节变差 = 历年同季平均数 - 全时期总平均数 \tag{11.37}$$

如果以年为间隔期的历史数据呈趋势型,则季节变差的计算公式为

$$季节变差 = 历年同季平均数 - 趋势值 \tag{11.38}$$

一年中各季的季节变差之和为零,如果某季的季节变差大于零,则表明该季的变量高于平均数,属旺季;反之,则属淡季。

3. 季节比重

季节比重也是以百分比表示的相对数,它是对历年同季季节比例(季实际值占全年总值的比例)加以平均的结果,也是衡量季节变动规律的一个重要指标。其计算公式为

$$季节比重(\%) = 历年同季季节比例之和 / 年份数 \quad (11.39)$$

1年中各季的季节比重之和为100%,平均每季季节比重为25%,如果某季的季节比重大于25%,则表明该季的变量高于平均数,属旺季;反之,则属淡季。

某季旺季或淡季的程度决定于以上三种季节变动指标的相对数或绝对数的大小。

(三) 季节变动分析的意义

由于受季节变动影响,工商企业的生产、销售、采购、储运等生产经营活动也具有季节性,因此,掌握商品季节变动的规律性,并据以科学地制定生产经营决策,这对提高企业的经济效益和社会效益具有十分重要的意义。

第一,研究季节变动规律,有利于工商企业合理编制分季业务计划,并按业务需要筹集资金,用好用活资金,以减少利息费用,提高经济效益。

第二,研究季节变动规律,有利于工业企业在生产旺季来临前积极采购原材料和其他生产要素,以保证旺季生产的需要,在生产淡季有计划安排机器设备的维修和新设备的安装,以提高生产效率。

第三,研究季节变动规律,有利于流通企业及时组织货源,保证供应,防止商品积压或脱销,为制定科学的进货决策和库存决策提供依据。

季节变动预测法的前提是掌握季节变动规律,并假定这种规律会延伸到预测期,但事实上,季节变动规律并不是一成不变的,由于受气候条件、国家政策等因素影响,特定年份的季节变动往往会有一定的随机性,这就要求预测人员灵活运用季节变动预测法,尽可能把影响季节变动的多种因素考虑进去。如根据历年季节变动规律,家用空调器在7月份应进入销售旺季,而2012年7月多雨,气候偏冷,家用空调器促销较慢,8月份持续高温,消费者争相购买空调器,根据这一旺季滞后的特点,有关企业应适时调整原来的生产经营计划,以适应季节变动的新情况。

二、水平型季节分析预测法

水平型季节分析是指以年为间隔单位的历史数据在总体上是呈水平发展的,不包含趋势变动因素,只含季节变动因素和不规则因素。水平型季节分析预测法就是通过平均来消除不规则因素,然后计算出季节指数、季节变差和季节比重等指标,以反映季节变动的规律性,并据以进行预测的方法。它分为季节指数预测法、季节变差预测法和季节比重预测法。

(一) 季节指数预测法

1. 季节指数的计算方法

计算季节指数的常用方法主要有按季平均法和全年比率平均法两种,现分述如下:

(1) 按季平均法。这是一种以历年同季平均数和全时期(所有年份)季总平均数的比值来确定季节指数的方法。

下面以例11.9来说明按季平均法的计算步骤。

【例11.9】 近年来某百货商店纺织商场的销售额大幅度上升,2015年销售额达3亿多

元,比 2011 年增长 85.96%。但随着人民生活水平的提高和消费习惯的变化。购买成衣的消费者日益增多,从而使化纤棉布的需求呈水平型发展,该店纺织商场 2011～2015 年分季销售额资料如表 11.11 第(2)至(5)栏所示,试用按季平均法测算季节指数。

表 11.11 按季平均法求季节指数计算表   单位:万元

年份季度(1)	一季度(2)	二季度(3)	三季度(4)	四季度(5)	合计(6)	全年平均(7)
2011	354.94	370.18	312.08	352.16	1 389.36	347.34
2012	338.96	457.59	269.26	442.12	1 507.93	376.98
2013	432.97	398.5	317.83	467.42	1 616.72	404.18
2014	368.58	416.18	216.55	390.29	1 391.60	347.90
2015	354.42	415.72	186.53	356.21	1 312.88	328.22
合计	1 849.87	2 058.17	1 302.25	2 008.20	7 218.49	1 804.62
季平均数	369.97	411.63	260.45	401.64	1 443.69	360.92
季节指数/%	102.51	114.05	72.16	111.28	400.00	100.00

解 其测算步骤是:

① 计算历年同季的合计数和平均数,分别填入表 11.11 中第 8 行和第 9 行。

② 计算全时期(20 个季)的季平均数。

即

$$\frac{7\ 218.49}{20} \approx 360.92$$

或

$$\frac{1\ 443.69}{4} \approx 360.92$$

③ 根据公式(11.35)计算各季的季节指数,填入表 11.11 中最后一行。

如第一季度的季节指数为

$$\frac{\text{历年第一季度平均数}}{\text{全时期总平均数}} \times 100\% = \frac{369.97}{360.92} \times 100\% \approx 102.51\%$$

其余类推。

(2) 全年比率平均法。这是一种将历年各季数据同相应年份全年平均数之间的比率加以平均来确定季节指数的方法。现举例说明。

【例 11.12】 以例 11.11 中 2011～2015 年分季销售额资料,试用全年比率平均法测算季节指数。

解 列全年比率平均法求季节指数计算表(见表 11.12)。其测算步骤是:

① 计算历年各季的比率,填入表 11.12 中第(2)至(5)栏。计算公式为

$$\text{历年各季的比率}(\%) = \frac{\text{各季的数值}}{\text{相应年全年季平均数}} \times 100\%$$

如根据表 11.11,2011 年第一季度销售额为 354.94 万元,2011 年全年季平均数为 347.34 万元,则 2011 年一季度比率为:354.94/347.34 × 100% ≈ 102.19%,其余类推。

表 11.12　全年比率平均法求季节指数计算表　　　　　　　单位:%

年份\季度	一季度	二季度	三季度	四季度	全年平均
(1)	(2)	(3)	(4)	(5)	(6)
2011	102.19	106.58	89.85	101.39	100.00
2012	89.91	121.38	71.43	117.28	100.00
2013	107.12	98.59	78.64	115.65	100.00
2014	105.94	119.63	62.24	112.18	100.00
2015	107.98	126.66	56.83	108.53	100.00
合计	513.14	572.84	358.99	555.03	500.00
季节指数(平均数)	102.63	114.57	71.80	111.01	100.00

② 计算历年同季季节比率的合计数,填入表 11.12 中第 8 行。
③ 计算各季季节指数,填入表 11.12 中最后一行。其计算公式为

$$各季季节指数(\%) = \frac{历年同季季节比率之和}{年份数} \times 100\%$$

如一季度的季节指数为 $\frac{513.14\%}{5} \approx 102.63\%$,其余类推。

比较用按季平均法和全年比率平均法的计算结果,两者求得的季节指数比较相近。由于按季平均法计算较简便,因此,在实践中经常采用这种方法计算季节指数。

我们将利用按季平均法求得的季节指数绘成季节变动曲线图(见图 11.1)。

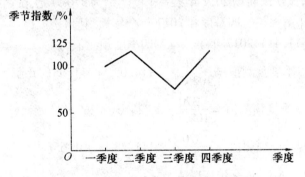

图 11.1　某纺织商场销售额季节变动图

由图 11.1 可直观地掌握近年来该纺织商场销售额的季节变动基本规律:第一季度接近于全年季平均数水平,第二、四季度为销售旺季,分别高于季平均数的 14.05% 和 11.28%,第三季度为销售淡季,低于季平均数的 27.84%。

2. 利用季节指数进行预测

季节指数是反映季节变动规律的一个重要指标,利用季节指数进行预测就是根据从历史数据中找出的规律性对预测期进行季度的近期预测,它主要适用于以下两种情况:

(1) 已知预测目标全年预测值,利用季节指数计算该年各季的预测值。其计算公式为

$$某季预测值 = \frac{年预测值}{4} \times 该季季节指数 \qquad (11.40)$$

式(11.40) 的含义是:(年预测值 ÷ 4) 即为年预测值的季平均数,若某商品没有季节波

动,即为季预测值;当存在季节波动时,若某季季节指数大于100%,则该季预测值高于季平均数;反之,若某季季节指数小于100%,则该季预测值必然低于季平均数。这就在季预测值中体现了季节变动因素。

【例 11.13】 若该纺织商场预测2017年销售额为1 444.17万元,试用按季平均法求得季节指数预测2017年各季销售额。

解 根据式(11.40),2017年各季的预测值分别为

$$一季度预测值 = \frac{1\ 444.17}{4} \times 102.51\% \approx 370.10(万元)$$

$$二季度预测值 = \frac{1\ 444.17}{4} \times 114.05\% \approx 411.77(万元)$$

$$三季度预测值 = \frac{1\ 444.17}{4} \times 72.16\% \approx 260.53(万元)$$

$$四季度预测值 = \frac{1\ 444.17}{4} \times 111.28\% \approx 401.77(万元)$$

可以验证各季预测值之和为全年预测值1 444.17万元。

(2)已知某季实际值,利用季节指数测算未来各季和全年预测值。其计算公式为

$$未来季预测值 = \frac{某季实际值}{该季季节指数} \times 未来季季节指数 \qquad (11.41)$$

$$全年预测值 = \frac{某季实际值}{该季季节指数} \times 全年季节指数之和 \qquad (11.42)$$

公式(11.41)的含义是:某季实际值/该季季节指数为全年季平均数,以此乘以未来季季节指数,即将季节波动因素体现于各预测值之中。

【例 11.14】 若该纺织商场2017年第一季度实绩为370万元,试用按季平均法求得的季节指数测算2017年第二、三、四季度和2017年全年预测值。

解 根据公式(11.41),2017年第二、三、四季度预测值为

$$二季度预测值 = \frac{370}{102.51} \times 114.05 \approx 411.65(万元)$$

$$三季度预测值 = \frac{370}{102.51} \times 72.16 \approx 260.45(万元)$$

$$四季度预测值 = \frac{370}{102.51} \times 111.28 \approx 401.65(万元)$$

根据公式(11.42),2017年全年预测值为

$$2017年全年预测值 = \frac{370}{102.51} \times 400 \approx 1\ 443.76(万元)$$

(二)季节变差预测法

1. 季节变差的计算方法

像计算季节指数一样,我们也可以用按季平均法计算季节变差,它是一种以历年同季平均数和全时期总平均数的差值确定季节变差的方法。现以例11.15来说明季节变差的计算方法。

【例 11.15】 仍以例11.9中该纺织商场2011~2015年分季销售额资料,用按季平均法计算季节变差。

解 列季节变差计算表(见表11.13)。其计算步骤是:

(1) 同季的合计数和平均数,分别填入表 11.13 中第 8 行和第 9 行。

(2) 计算全时期 20 个季的季平均数,即 $\frac{7\,218.49}{20} \approx 360.92$。

以上两个步骤与前面按季平均法求季节指数完全相同。

(3) 根据公式(11.37)计算各季季节变差,填入表 11.13 最后一行。如第一季度季节变差为

历年第一季度平均数 − 全时期平均数 = 369.97 − 360.92 = 9.05(万元)

其余类推。

表 11.13 季节变差计算表   单位:万元

年份\季度	一季度	二季度	三季度	四季度	合计
(1)	(2)	(3)	(4)	(5)	(6)
2011	354.94	370.18	312.08	352.16	1 389.36
2012	338.96	457.59	269.26	442.12	1 507.93
2013	432.97	398.50	317.83	467.42	1 616.72
2014	368.58	416.18	216.55	390.29	1 391.60
2015	354.42	415.72	186.53	356.21	1 312.88
合计	1 849.87	2 058.17	1 302.25	2 008.20	7 218.49
季平均数	369.97	411.63	260.45	401.64	360.92
季节变差	9.05	50.17	−100.47	40.72	0

从季节指数和季节变差的计算可见,季节指数是历年同季平均数和全时期季平均数的比率,而季节变差则是两者的差值,因此,这两个指标分别从相对数和绝对数的角度反映了季节变动规律。

2. 利用季节变差进行预测

(1) 已算出全年预测值,利用季节变差测算该年各季的预测值。其公式为

$$某季预测值 = \frac{年预测值}{4} + 该季季节变差 \tag{11.43}$$

【例 11.16】 若该纺织商场预测 2017 年销售额为 1 444.17 万元,试以例 11.15 所求得的季节变差预测 2017 年各季的销售额。

解 根据公式(11.43),2017 年各季的预测值分别为

$$一季度预测值 = \frac{1\,444.17}{4} + 9.05 \approx 370.09(万元)$$

$$二季度预测值 = \frac{1\,444.17}{4} + 50.71 \approx 411.75(万元)$$

$$三季度预测值 = \frac{1\,444.17}{4} - 100.47 \approx 260.57(万元)$$

$$四季度预测值 = \frac{1\,444.17}{4} + 40.72 \approx 401.76(万元)$$

(2) 已知某季实际值,利用季节变差测算未来各季预测值和全年预测值。其计算公

式为

$$某季预测值 = 季平均值 + 预测季季节变差 = (某季实际值 - 该季季节变差) + 预测季季节变差 \quad (11.44)$$

$$全年预测值 = 季平均值 \times 4 = (某季实际值 - 该季季节变差) \times 4 \quad (11.45)$$

【例11.17】 为便于比较,仍假设该纺织商场2017年第一季度实绩为370万元,试用例11.15所求得的季节变差测算2017年第二、三、四季度和2017年全年预测值。

解 根据公式(11.44),2017年第二、三、四季度预测值为

二季度预测值 = 370 - 9.05 + 50.71 = 411.66(万元)

三季度预测值 = 370 - 9.05 - 100.47 = 260.48(万元)

四季度预测值 = 370 - 9.05 + 40.72 = 401.67(万元)

根据公式(11.44),2017年全年预测值为

2017年全年预测值 = (370 - 9.05) × 4 = 1 443.80(万元)

(三)季节比重预测法

1. 季节比重的计算方法

季节比重是历年同季季节比例的平均数。现以例11.18来说明季节比重的计算方法。

【例11.18】 仍用例11.9中2011~2015年分季销售额资料,试计算各季季节比重。

解 列季节比重计算表(见表11.14),其计算步骤是:

(1) 计算历年各季占全年的比例,填入表11.14中第(2)至(5)栏。

其计算公式为

$$历年某季的比例(\%) = \frac{历年某季的实际值}{该年全年实际值} \times 100\%$$

如2011年一季度的比例为:$\frac{354.94}{1\,389.36} \times 100\% \approx 25.55\%$,其余类推。

表11.14 季节比重计算表   单位:%

年份＼季度	一季度	二季度	三季度	四季度	合计
(1)	(2)	(3)	(4)	(5)	(6)
2011	25.55	26.64	22.46	25.35	100.00
2012	22.48	30.35	17.86	29.31	100.00
2013	26.78	24.65	19.66	28.91	100.00
2014	26.49	29.91	15.55	28.05	100.00
2015	27.00	31.66	14.21	27.13	100.00
合计	128.30	143.21	89.74	138.75	500.00
季平比重	25.66	28.64	17.95	27.75	100.00

(2) 计算历年同季比率的合计数,填入表11.14中第8行。

(3) 根据公式(11.39)计算各季季节比重,填入表11.14中最后一行。

如第一季度季节比重为

$$\frac{历年第一季度季节比例之和}{年份数} = 128.30\%/5 \approx 25.66\%$$

其余类推。

2. 利用季节比重进行预测

(1) 已算出预测目标全年预测值,利用季节比重测算该年各季的预测值。其计算公式为

$$\text{某季预测值} = \text{年预测值} \times \text{该季季节比重} \tag{11.46}$$

【例 11.19】 用例 11.16 资料,若该纺织商场 2017 年销售额预测值为 1 444.17 万元,以例 11.18 求得的季节比重预测 2017 年各季的销售额。

解 根据公式(11.46),2017 年各季预测值分别为

一季度预测值 = 1 444.17 × 25.66% ≈ 370.57(万元)
二季度预测随 = 1 444.17 × 28.64% ≈ 431.61(万元)
三季度预测值 = 1 444.17 × 17.95% ≈ 259.23(万元)
四季度预测值 = 1 444.17 × 27.75% ≈ 400.76(万元)

由例 11.19 可见,已知全年预测值,利用季节比重测算各季预测值,实质上就是根据季节变动规律将全年预测值按比例分摊到各季作为季预测值。因此,各季预测值之和等于全年预测值,如本例中 4 个季度预测值之和为

$$370.57 + 413.61 + 259.23 + 400.76 = 1\,444.17(\text{万元})$$

(2) 已知某季实际值,利用季节比重测算未来各季预测值和全年预测值。

其计算公式为

$$\text{未来季预测值} = \frac{\text{该季实际值}}{\text{该季季节比值}} \times \text{未来季季节比重} \tag{11.47}$$

$$\text{全年预测值} = \frac{\text{某季实际值}}{\text{该季季节比值}} \tag{11.48}$$

【例 11.20】 仍设该纺织商场 2017 年第一季度实绩为 370 万元,试用例 11.18 求得的季节比重测算 2017 年第二、三、四季度和 2017 年全年预测值。

解 根据公式(11.47),2017 年第二、三、四季度预测值为

$$\text{二季度预测值} = \frac{370}{25.66} \times 28.64 \approx 412.97 \,(\text{万元})$$

$$\text{三季度预测值} = \frac{370}{25.66} \times 17.59 \approx 258.83 \,(\text{万元})$$

$$\text{四季度预测值} = \frac{370}{25.66} \times 25.75 \approx 400.14 \,(\text{万元})$$

根据公式(11.48),2017 年全年预测值为

$$\frac{370}{25.66} \times 100 \approx 1\,441.93(\text{万元})$$

为便于比较,以上我们运用相同的背景资料分别讨论了 3 种季节变动预测法,比较各种预测方法所得结果,我们不难发现,在已知条件相同的情况下,运用这 3 种方法所得的预测结果相差不大,这说明三种预测方法具有异曲同工之效,因此,预测人员可以根据自己的特点选择某一种方法进行预测。但以上 3 种方法只适用于水平型季节变动状况的预测。

第六节 马尔可夫预测法

马尔可夫是俄国著名的数学家(1856—1922),马尔可夫过程是以马尔可夫的名字命名

的一种特殊的事物发展过程,马尔可夫过程主要用于对企业产品的市场占有率的预测。本节将介绍有关马尔可夫过程的一些最基本的概念及其在市场占有率预测中的应用。

一、马尔可夫过程及相关概念

我们知道,事物的发展状态总是随着时间的推移而不断变化。对于有些事物的发展,我们需要综合考察其过去与现在的状态,才能预测未来。例如,根据2011年全国百家最佳经济效益百货零售企业的评定结果,前16名企业如表11.15所示。

看了上述资料,不少人可能会怀疑安徽铜陵市百货商场今后是否还能拿第一名或名列前茅,因为大家对这家企业的过去情况很陌生。相反,大家对上海市华联商厦今后能继续名列前茅没有什么疑问,因为大家从过去的报道中早已知道,这是一家经济效益很好的企业。

表11.15 2011年度全国16家最佳经济效益百货零售企业

位次	企业名称	资金利税率/%
1	百联集团有限公司	110.34
2	北京国美电器有限公司	97.37
3	苏宁电器集团	94.55
4	大商集团股份有限公司	89.93
5	北京华联集团投资控股有限公司	82.98
6	物美控股集团有限公司	80.62
7	苏果超市有限公司	76.15
8	农工商超市有限公司	74.71
9	家乐福(中国)管理咨询服务有限公司	73.70
10	上海永乐家用电器有限公司	73.05
11	重庆商社有限公司	69.81
12	江苏五星电器有限公司	69.67
13	中国百胜餐饮集团	68.88
14	山东三联集团有限责任公司	68.82
15	好又多商业发展集团公司	68.17
16	华润万家有限公司	67.41

从上面的例子可以看到人们要预测事物发展的未来状态,不但要看现在的状态,还要看过去的状态。像这种事物发展的过程,就不是马尔可夫过程。马尔可夫过程的特征是:当事物的现在状态为已知时,人们就可以预测将来的状态而不需要知道事物的过去状态。下面我们也举一例说明。

设在图11.2中,一只中国象棋中的"马"原先位于"1"处,现在它已沿着1—2—3—4的路线运动到"4"处。显然,为了预测这只马未来的位置,我们只要知道它现在位于"4"处就行了。至于它以前位于何处,对我们的预测并不需要。事实上,从"马"现在位于"4"处这一事实,我们已经可以预测出其下一个位置将是"3"或"5",而不需要知道马以前处于什么

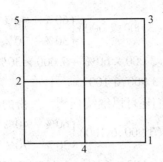

图 11.2　中国象棋中"马"的位置的无后效性

位置。像这种事物发展的未来状态只与现在有关而与过去无关的性质,称为"无后效性"。显然,这里的无后效性是指过去对未来无后效,而不是指现在对未来无后效。具有无后效性的事物的发展过程,称为马尔可夫过程。

我们可以用下面几句话来比较马尔可夫过程与非马尔可夫过程：

马尔可夫过程：立足现在,展望未来。

非马尔可夫过程：回顾过去,立足现在,展望未来。

二、转移概率与转移概率矩阵

1. 转移概率与转移概率矩阵的性质

假定某大学有 1 万学生,每人每月用一支牙膏,并且只使用"中华"牙膏与"黑妹"牙膏两者之一。根据本月（12 月）调查,有 3 000 人使用黑妹牙膏,7 000 人使用中华牙膏。又据调查,使用黑妹牙膏的 3 000 人中,有 60% 的人下月将继续使用黑妹牙膏,40% 的人将改用中华牙膏;使用中华牙膏的 7 000 人中,有 70% 的人将继续使用中华牙膏,有 30% 的人将改用黑妹牙膏。也就是说,有如表 11.16 所示的统计表。

表 11.16　两种牙膏之间的转移概率

现用＼拟用	黑妹牙膏	中华牙膏
黑妹牙膏	60%	40%
中华牙膏	30%	70%

表 11.16 中的 4 个概率称为状态的转移概率,而这 4 个概率组成

$$B = \begin{bmatrix} 60\% & 40\% \\ 30\% & 70\% \end{bmatrix}$$

称为转移概率矩阵。可以看到,转移概率矩阵的一个特点是其各行元素之和为 1。在本例中,其经济意义是：现在使用某种牙膏的人中,将来使用各种牌号牙膏的人数百分比之和为 1。

2. 用转移概率矩阵预测市场占有率的变化

有了转移概率,就可以预测到下个月（1 月份）,使用黑妹牙膏的人数为

$$3\,000 \times 60\% + 7\,000 \times 30\% = 3\,900(人)$$

使用中华牙膏的人数为

$$3\,000 \times 40\% + 7\,000 \times 60\% = 6\,100(人)$$

如果用向量与矩阵的乘法列式表示,上两式可合写为

$$(3\,000, 7\,000)\begin{bmatrix} 60\% & 40\% \\ 30\% & 70\% \end{bmatrix}$$

$$= (3\,000 \times 60\% + 7\,000 \times 30\%, 3\,000 \times 40\% + 7\,000 \times 70\%)$$

$$= (3\,900, 6\,100)$$

假定转移概率矩阵不变,我们还可以继续预测二月份的情况为

$$(3\,900, 6\,100)\begin{bmatrix} 60\% & 40\% \\ 30\% & 70\% \end{bmatrix}$$

$$= (3\,900 \times 60\% + 6\,100 \times 30\%, 3\,900 \times 40\% + 6\,100 \times 70\%)$$

$$= (4\,170, 5\,830)$$

上式可改写为

$$(3\,900, 6\,100)\begin{bmatrix} 60\% & 40\% \\ 30\% & 70\% \end{bmatrix}$$

$$= (3\,000, 7\,000)\begin{bmatrix} 60\% & 40\% \\ 30\% & 70\% \end{bmatrix}\begin{bmatrix} 60\% & 40\% \\ 30\% & 70\% \end{bmatrix}$$

$$= (3\,000, 7\,000)\begin{bmatrix} 60\% & 40\% \\ 30\% & 70\% \end{bmatrix}^2$$

即我们可以直接从 12 月份的情况计算 2 月份的情况。这里

$$\begin{bmatrix} 60\% & 40\% \\ 30\% & 70\% \end{bmatrix}^2$$

称为二步转移概率矩阵,即用 12 月份的情况通过 2 步转移到 2 月份的情况。二步转移概率矩阵正好是一步转移概率矩阵的平方。一般地,k 步转移概率矩阵正好是一步转移概率矩阵的 k 次方。可以证明,k 步转移概率矩阵中,各行元素之和也都为 1。

当然,矩阵的乘方的计算并无捷径。因此,从 12 月份的情况直接通过二步转移概率矩阵计算 2 月份的情况与先通过一步转移概率矩阵计算 1 月份的情况,再通过一步转移概率矩阵计算 2 月份的情况,两者的结果是完全一致的。但前者的表述比较简洁。

三、长期市场占有率预测

(一) 两种商品的长期市场占有率预测

在市场经济的条件下,各企业都十分注意扩大自己的市场占有率,因此,预测企业产品的市场占有率,就成为企业十分关心的问题。下面我们仍以牙膏的例子,来说明市场占有率的预测方法。为简单起见,仍假定市场上的牙膏只有 2 种牌号。但后面我们可以看到,市场占有率的预测可以很方便地从 2 种牌号推广到多种牌号。

市场占有率预测步骤如下:

1. 调查目前的市场占有率情况,得到市场占有率向量 A

首先,通过抽样调查,了解目前的市场占有率情况。通过对 10 000 名消费者的调查发现其中有 3 000 名用黑妹牙膏,7 000 名用中华牙膏。如果抽样调查的样本选取方式是合适的,即这 10 000 名消费者的情况代表了全部消费者的情况,则目前的市场占有率为黑妹牙膏 30%,中华牙膏 70%,即 $A = (0.3, 0.7)$。

2. 调查消费者的变动情况,计算转移概率矩阵 B

如前所述,我们已算出转移概率矩阵为

$$B = \begin{bmatrix} 0.6 & 0.4 \\ 0.3 & 0.7 \end{bmatrix}$$

3. 预测一月或数月后的市场占有率

1 个月后的市场占有率为

$$AB = (0.3, 0.7) \begin{bmatrix} 0.6 & 0.4 \\ 0.3 & 0.7 \end{bmatrix} = (0.39, 0.61)$$

2 个月后的市场占有率为

$$AB^2 = AB \cdot B = (0.39, 0.61) \begin{bmatrix} 0.6 & 0.4 \\ 0.3 & 0.7 \end{bmatrix} = (0.417, 0.583)$$

一般地，k 个月后的市场占有率为 AB^k。

4. 计算稳定后的市场占有率

设 $X = (x_1, x_2)$ 是稳定后的市场占有率，则 X 不随时间的推移而变化，即市场占有率处于动态平衡。这时，一步转移矩阵 B 对 X 不起作用，即有：

$$XB = X$$

详细地写出，即

$$(x_1, x_2) \begin{bmatrix} 0.6 & 0.4 \\ 0.3 & 0.7 \end{bmatrix} = (x_1, x_2)$$

即

$$(0.6x_1 + 0.3x_2, 0.4x_1 + 0.7x_2) = (x_1, x_2)$$

即

$$\begin{cases} 0.6x_1 + 0.3x_2 = x_1 & (1) \\ 0.4x_1 + 0.7x_2 = x_2 & (2) \end{cases}$$

由于 x_1 与 x_2 是两种牙膏的市场占有率，又由假定，市场上只有这两种牙膏，故

$$x_1 + x_2 = 1 \tag{3}$$

(1) ~ (3) 式组成一个联立方程组，但只含有 2 个未知数。这说明 3 个式子中有一个重复的。事实上，

从(1) 可得

$$0.4x_1 = 0.3x_2$$

从(2) 也可得

$$0.4x_1 = 0.3x_2$$

这说明(1) 与(2) 是等价的，只需任取其中之一与(3) 式联立即可。

解方程组

$$\begin{cases} 0.4x_1 + 0.7x_2 = x_2 \\ x_1 + x_2 = 1 \end{cases}$$

得

$$\begin{cases} x_1 = \dfrac{3}{7} \\ x_2 = \dfrac{4}{7} \end{cases}$$

这就是稳定后的两种牙膏的市场占有率。读者可以自己验证

$$\left(\frac{3}{7}, \frac{4}{7}\right) \begin{bmatrix} 0.6 & 0.4 \\ 0.3 & 0.7 \end{bmatrix} = \left(\frac{3}{7}, \frac{4}{7}\right)$$

即当市场占有率趋于稳定后，尽管对单个消费者来说，牌号的变换仍在进行，但从总体上看，不同牌号牙膏的市场占有率不再变化，达到了动态平衡。

（二）多种商品的长期市场占有率预测

上面的讨论中，我们假定市场上只有两种牌号的牙膏。但是，实际上销售的牙膏有十几种甚至几十种。因此，预测每种牙膏的市场占有率，需要十分繁复的计算。例如，当市场上的牙膏种类为20种时，转移概率矩阵将是一个 20×20 的矩阵，有400个元素。但是，如果我们仅对其中2种牌号——黑妹与中华的市场占有率感兴趣，则我们可以把其他牙膏都归入"其他"一类。这样，转移概率矩阵只是一个 3×3 的矩阵，如表11.17所示。

表11.17　整个牙膏市场归并后的 3×3 概率转移矩阵

现用＼拟用	黑妹牙膏	中华牙膏	其他牙膏
黑妹牙膏	b_{11}	b_{12}	b_{13}
中华牙膏	b_{21}	b_{22}	b_{23}
其他牙膏	b_{31}	b_{32}	b_{33}

显然，计算大大地简化了。

四、销售期望利润的预测

所谓期望利润是指商品市场上销售变动可带来的利润转变的概率平均值。为了对产品期望利润进行预测，就应该知道产品销售状态和转移概率矩阵以及状态转移所带来的利润变化。一般用正值表示盈利，用负值表示亏损。产品销售状态一般分为畅销、滞销两种，有时还可以分得更加具体：畅销、平销和滞销。我们知道，这些状态都是相对的，在实际问题中，必须确定它们的数量界限。同市场占有率的假定一样，仍假设状态满足系统的无后效性条件。这样，我们就可以由一步转移概率矩阵求得任何 m 步的转移概率矩阵。设概率矩阵和利润矩阵分别为 P 和 R

$$P = \begin{bmatrix} p_{11} & p_{12} & \cdots & p_{1n} \\ p_{21} & p_{22} & \cdots & p_{2n} \\ \cdots & \cdots & \cdots & \cdots \\ p_{n1} & p_{n2} & \cdots & p_{nn} \end{bmatrix}$$

$$R = \begin{bmatrix} r_{11} & r_{12} & \cdots & r_{1n} \\ r_{21} & r_{22} & \cdots & r_{2n} \\ \cdots & \cdots & \cdots & \cdots \\ r_{n1} & r_{n2} & \cdots & r_{nn} \end{bmatrix}$$

式中　p——从状态 i 到状态 j 的一步转移概率；

r——从状态 i 到状态 j 一步转移的累计利润；

$i = 1, 2, 3 \cdots, n; j = 1, 2, 3 \cdots, n; n =$ 状态数。

有了状态转移矩阵和利润矩阵，就可以计算从状态 i 经一步转移到其他状态所获得的

期望利润,其计算公式为

$$V_i = \sum_{j=1}^{n} p_{ij} r_{ij}$$

式中　p,r 分别为状态从 i 到 j 一步的转移概率和累计利润。

对于 n 步转移概率的总期望利润,可以用下面公式计算这是一递推公式:

$$V_i^{(k)} = \sum_{j=1}^{n} p_{ij} [r_{ij} + V_j^{(k-1)}]$$

式中　$V_j^{(k-1)}$ 表示 j 状态的 $m-1$ 步转移期望利润,$i = 1,2,\cdots,n$。

【例 11.23】　某种商品按一定准则将销售分为畅、滞两种状态,以 10 天为一时间单位的 200 天销售情况如表 11.18 所示。

表 11.18　销售情况

序号	1	2	3	4	5	6	7	8	9	10	11	12	13	14	15	16	17	18	19	20
状态	滞	滞	畅	畅	滞	畅	畅	滞	畅	畅	滞	滞	畅	畅	滞	畅	畅	滞	畅	畅

经以往统计其利润矩阵为

$$R = \begin{bmatrix} 4 & 2 \\ 2 & -1 \end{bmatrix}$$

问当前 10 天的期望利润,以及 30 天的期望利润是多少?

解　由表 11.18 可知,除最后 1 天外,畅销共 11 次,其中畅销连续出现次数 6 次,滞销转畅销共 6 次,故 $p = \dfrac{6}{11}$,畅销转滞销为 5 次,即 $p = \dfrac{5}{11}$。滞销共 8 次,滞销转畅销共 6 次,有 $p = \dfrac{6}{8}$,滞销转滞销共 2 次,有 $p = \dfrac{2}{8}$。因此,有概率转移矩阵:

$$p = \begin{bmatrix} \dfrac{6}{11} & \dfrac{5}{11} \\ \dfrac{3}{4} & \dfrac{1}{4} \end{bmatrix}$$

当前 10 天期望利润为

$$V_1^{(1)} = p_{11} r_{11} + p_{12} r_{12} = \frac{6}{11} \times 4 + \frac{5}{11} \times 2 = 3.09(万元)$$

$$V_2^{(1)} = p_{21} r_{21} + p_{22} r_{22} = \frac{3}{4} \times 2 + \frac{1}{4} \times (-1) = 1.25(万元)$$

20 天的期望利润为

$$V_1^{(2)} = p_{11}(r_{11} + V_1^{(1)}) + p_{12}(r_{12} + V_2^{(1)})$$

$$= \frac{6}{11} \times (4 + 3.09) + \frac{5}{11} \times (2 + 1.25) = 5.35(万元)$$

$$V_2^{(2)} = p_{21}(r_{21} + V_1^{(1)}) + p_{22}(r_{22} + V_2^{(1)})$$

$$= \frac{3}{4} \times (2 + 3.09) + \frac{1}{4} \times (-1 + 1.25) = 3.88(万元)$$

30 天的期望利润为

$$V_1^{(3)} = p_{11}(r_{11} + V_1^{(2)}) + p_{12}(r_{12} + V_2^{(2)})$$

$$= \frac{6}{11} \times (4 + 5.35) + \frac{5}{11} \times (2 + 3.88) = 7.77(万元)$$

$$V_2^{(3)} = p_{21}(r_{21} + V_1^{(2)}) + p_{22}(r_{22} + V_2^{(2)})$$

$$= \frac{3}{4} \times (2 + 5.35) + \frac{1}{4} \times (-1 + 3.88) = 6.23(万元)$$

下月如果处在畅销状态,一个月的期望利润值为 7.77 万元,如果处在滞销状态时,一个月的期望利润为 6.23 万元。

期望利润是概率意义上的利润平均值,可以作为企业财务和制定有关决策的根据,但它不是实际数据,要想使期望利润预测值更有价值,可以把产品销售状态分得更加细致一点,如下例所述。

【例 11.22】 对某种商品,将销售状态分为畅销、平销和滞销三种状态。过去 20 个月销售记录如表 11.19 所示。

表 11.19 销售情况

序号	1	2	3	4	5	6	7	8	9	10	11	12	13	14	15	16	17	18	19	20
状态	畅	平	滞	滞	平	平	畅	畅	畅	平	滞	滞	滞	平	滞	平	平	畅	畅	平

统计得到销路变化时利润变动矩阵为

$$R = \begin{bmatrix} 10 & 6 & 2 \\ 6 & 5 & 1 \\ 7 & 3 & -2 \end{bmatrix}$$

问当月的期望利润及两个月后的利润各为多少?

解 设状态 1 为畅销,状态 2 为平销,状态 3 为滞销,其计算过程仍依上例,可得到状态转移概率矩阵 P 为

$$P = \begin{bmatrix} 0.5 & 0.5 & 0 \\ \frac{2}{7} & \frac{2}{7} & \frac{3}{7} \\ 0 & 0.5 & 0.5 \end{bmatrix}$$

由此可得到当月的期望利润为

$$V_1^{(1)} = p_{11}r_{11} + p_{12}r_{12} + p_{13}r_{13}$$

$$= 0.5 \times 10 + 0.5 \times 6 + 0 \times 2 = 8(万元)$$

$$V_2^{(1)} = p_{21}r_{21} + p_{22}r_{22} + p_{23}r_{23}$$

$$= \frac{2}{7} \times 6 + \frac{2}{7} \times 5 + \frac{3}{7} \times 1 = 3.57(万元)$$

$$V_3^{(1)} = p_{31}r_{31} + p_{32}r_{32} + p_{33}r_{33}$$

$$= 0 \times 7 + 0.5 \times 3 + 0.5 \times (-2) = 0.5(万元)$$

下个月的期望利润为

$$V_1^{(2)} = p_{11}(r_{11} + V_1^{(1)}) + p_{12}(r_{12} + V_2^{(1)}) + p_{13}(r_{13} + V_3^{(1)})$$

$$= 0.5 \times (10 + 8) + 0.5 \times (6 + 3.5) + 0 \times (2 + 0.5) = 13.785(万元)$$

$$V_2^{(2)} = p_{21}(r_{21} + V_1^{(1)}) + p_{22}(r_{22} + V_2^{(1)}) + p_{23}(r_{23} + V_3^{(1)})$$

$$= \frac{2}{7} \times (6 + 8) + \frac{2}{7} \times (3 + 3.57) + \frac{3}{7} \times (1 + 0.5) = 7.091(万元)$$

$$V_3^{(2)} = p_{31}(r_{31} + V_1^{(1)}) + p_{32}(r_{32} + V_2^{(1)}) + p_{33}(r_{33} + V_3^{(1)})$$
$$= 0 \times (7+8) + 0.5 \times (3+3.57) + 0.5 \times (-2+0.5) = 2.535(万元)$$

两个月的期望利润为

$$V_1^{(3)} = 0.5 \times (10 + 13.785) + 0.5 \times (6 + 7.091) = 18.438(万元)$$

$$V_2^{(3)} = \frac{2}{7} \times (6 + 13.785) + \frac{2}{7} \times (5 + 7.091) + \frac{3}{7}(1 + 2.535) = 10.622(万元)$$

$$V_3^{(3)} = 0.5 \times (3 + 7.091) + 0.5 \times (-2 + 2.535) = 5.313(万元)$$

由于决策要求的不同,对状态的区分要求也就不同,我们还可以把状态进一步加以细分。

【本章小结】

时间序列预测方法是市场预测方法中一种经常采用的定量分析方法,它把某一经济变量的实际观察值按时间先后顺序依次排列,构成一组统计的时间序列,然后应用某种数学方法建立模型,使其向外延伸,来预计该经济变量未来发展变化趋势和变化规律的一种预测技术。

在运用时间序列预测方法进行市场预测时,算术平均法和几何平均法是最简单的数学方法。所谓算术平均法,就是以观察期数据之和除以求和时使用的数据个数或资料期数,求得平均数的一种方法。运用算术平均法求平均数,有两种形式,即以最后一年的每月平均值,或数年的每月平均值,作为次年的每月预测值,以及以观察期的相同月平均值作为预测期对应月份的预测值;所谓几何平均法,就是用几何平均数求出发展速度,然后进行预测的方法。

移动平均法是将观察期的数据,按时间先后顺序排列,然后由远及近,以一定的跨越期进行移动平均,求得平均值。每次移动平均总是在上次移动平均的基础上,去掉一个最远期的数据,增加一个紧挨跨越期后面的新数据,保持跨越期不变,每次只向前移动一步,逐项移动,滚动前移。它可分为简单移动平均和加权移动平均两类,其中简单移动平均又可细分为一次移动平均和二次移动平均等。

指数平滑预测方法是移动平均预测方法加以发展的一种特殊加权移动平均预测方法。它可分为一次指数平滑法、二次指数平滑法和三次指数平滑法三种,一般用于时间序列数据资料既有长期趋势变动又有季节波动的场合。

季节指数法是指市场经济变量在一年内以季节的循环周期为特性,通过计算销售量或需求量的季节指数达到预测目的的一种方法。它首先要判断时间序列观察期数据是否呈季节性波动,然后再考虑它是否还受长期趋势变动和随机变动的影响等。一般分两种研究,即不考虑长期变动趋势的季节指数法和考虑长期变动趋势的季节指数法。马尔可夫预测法主要用于企业各种品牌占有率及期望利润的预测。

【案例分析】

加强科学预测,企业走出困境

某化工厂是一个生产肥皂、香皂、牙膏等日用化工产品的大厂。过去,产品由省商业部门包销。2005年4月,省商业部门由于库存过大,停止全部产品采购,使化工厂5月份的销售收入下降56%,成品资金上升263.9%,利润下降52.2%。据有关专家估计,至少要两年时间,企业才能走出困境,面对严峻的形势,企业应如何选择销售策略?对此,厂内有三种意见:一是主张继续依靠商业包销,让利求生存;二是主张开展工商联营,部分让利,风险小;三是主张积极自销,当前虽然有风险,今后较稳定可靠。对于实现年利润300万元的经济效益的目标,三种决策意见都感到把握不大,何去何从,问题十分棘手。

为了及时正确地做出决策,该厂开展了下列预测工作:

一、市场总容量的分析和预测

该厂先后组织厂领导、经济管理专业干部、工程技术人员、销售人员和工人共140多人,集中时间,开展市场调查和预测。向银行、商业部门和政府统计机关多方面索取资料,查阅本厂历史资料,调查省内、市内商业部门当年的进、销、存状况,运用各种预测方法,预测各产品的市场总容量,预测市场占有率,预测各个产品的销售变动趋势。

1. 肥皂销售量预测

从2000年到2004年全省销售均在32 000~35 400吨之间,销售基本稳定。预测2005年肥皂的市场总容量,用线性趋势外推法,进行时间序列预测:

基本公式:$y = a + bx$;a,b为待定系数。

$$a = \frac{\sum y_i}{n} \qquad b = \frac{\sum y_i x_i}{\sum x_i^2}$$

表11.20 肥皂销售量时间序列预测表

年份	年序列数 n	y_i	x_i	$y_i x_i$	x_i^2	系数计算
2000	1	3.2	-2	-6.4	4	
2001	2	3.36	-1	-3.36	1	
2002	3	3.4	0	0	0	$a = \frac{\sum y_i}{n} = \frac{17.1}{5} = 3.42$
2003	4	3.54	1	3.54	1	
2004	5	3.6	2	7.2	4	$b = \frac{\sum y_i x_i}{\sum x_i^2} = \frac{0.98}{10} = 0.098$
计算值	$n=5$	$\sum y_i = 17.1$	$\sum x_i = 0$	$\sum y_i x_i = 0.98$	$\sum x_i^2 = 10$	

预测2005年肥皂市场总容量:

$$y = a + bx = 3.42 + 0.098 \times 3 = 3.42 + 0.294 = 3.714(万吨)$$

预测2005年上半年全省销售18 000万吨,该厂销售量为10 000吨,市场占有率为55.56%,比2004年同期上升6.1%。

预测2005年全年肥皂市场销售量比上年增长3.2%。上半年由于省商业库存大,销售发生困难。预计下半年省商业库存仅3 000吨,销量可望有较大上升。

2. 香皂销售量预测

调查资料反映2000~2005年全省销量在3 000~3 530吨,对2005年全省香皂总容量预测:

2005年香皂市场总容量:

$$y = 3\ 282 + 126 \times 3 = 3\ 282 + 378 = 3\ 660(吨)$$

预测2005年全省香皂市场总容量为3 660吨,2005年上半年市场销售量1 900吨。上半年,该厂香皂的销售量为1 075吨,预测市场占有率为56.58%,全年该厂香皂销量可达2 000吨。

表 11.21 2000～2005 年全省肥皂销量预测表

年份	年序列数 n	年总容量 y_i	x_i	$y_i x_i$	x_i^2	系数计算
2000	1	3 000 吨	-2	-6 000	4	
2001	2	3 200 吨	-1	-3 200	1	$a = \dfrac{\sum y_i}{n} = \dfrac{16\ 410}{5} = 3\ 282$
2002	3	3 280 吨	0	0	0	
2003	4	3 400 吨	1	3 400	1	$b = \dfrac{\sum y_i x_i}{\sum x_i^2} = \dfrac{1\ 260}{10} = 126$
2004	5	3 530 吨	2	7 060	4	
$\sum$		$\sum y_i = 16\ 410$	$\sum x_i = 0$	$\sum y_i x_i = 1\ 260$	10	$Y_i = 3\ 282 + 126 x_i$

3. 牙膏销售量预测

2004 年全省销售量为 6 556 万支,该厂牙膏的市场占有率为 65.25%,预测 2005 年上半年市场占有率约下降 2.66%,如果下半年品种调整适当,市场占有率不会下降。预测 2005 年全省牙膏总销售量可达 6 800 万支,该厂牙膏销售量全年可达到 4 000～4 200 万支。

从市场总容量和市场占有率的预测、分析来看,肥皂总的趋势是增长缓慢,该厂的销量在全省是上升的。香皂、牙膏总的趋势是上升的,该厂产品的总销量和市场占有率,不会发生大的波动。自销有打开局面的可能。

二、销售决策风险预测

在市场容量分析之后,一致认为下半年销售会出现由升到旺。主张依靠商业包销的认为:包销收入稳定可靠,虽让利 154 万元,但目前不会发生停产亏损。主张部分让利联销的认为:虽让利 90 万元,下半年不会冒太大风险。主张自销的认为:渠道没有打开之前,短期销售收入有困难、有风险,但从长远看是稳定可靠的。三种意见都有风险,这是一个必须解决而又难以解决的风险决策。为此,该厂进行了销售决策的风险分析。

1. 2004 年和 2005 年一季度该厂产品销售分布如表 11.22。

表 11.22 2004 年和 2005 年一季度该厂产品销售分布

	省百	市百	信托公司	本市市场	省内供销社	省外
2004 年一季度比重/%	56.38	0.82	0.85	0.29	41.6	—
2005 年一季度比重/%	42.99	11.69	13.34	5.38	23.8	0.29

从资料看出,开展多渠道销售是发展的必然趋势。

2. 运用概率,分析三种方案对效益的影响

日用化工产品不仅价格要求弹性系数大,而且也受季节的影响,季节系数对企业获利作用甚为显著。从历史资料以及 2004 年的资料看出其影响有以下概率:

表 11.23 2004 年日用化工产品季度概率分布

2004	一季度	二季度	三季度	四季度
季度销售变化	淡	平	升	旺
季度对全年获利的概率 p_i	0.216	0.247	0.253	0.284

3. 三种方案季度销售趋势和季度预计分析获利(见表11.24)

表 11.24　2005 年三种方案季度销售趋势预测表

2005 年预计		季度获利概率/%	预计效益/万元		
季度	发展趋势		包销方案	联销方案	自销方案
一季度	平	0.247	135	135	135
二季度	淡	0.216	70.3	91.6	64.4
三季度	升	0.253	70.3	91.6	110
四季度	旺	0.284	70.3	91.6	170

三个方案的利润期望值可计算如下：

包销方案：$135 \times 0.247 + 70.3 \times 0.216 + 70.3 \times 0.253 + 70.3 \times 0.284$

$\quad\quad = 33.345 + 15.1848 + 17.7859 + 19.9652$

$\quad\quad = 86.2809$ 万元

联销方案：$135 \times 0.247 + 91.6 \times 0.216 + 91.6 \times 0.253 + 91.6 \times 0.284$

$\quad\quad = 33.345 + 19.7856 + 23.1748 + 26.0144$

$\quad\quad = 102.3198$ 万元

自销方案：$135 \times 0.247 + 64.4 \times 0.216 + 110 \times 0.253 + 170 \times 0.284$

$\quad\quad = 33.345 + 13.9104 + 27.83 + 48.28$

$\quad\quad = 123.3654$ 万元

由此可见,自销方案在三种方案中年度获利期望值最大。自销可以逐步调整企业经营,实现良性循环,不仅可以少支付154万元,而且预计产品的销售利润率可由10.2%提高到12%,获利9.45万元,同时也可以减少仓租、运输、力资费用。

对市场容量、承担风险等方面的分析、评价,为销售决策提供了依据。

案例思考：

1. 该企业销售预测采用了哪些预测方法？你认为预测方法的选择是否合适？

2. 在企业销售预测过程中,各种数据资料的运用是否合理？如何评价预测结果的可信度？

【思考与练习】

1. 简述二次移动平均数法的原理。

2. 简述一次指数平滑法的特点。

3. 季节变动的特点是什么？季节变动的衡量指标主要有哪些？

4. 举出一个无后效性的事物发展过程的例子。

5. 某企业 2011 ~ 2016 年销售额如表 11.25。

表 11.25　某企业 2011 ~ 2016 年销售额　　　　　　　　　　　　　单位:万元

年份	2011	2012	2013	2014	2015	2016
销售额	210	195	200	197	205	202

根据以上资料,分别运用简单算术平均数法和加权算术平均数法预测2017年的销

6. 某产品 2016 年 1～11 月份的市场需求量如表 11.26。

表 11.26　某产品 2016 年 1～11 月份的市场需求量　　　单位:千克

月份	1	2	3	4	5	6	7	8	9	10	11
需求量	6 400	6 000	5 800	6 100	6 350	6 000	5 700	5 875	5 900	6 300	6 120

根据以上资料求:

(1) 用一次移动平均数法(n 分别取 3 和 5) 预测 2016 年 12 月份该产品的市场需求量;

(2) 计算 n 取 3 和 5 时的均方误差,指出 n 取何值时较为合适。

7. 某企业 2005～2015 年销售额如表 11.27。

表 11.27　某企业 2005～2016 年销售额　　　单位:万元

年份	2005	2006	2007	2008	2009	2010	2011	2012	2013	2014	2015	2016
销售额	192	224	188	198	206	203	238	228	231	221	259	273

根据以上资料,用二次移动平均数法(n 取 4) 预测该企业 2016 年和 2017 年销售额。

8. 某企业 2010,2015 年销售额如表 11.28。

表 11.28　某企业 2010～2015 年销售额　　　单位:万元

年份	2010	2011	2012	2013	2014	2015	2016
销售额	300	324	347	372	396	420	446

根据以上资料,用二次指数平滑法(α 取 0.8) 预测该企业 2016 和 2017 年的销售额。

9. 某企业 2012～2015 年各季的销售额资料如表 11.29。

表 11.29　某企业 2012－2015 年各季的销售额　　　单位:万元

年份＼季度	一季度	二季度	三季度	四季度
2012	217	116	284	467
2013	236	125	291	483
2014	227	137	285	496
2015	230	130	297	475

根据以上资料,求:

(1) 分别用"按季平均法"和"全年比例平均法"计算各季的季节指数;

(2) 若已算出该企业 2016 年的全年预测值为 1 430 万元,利用"按季平均法"求得的季节指数测算 2016 年各季的销售额;

(3) 若根据 2016 年 4 月初的统计结果,2016 年第一季度销售实绩为 245 万元,利用"按季平均法"求得的季节变差测算 2016 年第二、三、四季度和全年的预测值。

10. 某企业 2011～2015 年各季销售额资料如表 11.30。

表 11.30　某企业 2011～2015 年各季销售额　　　　　单位：万元

年份＼季度	一季度	二季度	三季度	四季度
2011	1 715	1 431	3 604	2 878
2012	2 784	1 699	4 316	3 620
2013	3 630	1 904	4 618	5 226
2014	4 144	2 731	6 272	8 400
2015	4 504	3 134	7 014	9 982

根据资料，求：

（1）分别利用"移动平均趋势消除法"和"长期趋势消除法"计算季节变差和季节指数；

（2）以"长期趋势消除法"求得的季节变差和季节指数预测该企业 2016 年各季的销售额。

11. 某食品厂的 W 牌果奶在市场上的市场份额为 20%。该厂通过市场调查发现，其顾客中有 10% 下月转向购买其他牌号的果奶；但与此同时，原先购买其他牌号果奶的消费者每月有 5% 转向购买 W 牌果奶。

（1）写出转移概率矩阵；

（2）预测该厂下个月的市场占有率；

（3）计算市场占有率变化趋于稳定后的该厂果奶的长期占有率。

12. 对某种商品，将销售状态分为畅销、平销和滞销三种状态。在过去的 20 个月的销售记录如表 11.31。

表 11.31　某商品销售状态表

序号	1	2	3	4	5	6	7	8	9	10	11	12	13	14	15	16	17	18	19	20
状态	畅	平	滞	滞	平	平	畅	畅	畅	平	滞	滞	滞	平	滞	平	平	畅	畅	平

经过以往统计资料得到的销路变化时利润变动矩阵为

$$\begin{bmatrix} 12 & 8 & 4 \\ 8 & 7 & 3 \\ 9 & 5 & 0 \end{bmatrix}$$

问当月的期望利润及两个月后的利润各为多少？

参 考 文 献

[1] 陈启杰.市场调研与预测[M].上海:上海财经大学出版社,2002.
[2] 陈友玲.市场调查预测与决策[M].北京:机械工业出版社,2008.
[3] 陈殿阁.市场调查与预测[M].北京:清华大学出版社,2004.
[4] 马连福.现代市场调查与预测[M].北京:首都经济贸易大学出版社,2005.
[5] 陶广华,刘乐荣.市场调查与预测[M].北京:北京理工大学出版社,2010.
[6] 石建立.市场调查实务[M].北京:北京理工大学出版社,2011.
[7] 李国强,苗杰.市场调查与市场分析[M].北京:中国人民大学出版社,2005.
[8] 姚凤莉.市场调查与预测[M].北京:清华大学出版社,2012.
[9] 李世杰,于飞.市场调查与预测[M].北京:清华大学出版社,2011.
[10] 林根祥,吴晔.市场调查与预测[M].武汉:武汉理工大学出版社,2005.
[11] 许以洪,熊艳.市场调查与预测[M].北京:机械工业出版社,2010.
[12] 吕筱萍.市场预测与决策[M].北京:中国财政经济出版社,1998.
[13] A.帕拉苏拉曼.市场调研[M].王佳芥,译.北京:中国市场出版社,2009.
[14] 中华征信所.市场调查手册[M].北京:中信出版社,2003.
[15] 韩德昌,郭大水.市场调查与市场预测[M].天津:天津大学出版社,2006.
[16] 贾俊平,杜子芳.市场调查与分析[M].北京:经济科学出版社,1999.
[17] 冯丽云.现代市场调查与预测[M].北京:经济管理出版社,2000.
[18] 韩光军.市场调研手册[M].北京:经济管理出版社,2003.
[19] 徐超丽,綦建红.市场调查与预测习题集[M].北京:经济科学出版社,2004.
[20] 王静.现代市场调查[M].北京:首都经济贸易大学出版社,2005.
[21] 袁方,陈恭明.社会调查原理与方法[M].北京:知识出版社,2002.
[22] 吴廖.市场调查与预测[M].北京:中国发展出版社,2002.
[23] 闫秀荣.市场调查与预测[M].上海:上海财经大学出版社,2009.
[24] 樊志育.市场调查[M].上海:上海人民出版社,2000.
[25] 李桂华.市场调查——理论案例分析[M].北京:企业管理出版社,2002.
[26] 暴奉贤.市场调查与预测方法[M].广州:暨南大学出版社,2001.